本书由国家社会科学基金重大项目"人工智能对制造业转型升级的影响与治理体系研究"（项目编号：23&ZD090）资助

广东工业经济

刘艳

谢卫红 等◎编著

经济管理出版社

ECONOMY & MANAGEMENT PUBLISHING HOUSE

图书在版编目（CIP）数据

广东工业经济 / 刘艳等编著. -- 北京：经济管理
出版社，2024.5
ISBN 978-7-5096-9727-6

Ⅰ.①广… Ⅱ.①刘… Ⅲ.①地方工业经济-经济发
展-广东-高等学校-教材 Ⅳ.①F427.65

中国国家版本馆 CIP 数据核字(2024)第 110163 号

组稿编辑：谢　妙
责任编辑：谢　妙
责任印制：张莉琼
责任校对：陈　颖

出版发行：经济管理出版社
　　　　　（北京市海淀区北蜂窝 8 号中雅大厦 A 座 11 层　100038）
网　　址：www.E-mp.com.cn
电　　话：(010) 51915602
印　　刷：唐山昊达印刷有限公司
经　　销：新华书店
开　　本：720mm×1000mm/16
印　　张：17
字　　数：345 千字
版　　次：2024 年 8 月第 1 版　2024 年 8 月第 1 次印刷
书　　号：ISBN 978-7-5096-9727-6
定　　价：78.00 元

编写组

组长： 刘　艳　谢卫红

成员（按成员完成章节的顺序排序）：

吴剑辉　梁永福　王如玉　邓晓锋

张　艺　明　娟　罗艺旸　皮亚斌

李景睿　王晓敏　张少华　王　忠

前　言

党的二十大报告指出，我国在新时代新征程的中心任务是全面建成社会主义现代化强国，以中国式现代化全面推进中华民族伟大复兴。为稳固发展基础，必须进一步推进新型工业化和以实体经济为核心的现代化产业体系建设。在此背景下，本书编写组构思编写了《广东工业经济》一书，旨在以工业经济学理论为基础，充分结合中国工业经济学理论的发展和广东工业经济发展的现实情况，较全面地总结分析广东工业经济的发展规律，揭示新发展格局下广东工业经济发展的全貌。因此，本书通过参考大量中外文献资料，构建了广东工业经济的基本理论研究框架；通过收集整理大量的相关数据和事实材料，分析了广东工业经济的发展现状和存在的问题。力求使学习者从整体上了解工业经济学理论应用于广东工业经济研究的方法和途径，激发其学习积极性，使其主动结合广东工业经济发展的现实情况，发现问题、分析问题和解决问题，不断增强应用分析能力。针对广东在践行国家发展战略过程中如何有效融合数字经济与实体经济、现代工业与现代服务业，如何推进跨区域工业合作等新命题，本书在内容选取上加入了近几年工业经济研究领域的前沿观点及研究成果。

综合而言，学习《广东工业经济》的意义在于：

第一，了解工业经济运行的基本规律。《广东工业经济》一书对工业经济发展的分析更具针对性，涉及面更广。学习者可以通过了解广东这个"点"的工业发展情况，以点带面，进而思考区域层面或者国家层面的工业发展问题。

第二，帮助学习者深入了解广东工业经济发展的历史、现状和未来方向。本书的学习者大多来自广东省内，置身于广东，而广东也是其未来就业的首选地。在学习阶段广泛了解广东工业经济发展的全貌，熟悉主导产业的选择、战略性新兴产业的空间布局等重要方面，对学习者选择学习阶段的研究方向，甚至是确定未来的择业方向，都具有一定的参考作用。

第三，《广东工业经济》中的相关知识，既是经管类专业知识体系的重要补充，也可以作为社会经济常识供各界人士学习。作为一门应用型课程的教材，《广东工业经济》一书侧重于以工业经济学理论引导实践经验总结，以实践发展中的新问题为导向推进理论研究的深化。对于那些想要了解广东工业经济运行情况的学习者而言，本书不失为一个好的参考。

《广东工业经济》是我们教学团队在总结教学经验、汇聚教学资源后所进行的一次创新尝试。在本书的写作过程中，我们力求体现以下特色：

一是内容简明、条理清晰。工业经济学理论体系所涉及的研究内容本身就比较广泛，加之目前工业经济领域的相关研究仍然是学术界关注的热点，研究成果丰富。因此，本书在内容上进行了简化和替换。将部分传统工业经济学的内容，如对工业部门内部工业结构的演变问题以及规模经济与范围经济等进行了删减，用对"双十"产业的分析替换了先前针对传统工业部门的分析。

二是数据资料丰富、事实材料新颖。数据是反映广东工业经济发展的重要支撑，本书有效整合各类数据，利用数据分析、说明问题，厘清了广东工业经济发展的现状与存在的问题。此外，对于工业空间布局、跨区域工业合作、制造业数字化转型等问题的分析，本书都采用了最新的材料。

三是给学习者留下了思考的空间。本书就像一把钥匙，开启的是学习者持续关注和思考广东工业经济发展的内在动力。因为广东工业经济发展实践会持续推进，新技术、新产业和新业态的出现，将带来更多值得关注和研究的新问题，我们希望《广东工业经济》一书能够为学习者提供一个平台和跳板，用已知探索未知，不断丰富广东工业经济的研究成果。

四是鲜明的思政导向。《广东工业经济》一书的编写充分考虑了国情与省情的特殊性，既参考了工业经济学理论的一般研究框架，也吸收了中国工业经济学领域的研究成果和最新观点，更在国家促进工业经济发展的方针政策和战略指导下，深入探讨了广东省的相关文件精神，并以此为基础来确定全书的内容框架和研究重点。

《广东工业经济》由编写组十四位老师共同完成，其中，刘艳完成第一章、第二章；刘艳、吴剑辉完成第三章；梁永福、王如玉完成第四章；邓晓锋完成第五章；张艺、明娟和罗艺旸完成第六章；皮亚斌完成第七章；李景睿完成第八章；王晓敏、张少华完成第九章；王忠完成第十章；谢卫红完成对全书的审定。虽然本书是教学团队集长期教学经验和科研成果于一体的心血之作，但我们深知《广东工业经济》一书还存在不足之处，需要随着相关研究的不断深入和广东工业经济发展实践的不断推进，不断地进行修改和完善。

本书编写组
2024 年 2 月

目　录

第一章 绪论

作为中国改革开放的排头兵、先行地和实验区，广东省见证了改革开放深刻改变中国、影响世界的伟大功绩。[①] 改革开放以来，广东完成了从封闭、半封闭向全面开放，从计划经济体制向社会主义市场经济体制，从落后的农业省向全国第一经济大省的历史性转变。秉持着"敢为改革开放潮头浪"的精神和勇气，广东以制造业发展为基石，走出了一条以改革开放促进发展、以创新驱动发展的道路。党的二十大擘画了以中国式现代化全面推进中华民族伟大复兴的宏伟蓝图，也为广东社会经济的发展指明了方向。在深入学习贯彻党的二十大精神和习近平总书记关于新型工业化发展的重要指示的基础上，广东省进一步明确了制造业当家、加快建设制造强省的决策部署。[②] 在习近平新时代中国特色社会主义经济思想的指引下，及时总结和提炼广东改革开放与现代化建设的伟大实践经验，发现新问题、把握新契机、迎接新挑战，构建并不断完善广东工业经济研究的理论体系，是推进广东制造业高质量发展和工业经济持续繁荣的必然要求。

第一节　工业经济学的产生与发展

一、工业经济学的产生及其在中国的发展

工业经济学是随着工业生产的发展而形成和发展起来的。[③] 从引导人类进入蒸汽时代的第一次工业革命，到当前以新一代信息技术驱动的第四次工业革命，工业技术的突飞猛进极大地促进了工业生产的发展，围绕工业经济发展的理论研

---

① 2018 年 4 月 10 日，习近平在博鳌亚洲论坛 2018 年年会开幕式上的主旨演讲中，提出"改革开放这场中国的第二次革命，不仅深刻改变了中国，也深刻影响了世界"。

② 2023 年 6 月 2 日，广东省工业和信息化厅发布了《中共广东省委　广东省人民政府关于高质量建设制造强省的意见》，简称为"制造业当家 22 条"。

③ 周叔莲. 加强工业经济学学科建设 [J]. 中国工业经济学报，1986（4）：1-3.

究也在不断丰富和发展。但作为一门学科，工业经济学在"二战"以后才逐步受到经济学界的重视。早期的西方工业经济学主要起源于西方经济学中的"厂商理论"，并通过融合制度经济学、产业经济学等学科的内容，对现代西方资本主义工业经济的实际运行情况进行调查研究和数量分析，进而形成了基于客观环境、企业行为、市场结构和工业绩效四方面内容的学科理论框架。[①] 因此，西方工业经济学的研究对象就是工业部门内各种经济力量的运动及其规律，其主要研究内容是外部环境（市场、社会、国家）对工业部门经济活动的影响，以及工业部门对这些外部影响的反应。[②]

　　随着中华人民共和国成立后工业化的初步发展，方甲、李贤沛、邓荣霖等老一辈工业经济学家逐步创建并初步发展了我国的社会主义工业经济学。这一时期的工业经济学诞生于计划经济体制下，以马克思主义政治经济学为基础，以工业部门经济为研究对象。改革开放以后，有中国特色的社会主义市场经济的发展欣欣向荣，迫切需要有新的相关理论指导工业经济的运行，中国工业经济学进入了一个全新的发展阶段。邓小平同志曾在党的十二大上提出，"把马克思主义的普遍真理同我国的具体实际结合起来，走自己的道路，建设有中国特色的社会主义，这就是我们总结长期历史经验得出的基本结论"。因此，基于我国工业经济发展实践建立和发展起来的中国工业经济学，也应该是马克思主义普遍真理同我国具体实际相结合的产物，[③] 能在批判继承西方工业经济学的基础上，结合中国式工业化的深入发展，不断丰富和完善。20 世纪 80 年代，国内学者曾围绕建立和发展具有中国特色的工业经济学的相关问题，如研究对象的确定、研究方法的选取、学科体系的构建和学科内容的设置等展开了广泛的讨论。其中，周叔莲、吴家骏、汪海波等经济学家一致认为，有中国特色的工业经济学应该注重回答以下两个问题：一是社会主义初级阶段的中国工业发展问题；二是社会主义商品经济条件下的工业运行问题。[④] 与西方工业经济学或者计划经济时期的工业经济学相比，改革开放初期的中国工业经济学具有以下特点：一是坚持社会主义初级阶段理论，以"三步走"发展战略为指引，为正确制定和实施推进中国工业化发展的路线、方针和政策提供理论依据。二是以社会主义商品经济理论为基础，结合中国社会主义初级阶段的工业发展实践，论述重大工业经济发展问题。三是持续关注工业组织问题和工业运行的宏观调控问题。

---

① 杨公朴，杨建荣，陆为东. 西方工业经济学 [J]. 外国经济与管理，1988（7）：22-25.
② 周叔莲，吕政.《工业经济学》第一章辅导材料 [J]. 经济管理，1985（1）：69-73.
③ 李悦. 建立有中国特色的工业经济学 [J]. 中国经济问题，1984（2）：23-27.
④ 李伦. 部分学者关于工业经济学体系和内容的几点意见 [J]. 中国工业经济，1988（6）：77-78.

2005 年，我国学者以市场经济条件下的工业经济运行为研究对象，密切结合中国工业经济进入 21 世纪以后的发展实践，编写了《新编工业经济学》一书，对我国工业经济学学科发展做出了重要贡献，主要体现在三个方面：第一，构建了工业经济学学科体系。从工业生产过程、工业生产活动的组织、工业经济活动在时空中的动态变化三个方面，系统全面地介绍了工业经济领域的研究内容。第二，结合市场经济条件下中国工业经济发展的现实，进一步明确了工业经济学的研究对象和研究方法。提出有中国特色的工业经济学的研究对象应该是市场经济条件下的工业生产以及同工业生产直接相关的经济行为、经济关系和经济规律。而研究方法的选择，也不能仅囿于供给角度，而应该注重运用需求分析法，不断解决现实中约束工业经济增长和发展的新命题。第三，在研究内容上，实现了现代西方经济理论与中国现实经济问题研究的有机融合。

而后，随着产业经济学、管理经济学、企业经济学等西方现代经济理论的引入，原来属于工业经济学范畴的工业经济运行、组织管理等内容，似乎可以归入更专业的学科门类加以学习和研究。工业经济学作为一门学科在中国的影响力日渐式微，甚至有学者认为可以用产业经济学取代工业经济学。[①] 与此同时，针对中国工业经济发展现实的研究，却随着中国工业化进程的迅速推进以及工业技术的不断创新发展，直至今天依然是理论研究和实践探索的重点。及时总结实践经验和理论研究成果，持续探索中国工业经济学的发展，将为中国式现代化建设进程中的实体经济发展，尤其是工业经济发展提供重要的理论支撑。

二、工业经济学的研究内容

通过对工业经济学的产生及其在中国的发展进行梳理可知，工业经济学是一门注重理论与实践相结合的应用型学科。这一学科属性决定了工业经济学的内容框架，必然会随着工业经济实践的发展而不断调整。这应该也是这一门学科目前仍然没有形成统一的研究框架的主要原因。国内学者李悦曾综合国内相关研究，将 20 世纪中国工业经济学的主要研究内容归纳为以下五个方面：[②]

（1）工业经济管理体制改革研究。随着社会主义经济体制的不断改革发展，工业经济领域的所有制结构得到了不断的调整与优化。逐步由原来的单一工业所有制结构转变为以公有制为主体、多种所有制并存的发展格局。政府不再以高度集中的直接管理方式进行工业经济管理，而是通过不断强化对于经济手段的运用能力，转而实施间接管理。并通过推进企业内部的经营机制改革，加大对企业的

① 陈佳贵.《新编工业经济学》评介 [J]. 中国工业经济，2005（4）：127-128.
② 李悦. 20 世纪中国工业经济学的研究概述 [J]. 经济理论与经济管理，2006（4）：73-74.

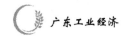

放权让利，不断调动企业的生产经营积极性。

（2）工业部门结构研究。主要内容包括：第一，科学划分产业间的结构和工业部门内部的结构。前者主要是指三次产业结构以及重工业与轻工业结构等；后者则是指具体工业细分行业的结构，如机械工业结构、钢铁工业结构等。第二，合理选择工业部门结构的评价指标并优化判断标准，结合国内外相关理论的发展与中国工业部门结构变动的史实，分析其变动规律与发展方向。

（3）工业组织研究。研究内容包括：不同工业部门的市场结构发展现状及其对市场行为、绩效的影响；工业企业规模经济与范围经济的发展问题；工业生产专业化分工与协作的条件；企业集团、战略联盟、跨国公司的地位、作用与发展趋势等。

（4）工业技术进步和增长方式研究。研究内容包括科学技术与创新发展政策的演变与发展、高新技术产业与生态环保产业的发展，以及老工业基地改造和乡镇企业发展问题。

（5）中国工业发展战略问题研究。主要研究国家层面或省级层面等区域范畴的工业发展战略，以及针对特定重工业和轻工业部门的研究。

进入 21 世纪以来，中国工业经济学的发展呈现以下新特点：一是根据中国工业经济发展中面临的现实经济问题，不断调整和丰富研究内容，而不是单纯地介绍现代企业理论、产业组织理论等西方产业经济学的相关内容。[①] 二是为了更好地分析工业经济发展过程中出现的新问题，趋向于采用多学科交叉研究的方式。例如，利用空间经济学的相关理论和观点分析制造业产业集聚现象；利用区域经济学分析具体区域的工业发展问题；利用制度经济学探究企业集团、战略联盟等网络型组织结构的性质和特征；利用创新经济学研究工业技术创新的动力模式、能力培育和战略选择等相关问题。三是工业经济学在中国的发展，使中国学者在越来越多的相关研究上拥有了话语权，如关于中国工业经济体制改革、新型工业化道路、产业融合等方面的研究。随着中国式现代化的发展，尤其是新技术、新产业、新业态的不断涌现，中国工业经济学的研究内容也将不断丰富和发展。

目前，国内学者主要围绕以下五个方面拓展了工业经济学的研究内容：

（1）新型工业化发展问题。第一，科学选择工业化发展水平的评价指标和研究方法，正确判断我国工业化发展阶段。郭克莎（2000）以人均收入水平为主、三次产业结构和工业内部结构为辅进行分析，认为我国当时处于工业化中期阶段的上半期。吕政等（2005）综合人均 GDP、非农产业产值比重、非农产业

---

① 陈佳贵.《新编工业经济学》评介 [J]. 中国工业经济，2005（4）：127-128.

就业比重和工业结构水平4个指标进行分析判断，最终认为我国处于工业化中期的第二阶段。陈佳贵等（2008）综合分析了人均GDP、三次产业产值比例、制造业增加值占总商品增加值比重、三次产业就业比例、人口城市化5个指标，最终得出了我国整体上已进入工业化后期后半阶段的结论。由于中国的新型工业化具有特殊内涵，也有学者研究新型工业化水平的综合评价问题。第二，研究新型工业化的内涵与发展动力问题。相对于传统工业化，新型工业化的提出拓展了工业化概念的内涵与外延。例如，吕政（2003）提出走新型工业化道路的核心问题是国民经济的结构和效率问题；刘世锦（2005）认为，与传统工业化相比，新型工业化具有一些重要特点，比如高新技术对传统产业的渗入、融合或改造，产出结构和资源配置的国际化程度显著提高，发展理念和发展战略的转变，工业化步伐加快等。第三，探索新时代新型工业化的创新路径。中国虽然已经基本实现工业化，但新时代有中国特色的社会主义建设仍然要求以新型工业化建设为重点、以实体经济为支撑，构建现代化产业体系，不断推进中国式工业现代化的发展。

（2）经济发展带来的工业经济研究新命题。主要包括以下四个方面的内容：第一，经济新常态下的中国工业经济发展研究。自2014年开始，习近平同志在多次讲话中谈到中国经济发展已进入新常态，并提出认识新常态，适应新常态，引领新常态，是当前和今后一个时期我国经济发展的大逻辑。[①] 围绕这一讲话精神，学者们重点展开了针对经济新常态特征的分析，认为"新常态"是指中国经济正从高速增长转向中高速增长，经济发展方式正从规模速度型的粗放增长转向质量效率型的集约增长，经济结构正从增量扩能为主转向调整存量、做优增量并存的深度调整，经济发展动力则从传统增长点转向新的增长点。在此基础上，进一步研究经济新常态下中国工业增长形势与面临的主要问题，以及未来的发展道路与措施。第二，以新发展理念为引领的中国工业经济发展研究。2015年10月29日，习近平同志在党的十八届五中全会第二次全体会议上发表重要讲话时指出，理念是行动的先导，创新、协调、绿色、开放、共享五大发展理念是中国共产党在深刻总结国内外发展经验教训的基础上形成的，也是在深刻分析国内外发展大势的基础上形成的，集中反映了我们党对经济社会发展规律的认识的深化。工业经济领域的相关研究也以此为导向，形成了一批研究成果。第三，新发展阶段下的工业经济发展研究。2017年12月18日，习近平同志在中央经济工作会议上指出，新时代我国经济发展的特征，就是我国经济已由高速增长阶段转向高质量发展阶段。推进现代工业，尤其是现代制造业的高质量发展，成为工业经济学新的关注要点。第四，新发展格局下的工业经济学发展研究。构建以国内大

---

① 资料来源：2014年12月9日习近平同志在中央经济工作会议上的讲话。

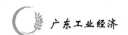

循环为主体、国内国际双循环相互促进的新发展格局，是根据我国发展阶段、环境、条件变化，特别是基于我国比较优势的变化，审时度势作出的重大决策。[①]为适应新发展格局，中国工业经济发展要强化科技支撑，推进产业链供应链优化升级，促进区域协调发展，构建新型工业化体系，加快现代化产业体系建设。

（3）产业结构调整与工业结构优化问题。基于产业结构理论，明确产业结构演变的规律、作用机理及影响因素，结合中国国情分析产业结构变动情况，及其对经济增长的影响。强调三次产业间的发展失衡、工业部门间的发展失衡等都将影响工业经济的持续发展。比如工业部门产能过剩问题，折射的不仅仅是工业品的供求失衡，也反映了工业结构、产业结构所存在的问题。

（4）以创新为驱动力的工业经济发展问题。结合经济全球化以及新一代信息技术革命和产业革命的时代背景，深入理解坚持自主创新、以创新驱动工业发展的重要性。在此基础上，重点研究以下三个方面的内容：一是持续推进我国科技创新体制机制改革的措施和政策建议；二是探讨工业创新能力的评价指标和评价方法，尤其是在数字化、智能化时代下需要重新定义工业创新能力及其评价方法；三是结合人工智能、大数据等新技术发展趋势，分析新技术的运用对于工业生产效率、工业组织形式和工业内部结构等方面的影响。

（5）区域协作与互利共赢视角下的工业经济发展问题。党的十八大以来，党中央先后提出了京津冀协同发展、长江经济带发展、共建"一带一路"、粤港澳大湾区建设、长三角一体化发展等重大区域发展战略，为区域协作视角下的工业经济学研究提供了新的方向。而随着我国改革开放和对外合作的不断深化，国际化视域下的工业经济学发展研究将面临新的发展机遇。

第二节　工业经济学的应用成果：广东工业经济研究

广东是中国工业经济发展的代表性省份。作为改革开放的先行者，广东工业经济的发展历程在一定程度上就是中国工业经济发展历程的缩影。以工业经济学理论的发展为基础，专门针对广东工业经济发展实践进行经验总结与提炼，进而形成的广东工业经济研究，是工业经济学这一门学科之下的重要分支。

---

① 新华社. 习近平同志《论把握新发展阶段、贯彻新发展理念、构建新发展格局》主要篇目介绍[N]. 人民日报，2021-08-17.

一、推动广东工业经济发展的理论研究结晶

进入 21 世纪以来，一方面，工业经济学理论的发展和相关研究内容的拓展，为展开区域性的工业经济研究提供了较为坚实的理论基础。另一方面，广东工业经济在快速发展的过程中产生了一系列新问题，也面临着许多新挑战，客观上需要针对广东工业经济发展实践进行专门的研究。因此，产生了两种研究广东工业经济的思路：

一是将工业经济学理论应用于广东工业发展实践，进行应用研究，其特点是注重研究的理论基础与分析逻辑。例如，朱卫平、陈林（2011）基于经典的产业升级理论，展开了针对广东产业升级的经验研究，从产业结构、加工程度和价值链三方面归纳出了广东的产业升级模式。黄静波、付建（2004）和杨亚平（2007）基于 FDI 技术溢出理论，分析了 FDI 技术溢出效应对广东产业技术进步的影响机制和路径。李青等（2017）、刘璟（2020）和曹建云（2021）的研究也均是基于比较成熟的产业理论，针对广东重点工业产业和工业发展区域进行研究的。

二是结合广东工业经济发展现状和存在的问题，进行对策研究，其特点是紧密结合实践经验，从实践分析中得出结论。例如，李海东（2010）以佛山陶瓷产业集群为例，利用社会网络分析法说明了产业集群创新网络的结构特征，并针对少数大型陶瓷企业控制集群创新能力发展的问题，提出了政策建议。郭跃文、向晓梅等（2020）以竞争优势分析为核心，梳理了以深圳为代表的经济特区工业化深化发展的机理与路径。向晓梅、李宗洋（2023）以粤港澳大湾区为分析样本，说明了产业结构与就业结构的深层协调有利于推进大湾区的高质量发展。赵玲玲（2011），南方日报社（2020），胡军、陶锋（2023）等也均基于广东工业经济发展的外部环境变化和发展现状，进行了问题分析和对策性研究。

两种思路各有千秋：前者理论性强，可以通过理论分析，增加问题分析的逻辑性，并对理论研究形成有益的补充；后者注重实践经验总结，研究视域宽广，往往不囿于相关基础理论研究提供的分析框架，而是以新视角、新方法审视工业经济发展过程中出现的新问题。若要形成比较系统的研究，既要厘清广东工业发展历程，立足于广东工业经济发展的特定场景进行发展经验总结和现实问题分析，也要在比较统一的理论框架内展开研究。也就是说，需要兼顾前面所讲的两种研究思路，并学习借鉴两种思路下的相关研究成果。从这个意义上来讲，《广东工业经济》一书是相关研究成果的结晶。

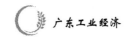

二、探索工业经济学理论体系的新内容

工业经济学在中国的发展曾一度占据主流，而后由于教育部在 1997 年调整了学科分类目录，取消了沿用几十年的"工业经济学""商业经济学""农业经济学"，转而增设了"产业经济学"，使得工业经济学的发展受到极大影响。面对这一局面，吴家骏先生曾明确表示，工业经济学就是要揭示现代工业发展中客观存在的经济规律，并探讨利用这些规律的途径和方法。[①] 因此，工业经济学作为应用经济学的研究分支，其发展不会因为学科分类名称的变化而停止。

党的十八大以来，以习近平同志为核心的党中央高度重视实体经济的发展，并出台了一系列旨在推进工业经济健康发展的重大决策部署，不仅推进了门类全、规模大的现代工业体系的建设，[②] 而且实现了工业经济的稳定增长和工业综合竞争实力的显著提升。但是，目前中国仍然是世界最大的发展中国家，长期处于社会主义初级阶段的基本国情并没有改变，社会主要矛盾也没有完全消除，而是从"人民日益增长的物质文化需要同落后的社会生产之间的矛盾"转变为了"人民日益增长的美好生活需要和不平衡不充分的发展之间的矛盾"。[③] 因此，新时代有中国特色的社会主义建设仍然要求以新型工业化建设为重点，以实体经济为支撑，构建现代化产业体系，不断推进中国式工业现代化的发展。与中国新时代的新型工业化发展实践相适应，中国工业经济领域相关研究的深度与广度都得到了极大发展。及时总结发展经验，探索原有工业经济运行规律在新发展条件下的适用性，并不断从新技术、新产业和新业态的发展实践中提炼新的工业经济运行规律，增加对数字化、智能化场景下工业经济发展的新认识，都将为中国工业经济学提供新的发展契机。

《广东工业经济》一书在工业经济学研究框架内，整合有关广东工业经济发展新问题和新趋势的研究成果，旨在构建一个适用于新时代广东工业发展相关研究的分析逻辑。例如，针对广东工业发展历程的分析，就综合了工业经济管理体制改革和新型工业化发展阶段演进的内容；而对广东主导产业和"双十"产业的分析，则是传统工业结构优化理论的延伸。结合广东工业互联网平台的发展而进行的虚拟产业集群研究，以及结合当下工业发展的数字化、服务化趋势而进行的广东工业企业服务化和制造业数字化转型研究等内容，将为丰富工业经济学研究内容提供参考。在深层意义上，本书可以理解为是推进中国工业经济学理论体

---

① 李成刚. 吴家骏：中国工业经济学的发展思考［N］. 中国经济时报，2016-04-22.

② 祝君壁. 我国已建成门类齐全现代工业体系［N］. 经济日报，2019-09-22.

③ 资料来源：党的十九大报告。

系发展的一次有益尝试。

三、新征程上广东工业经济发展的重要借鉴

针对广东工业经济的系统研究，不仅要在理论层面上突出工业经济学研究的地位和指导意义，也要切实结合广东工业经济发展实践，科学总结经验教训，精准把握广东工业发展趋势，为新征程上广东工业经济的持续繁荣提供重要借鉴。这一研究导向决定了《广东工业经济》一书的基本特点：

（1）尊重历史，注重工业经济发展的历程分析，以重点说明不同发展阶段的演变背景、特点与发展成效。在对于广东工业化发展演进、主导产业结构演变和工业空间结构演变等内容的研究上，都体现了这一特点。

（2）立足于现实，以工业经济学发展为基础，以解决广东当前工业经济发展中的重大现实问题为线索，构建研究框架。在工业经济学不断丰富的研究范畴内，《广东工业经济》一书目前选择了九大研究内容，以尽可能全面地反映广东工业经济发展尤其是进入新时代以来广东工业发展的全貌。但是，本书不可避免地会有所疏漏，这也为本书编写组未来的研究指明了方向。

（3）支持政府的宏观调控，以我国有关工业经济发展的战略方针为指导，展开对广东"双十"产业及其集群化发展模式、制造业数字化转型发展路径、以实体经济为基础的区域协调发展与大湾区建设等内容的研究。

第三节　广东工业经济研究概述

一、研究对象与研究任务

《广东工业经济》以广东工业发展为研究对象，在梳理广东工业经济发展历程的基础上，主要研究新时代条件下广东工业经济发展过程中所面临的主要问题。其主旨在于，利用工业经济学领域的研究成果所揭示的现代工业发展规律和分析方法，在广东省域场景下进行应用研究，形成比较系统的广东工业经济研究体系，更有针对性地解析广东工业经济在新时代面临发展新契机、新挑战时所存在的重大问题，更好地推动广东制造业高质量发展，为实现"工业强国"和中国式现代化建设贡献"广东智慧"。

如果说工业经济学与中国工业经济学的关系是一般与特殊、共性与个性的关系，那么广东工业经济研究与中国工业经济学就是"点"与"面"的关系。中国工业经济学是工业经济学的中国化、时代化，广东工业经济研究则是中国工业

经济学的典型应用。当然，由于工业经济发展实践在不断推进，对于工业经济运行规律尤其是中国特色工业经济发展规律的认识也不会停止。而《矛盾论》告诉我们：就人类认识运动的秩序说来，总是由认识个别和特殊的事物，逐步地扩大到认识一般的事物。也就是说，可以在广东工业经济发展研究中，检验已有工业经济运行规律的适用性，并通过广东工业经济发展实践这个"点"所呈现出来的新的经验总结和规律探索，进一步发展具有一般性的中国工业经济发展理论。

二、开展广东工业经济研究的原则

（一）以习近平新时代中国特色社会主义经济思想为指导

在以人工智能、5G 等为代表的新一代信息技术革命不断深化、国内国际双循环互动发展格局不断强化的背景下，必须坚持正确的思想引领，才能确保《广东工业经济》一书研究的先进性和前沿性。党的十八大以来，以习近平同志为核心的党中央紧紧围绕新时代中国特色社会主义经济改革和发展重大实践课题，提出了一系列治国理政的新理念新思想新战略，逐步形成了习近平新时代中国特色社会主义经济思想。[①] 新时代中国特色社会主义经济思想的引领，为广东工业经济发展实践和理论研究指明了正确的方向。

以创新、协调、绿色、开放、共享为核心内容的新发展理念，是新时代中国特色社会主义经济思想的重要组成部分，为广东工业经济研究提供了一条重要的线索。以创新发展为引领，以工业技术创新能力提升为核心，可以明确广东工业经济发展的第一驱动力的形成演变过程和作用机制。协调发展理念在广东工业经济研究中的体现，主要在于珠三角、泛珠三角、粤港澳大湾区等不同层面的区域合作不断发展和区域协调发展格局不断形成。落实绿色发展理念，可以推进绿色产业技术的研发与市场化应用，以新能源、新产品、新产业的发展促进工业增长方式转型升级，加快制造业绿色化发展进程。秉持开放发展理念，广东在不断深化改革开放的基础上，以"一带一路"倡议和粤港澳大湾区建设为契机，把握构建高水平对外开放平台这一关键任务，为发展对外贸易和提升制造业的国际竞争力提供了坚实的基础。而坚守以人民为中心的根本宗旨，在稳步推进工业经济发展的过程中促进共同富裕、促进发展成果共享，则确定了广东工业经济发展的根本出发点和发展导向。

（二）在广东"先行先试"的发展实践中推进工业发展理论创新

改革开放以来，在党中央的大力支持下，广东始终坚持解放思想、勇于创

---

① 邱海平．系统把握习近平新时代中国特色社会主义经济思想［N］．光明日报，2021-07-13.

新，在大胆探索、大胆实践中发展成为改革开放的先行地、先试点和实验区。尤其是党的十八大以来，习近平总书记高度关注广东的发展，曾多次就广东的发展问题做出重要指示，鼓励广东继续发扬敢为人先的精神，勇于先行先试，努力实现"四个走在全国前列"的目标、发挥好"两个重要窗口"的作用。党的二十大之后，围绕高质量发展和构建新发展格局的战略重任，又对广东提出了"在推进中国式现代化建设中走在前列"的新要求。先行先试、走在前列，既是广东社会经济发展的特点，也是新时代新发展格局下广东必须担当的重大使命。

广东在工业经济领域的先行先试实践中，拓展了发展思路，获得了新的发展经验，当然也发现了新问题、新挑战。这些都为广东工业经济研究提供了新的研究命题和研究方向，有利于广东工业发展理论的完善。近年来，广东实施的与工业发展相关的先行先试举措主要包括以下三个方面：

第一，推进全面创新发展。为贯彻落实《中共中央 国务院关于深化体制机制改革加快实施创新驱动发展战略的若干意见》《国家创新驱动发展战略纲要》等重要文件精神，加快广东创新型省份建设，广东陆续出台了《关于加快建设创新驱动发展先行省的意见》《广东省系统推进全面创新改革试验行动计划》《广东创新型省份建设试点方案》等文件，在推进技术创新与制度创新有效融合，实现科技进步与经济发展深度融合，协调传统制造业、先进制造业与现代服务业的发展，促进物联网、云计算、智能机器人等战略性新兴产业和未来材料、未来生命健康等未来产业的发展等方面取得了丰硕的成果，也积累了宝贵的经验。

第二，深化跨区域合作、扩大高水平对外开放。这方面的先行先试举措集中体现在粤港澳大湾区建设上。2017年7月，国家正式启动粤港澳大湾区建设。2019年2月，《粤港澳大湾区发展规划纲要》公开发布，标志着粤港澳大湾区建设进入全面实施阶段。在"一国两制"框架下，协调解决三地在制度、规则、标准等方面的差异，是实现要素有效流动，促进科技、产业、金融等方面深度合作的基础。在没有任何经验借鉴的情况下，先行先试、在"行"中尝试、在"干"中学习成为大湾区建设的必然选择。实践证明，这一方式行之有效。例如，横琴粤澳深度合作区的正式成立，开创了跨区域合作的新模式，为深化粤澳合作、扩大高水平对外开放提供了新平台，也为澳门提供了科技研发和高端制造产业发展的新高地。

第三，推进改革发展、优化市场的资源配置机制。2016年，广东积极响应中央供给侧结构性改革的战略部署，先行先试，率先出台了全国第一个省级供给侧结构性改革总体方案和补短板、降成本、去产能、去杠杆、去库存五个行动计划。通过着力优化供给结构、扩大有效供给和强化市场配置作用，走出了一条有广东特色的供给侧结构性改革之路，并取得显著成效。[1] 近年来随着数字技术的广泛应用和制造业数字化转型发展的推进，数据要素的重要性日益增加。而国内目前又缺乏完善的数据要素法规制度，相关的市场治理能力也有待改进。在这一局势下，广东省率先提出了"1+2+3+X"的数据要素市场化配置改革总体思路和实施框架，即通过建立"全省一盘棋"数据要素法规制度，构建两级数据要素市场体系，打造包括数据运营管理机构、数据交易场所和数据要素市场在内的三大枢纽，推进数据要素赋能经济社会各领域高质量发展。[2] 由此可见，广东在优化市场配置方面不断尝试新的方法和举措。

三、研究框架与主要研究内容

（1）梳理广东工业经济发展历程。以时间轴为主线，讲述明清以来至党的二十大召开这一漫长的时间线上广东工业发展的主要历程。通过划分不同的发展阶段，讲述不同时期广东工业经济发展的基础、特点，以及演变过程和发展导向。本部分对应第二章的内容。

（2）解析广东工业经济发展的现状。主要涉及三个方面的内容：一是工业产业结构问题，包括分析主导产业演变、工业结构升级和产业空间变动情况。二是工业发展的要素投入问题，具体分析广东产业技术创新过程和产业劳动力市场的发展问题。三是跨区域工业合作与工业对外贸易的发展情况。本部分对应第三章至第八章的内容。

（3）结合当下工业发展的服务化、数字化趋势，分析广东工业企业服务化和广东制造业数字化的转型与发展问题。本部分对应第九章和第十章的内容。

课后思考题

请根据中国工业经济学的主要研究内容，结合广东工业经济发展实践，选择自己感兴趣的广东工业经济研究方向。通过收集、整理资料，提出需要重点关注和研究的问题。

---

[1] 李震．先行先试，提供支撑：广东推进供给侧结构性改革的经验、成效与建议［M］//赵弘．中国区域经济发展报告（2017~2018）．北京：社会科学文献出版社，2018.

[2] 广东省政务服务数据管理局．广东发布数据要素市场化配置改革白皮书［EB/OL］．（2022-11-09）［2023-02-22］. http：//zfsg．gd．gov．cn/gkmlpt/content/4/4042/mpost_4042842．html#2589.

第二章　广东工业经济的主要发展历程

广东工业经济的发展历史，就是中国工业经济发展史的缩影。历经明清时期的资本主义萌芽阶段和近代中国民族资本主义兴起阶段，广东地区的先贤始终在艰难地探索地方工业发展道路。最终，在中国共产党的领导下，在我国工业化发展的伟大征途中，广东开创了工业经济发展的新格局，获得了前所未有的工业发展成就。在新时代中国特色新型工业化道路上，广东省不断总结广东经验、探索广东特色，持续推进广东制造业强省建设。

第一节　广东工业经济的萌芽与民族工业的初步发展

一、广东工业经济的萌芽

最早在岭南地区设置行政机构的朝代可以追溯至秦朝。公元前214年，秦朝在岭南设立南海郡。宋至道三年（公元997年），广南路分为广南东路和广南西路，"广东"即广南东路的简称。明洪武二年（公元1369年），改广东道为广东等处行中书省，是明朝十三大省之一。清初，"广东省"这一名称被正式使用。①

明清时期，广东的手工业十分兴旺，主要包括制陶业、冶铁铸造业、纺织业和造船业等。例如，当时佛山的铁器，已闻名全国，包括军器在内的各类铁器深受各地民众的欢迎。甚至有"佛山之冶遍天下"之说。② 佛山、广州、雷州等地崛起的冶铁铸造业具备一定规模，有时全省年产量可达2700万斤。因此，有学者认为明代广东冶铁铸造业已经具备资本主义手工业的性质，进而认为广东是我

---

① 广东省人民政府地方志办公室．广东省建置沿革［EB/OL］．（2023-02-22）．http://www.gd.gov.cn/zjgd/sqgk/jzyg/index.html.

② 资料来源：《广东新语》卷十六。

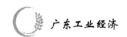

国早期资本主义萌芽地之一。① 冶铁铸造业的兴起也带动了广东采矿业的发展，清雍正年间，广东全省铁矿工人数达五六万之多。

此外，石湾、潮州等地生产的多色釉陶瓷制品，产品精巧，在明代就畅销国内外。清代更以加工景德镇白胎瓷器为主，形成独具一格的"广彩"制品。明代，随着纺车、纺机的出现，广东的缫丝与纺织业开始发展，文昌丝、新兴丝声名远扬。清代，广州的织工有三四万人，丝织厂主要聚集在上、下西关，下九甫一带。所产的精美纱缎，在乾隆年间的《广州府志（卷48）》中将其美誉为"金陵、苏杭皆不及"。佛山的织布工场达到2500家，分为18丝行，工人约5万人。① 另外，明代时期广东的造船业发达，"广船"誉满天下。广州和潮州成为官府造船基地，高州、东莞、新会则是有名的私造船中心。

明清时期，广东以冶铁铸造业为代表的早期工业的发展，为广东近代民族工业的创立提供了有益的基础。这一时期，广东出现了以工业兴起为标志的资本主义萌芽，表明在传统的封建社会内部已经产生了新的社会生产关系，标志着封建制度的衰落。但由于这一时期社会整体的生产力水平低下，早期的工业发展又起源于农业和手工业结合的封建经济，缺乏资本主义独立发展的物质和资本基础。因此，工业经济发展较为缓慢。

二、广东民族工业的初步发展

（一）洋务运动时期广东民族工业的发展

鸦片战争后，中国开始逐步沦为半殖民地半封建社会。外国资本主义的侵入，以及洋务运动的兴起，加速了中国传统的自给自足式的自然经济的瓦解。在这一历史背景下，广东的近代民族工业出现了。与全国的情况有所不同的是，全国范围内基本是先有洋务企业，然后才出现民族工业。而广东因为是著名的侨乡，华侨率先在此投资建设了近代民族资本主义企业。因此，洋务企业与民族企业得以同时出现。①

广东地方官办的洋务企业主要包括广州机器局和广东钱局。广东机器局是广东近代首家官办工业企业，后历经30多年的经营，逐步发展为南方重要的军工厂。而广东钱局则是我国最早采用机器大量铸造铜钱、银币的工业企业。

广东民族工业企业的出现与发展，与民族资产阶级的兴起密不可分。例如，侨商陈启源于1872年在南海创办了中国第一个采用机器生产的近代化缫丝厂——继昌隆缫丝厂，并带动珠江三角洲地区发展成为当时我国机器缫丝业最发达的地区。此外，侨商黄秉常创立了我国第一家电灯公司——广州电灯公司；旅

---

① 赵玲玲.广东工业经济简史［M］.广州：华南理工大学出版社，1998.

日华侨卫省轩创立了我国第一家火柴厂——巧明火柴厂；商人钟星溪成立了我国第一家造纸厂——宏远堂造纸厂。我国近代史上第一条由民族资本创办的铁路——潮汕铁路，也是由华侨张榕轩、张耀轩兄弟投资兴建的。

（二）民国时期广东民族工业的发展

辛亥革命后，中华民国临时政府鼓励资本主义工商业的发展。其后虽历经北洋政府、国民政府等多次政权替换，但对资本主义工商业的发展一直持支持态度，各类实业团体层出不穷。近代工商业实业家以"实业救国""强国富民""振兴民生"为目标，以商战反抗列强的经济侵略，获得了前所未有的社会认同。声势浩大的抵制洋货运动不仅是中国人民经济自强意识崛起的体现，也刺激了民族资本主义的进一步发展。在近代工业发展所带来的利润驱使下，官僚、地主和更多的商人都开始创办新式企业。总体来看，中国的民族资本主义迎来了短暂的黄金发展时期。①

这一时期，广东民族工业的发展仍以手工制造业为主，当时广东的主要制造业及其相关信息如表2-1所示。

表2-1 民国时期广东主要的制造业发展简况

主要制造业	代表性工厂（公司）	主要产品
纺织业	时明、亚兴等袜厂；时明、龙溪等针织厂	汗衫、纱袜、棉毛衫裤和围巾等针织品
橡胶制品业	广东兄弟橡胶公司	胶鞋
建筑材料业	广东士敏土厂	士敏土、水泥、砖瓦
食品加工业	东裕泰、广裕等榨油厂；恒丰泰碾米厂	米、食用油
机器制造业	陈联泰、均和安机器厂；广昌隆、艺兴等造船厂；协同和机器厂	蒸汽缫丝机、蒸汽小火轮、柴油机、煤气机、内燃机等
日化品制造业	光大正、兴亚等火柴厂；东华肥皂公司	火柴、肥皂
电力、水力生产和供应业	广州电力公司；广州自来水公司	电、水

资料来源：赵玲玲．广东工业经济简史［M］．广州：华南理工大学出版社，1998．

第一次世界大战结束后，以英、美、日为代表的帝国主义国家加大了对中国的商品输出和资本输出。大量外国商品和外国资本的涌入，给广东的纺织业、水泥业、火柴业带来了沉重的打击。在而后的抗日战争和解放战争时期，广东工业企业在多重压迫下，依然艰难地生存发展。

① 王英．中国民族资本主义发展历程述论［J］．福建省社会主义学院学报，2005（1）：18-23．

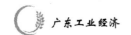

三、对中华人民共和国成立前广东工业经济发展历程的认识①

中华人民共和国成立前，广东的工业发展，可谓历经艰难、一路坎坷。作为中国民族资本主义工业的发源地之一，广东工业的早期发展具有深远的历史意义。以机器生产代替传统的手工制作，以资本主义生产关系代替封建主义生产关系，在生产力与生产关系的相互作用中，一定程度上推进了社会变革。例如，广东机器缫丝业的出现改变了手工劳动的落后状态，实现了生丝、纺织品的大量出口，一度在国际市场上与外国生丝形成抗衡局面。

广东的工业发展，是在封建社会向半殖民地半封建社会演变的社会背景下艰难进行的，同时遭受帝国主义和封建主义的压迫，带有半殖民地半封建的特征。主要表现如下：

第一，民族资本主义工业与官僚资本主义工业共生共长。此时中国的封建主义虽然逐步瓦解，但其对社会生活的影响依然存在，封建社会的生产方式也有相当的基础。民族资本主义经济的发展并没有完全摆脱封建势力的影响。在广东，一些民族资本家兼有资本家和地主的双重身份，部分民办工业从官办工业直接转化而来。官僚资本主义工业除了带有封建性外，还具有买办性和垄断性。

第二，民族资本主义工业规模小，生产落后。广东的民族资本主义工业企业大部分是设备简陋的小工厂，工场手工业占的比重较大。私营工业企业的组织形式以独立和合伙经营为主，限制了资金筹集和规模扩张，经营管理能力也比较落后。机器化生产和技术应用普遍不足，生产效率低。盛行包身工制，劳动雇用关系不明确。从整体上来看，当时广东民族资本主义工业经济在国民经济中所占的比重十分有限，发展较为缓慢。

第三，民族资本主义工业主要是以农副产品初级加工为主的轻工业，缺乏重工业基础。当时广东的民族资本因为投资能力有限，主要投资于轻工业，以发展农副产品的初级加工、纺织业、陶瓷业、五金制品业为主。虽然发展了部分机器制造业、机械修理厂和小矿山，但重工业发展的基础匮乏，更谈不上建设比较完全的工业体系。在设备、技术、原材料方面都不得不依赖外国垄断资本和国内官僚资本，甚至大部分重工业直接为外国资本和官僚资本所垄断。例如，1845年英国在广州黄埔建"柯拜"船坞，1863年美国建旗记船厂。此外，粤汉铁路、潮汕铁路均为外国资本所垄断。

第四，与海外市场关系密切。广东工业与海外市场的关系十分密切，无论是工业原料、工业设备，还是技术人员大部分来自国外。而当时广东的一些工业产

---

① 赵玲玲. 广东工业经济简史［M］. 广州：华南理工大学出版社，1998.

品，如丝织品、茶叶、瓷器、五金制品，大部分销往海外市场，形成了广州、汕头、湛江等几个重要的对外通商口岸。但由于外国资本大量涌入，华侨投入的工业资本规模因自身条件限制而十分有限，导致中外资本的比重约为 2：3。因此，当时广东工业发展主要依附于外国资本，带有浓厚的殖民色彩。

从整体上来看，当时广东工业成长于半殖民地半封建时期，虽历经外国资本和官僚资本的压迫，却不甘屈辱，涌现了一批优秀的爱国企业家，逐步培养了一批适应工业发展要求的劳动者，打造了一批知名的工业品牌和企业。可以说，广东人民用自己的坚守与奋斗，开创了广东工业发展的基础。

第二节　社会主义革命和建设时期的广东工业发展

在社会主义革命和建设时期（1949 年 10 月至 1978 年 12 月），广东人民在中国共产党的领导下，根据党中央的总体部署，积极发扬自力更生、艰苦创业的精神，开展社会主义革命，探索社会主义建设道路。这一时期，广东初步建立了比较完整的工业体系和国民经济体系，奠定了持续发展工业经济的基础，为推进我国工业化的发展贡献了“广东力量”。

一、完善工业企业的所有制结构，巩固社会主义工业发展的制度保障

在党的七届二中全会上，毛泽东同志作了重要报告，确定了消灭国民党统治、夺取全国胜利后，把党的工作重心从乡村转移到城市，以生产建设为中心任务，并指明了中国由农业国转变为工业国、由新民主主义社会转变为社会主义社会的发展方向。中华人民共和国成立后，当时的中共中央华南分局遵照党中央的指示和部署，领导广东省人民开始迅速恢复工业生产和国民经济。

第一，建立社会主义国有工业企业。

通过没收官僚资本主义工业企业，建设早期的社会主义国有工业企业。中华人民共和国成立后，广东人民接管较成规模的工业企业仅 12 家，其中炼钢、农械、机器厂三家，造纸、纺织、纺毛、麻织厂、士敏土厂各一家，糖厂四家。大部分厂房残破，开工能力不足。为贯彻党中央统一的财政经济工作部署，广东国有工业企业开始实行集中统一的管理体制。通过对工业生产采取统一安排、计划生产的办法，解决这一时期产供销不平衡所带来的诸多困难，有效地促进了广东工业的恢复。例如，广东的纱布供应与管理，由中央确定生产计划，并由国家统购统销。广东则成立省市统一的纱布管理委员会，领导、管理全省纱布的生产与

销售。在国有工业企业内部，积极改革旧的管理制度，推行民主改革和生产改革，确立工厂民主管理的规章制度，建立健全企业管理机构和生产技术管理责任制，推行经济核算制。这些改革极大地提高了工人的生产积极性和企业的生产效率。在中华人民共和国成立之初的国民经济恢复时期，广东恢复生产的地方国营及公私合营工业企业共 466 家，其中大型工厂 294 家，地方国营企业 267 家。传统的纺织、制糖、碾米、电力等工业行业得到快速恢复，还扩建、新建、改建了一批厂矿企业，比如中南第一铁矿、富园煤矿等。①

第二，针对资本主义工业和个体手工业进行社会主义改造，促进工业生产力进步，壮大广东工业发展的基础。

中华人民共和国成立初期，广东私营工业企业的数量约占全省工业企业数量的 60%，但多数生产规模较小，布局分散且生产落后。针对民族资本家中的一些投机分子伺机投机倒把、偷税漏税的行为，广东省人民政府给予坚决打击；针对有益的民族资本主义工业则通过调整公私关系、产销关系和劳资关系给予扶持。1953 年，广东贯彻实施党中央在过渡时期的总路线，实行三大改造，逐步把农业、手工业、资本主义工商业纳入社会主义改造道路。1954 年，广东各地对资本主义工商业进行改造，进行全行业公私合营。到 1956 年 1 月底，广东大中小市镇全部完成全行业公私合营。

广东手工业较为发达，历史悠久。中华人民共和国成立初期，为了恢复手工业生产，中共中央华南分局制定了发展方针：凡是人民所需要的，特别是为农民提供生活资料与生产资料的，应大力扶持。并于 1950 年 11 月，成立了广东省合作事业管理局和广东省合作总社等专门机构，最先在棉织、针织、农具等行业试办手工业合作社。社会主义三大改造时期，广东省积极引导手工业的社会主义改造。1954 年 8 月，广东开展全省个体手工业社会主义改造的全面部署。到 1956 年底，广东全省已建有手工业合作组织 9090 个（生产合作社 6316 个），社（组）员 37.2 万人，基本实现了全省手工业生产资料私有制的社会主义改造。②

社会主义改造完成后，广东社会主义经济成分快速发展，国有经济的领导地位明显增强，使广东得以在经济落后的情况下，可以集中生产资料、人力物力来发展社会主义工业经济。

---

① 赵玲玲 . 广东工业经济简史［M］. 广州：华南理工大学出版社，1998.
② 丰西西 . 南粤掀起三大改造热潮　广东建立社会主义基本制度［N］. 羊城晚报，2020-12-08.

二、广东工业经济发展规模得到初步提升

第一，工业实现较快发展，产业结构实现初步调整。

如前文所述，中华人民共和国成立初期，广东工业基础极其薄弱，工业经济十分落后。据统计，1949 年广东工业总产值仅为 9.89 亿元，工业企业 7796 家。经过近三十年的艰苦奋斗，至 1978 年广东工业总产值增加到 206.56 亿元，比 1949 年增长了 19.9 倍，年均增长 11.1%左右；工业企业数量增加到 19440 家，比 1949 年增长了 1.49 倍。[1]

中华人民共和国成立初期，第一产业农业在三次产业中比重最高，达 60.1%，三次产业增加值比例为 60.1：12.9：27.0。中华人民共和国成立至“一五”结束，广东第二产业工业发展迅速。在“一五”时期，第二产业年均增长 17.1%，远高于同期第一产业的 7.4%，第三产业的 7.1%，其占比在 1960 年急剧增加至 38.6%。而后由于自然灾害等的影响，广东工业发展历经曲折，工业发展速度迅速减缓。在“二五”时期，第二产业年均增长仅 4.9%，在 1967 年和 1968 年这两年出现负增长情况。[2] 然而，在党和广东人民的艰苦努力下，工业经济建设在曲折中还是取得了一定的成绩。1978 年，第二产业增加值增至 86.62 亿元，三次产业增加值比例演变为 29.8：46.6：23.6，产业结构从 1949 年的“一三二”转变为当时的“二一三”。可见，第二产业工业已经逐步成为广东经济发展的主力。

第二，主要工业产品产量成倍增长。

从主要工业产品的产量增长情况来看，布和丝织品的产量分别由 1949 年的 5000 万米和 448 万米，发展到 1978 年 22658 万米和 3007 万米的产能；主要的基础建设产品钢材、水泥，1949 年的产量分别为 0.03 万吨和 3.28 万吨，1978 年产能分别发展到 79.63 万吨和 451.40 万吨（见表 2-2）。原有的空白产业逐步建立，并且取得了长足的发展。1978 年，石油、化学、机械工业总产值已分别达到 11.10 亿元、20.12 亿元和 43.55 亿元；电力、冶金及煤炭炼焦工业总产值分别达到 5.66 亿元、9.45 亿元和 1.75 亿元。[3]

---

① 中国统计局国民综合统计司．新中国五十年统计资料汇编［M］．北京：中国统计出版社，1999．

② 刘智华，贝燕威．建国六十年广东经济结构调整成效显著［EB/OL］．（2009-09-18）．http：// stats. gd. gov. cn/tjfx/content/post_ 1434914. html.

③ 林瑜．跨越发展　铸造辉煌——建国六十广东工业发展回顾［EB/OL］．（2009-10-09）．http：// stats. gd. gov. cn/tjfx/content/post_ 1434917. html.

表 2-2　1949 年和 1978 年广东主要工业产品及其生产能力

产品	计量单位	1949 年产量	1978 年生产能力
原盐	万吨	12.48	37.59*
糖	万吨	7.53	96.15*
布	万米	5000	22658*
丝织品	万米	448	3007*
烟	万箱	14.00	49.85*
生铁	万吨	0.06[1]	77.93
钢材	万吨	0.03	79.63
水泥	万吨	3.28	451.40
平板玻璃	万重量箱		44.42
汽车	辆		4035
彩色电视机	万台		0.01
家用电冰箱	万台		0.45[2]
家用洗衣机	万台		4.20[3]

注：＊表示产量，1 表示 1950 年的数据，2、3 表示 1980 年的数据。

资料来源：广东统计信息网（http://stats.gd.gov.cn/tjfx/content/post_1434917.html）。

第三，工业基础建设逐步推进。

中华人民共和国成立后的三十多年中，由于广东没有被列入国家投资建设的重点地区，全省经济发展一度缓慢。1958~1978 年，广东地区生产总值年均增长 4.4%，低于全国平均水平。1978 年，全省的生产总值仅为 185.85 亿元。[①] 在这一背景下，广东工业基础建设发展较为缓慢。根据《新中国五十年统计资料汇编》的相关数据显示，1949~1978 年固定资产投资累计总额 99.32 亿元，基本建设投资累计总额 199.16 亿元，更新改造投资累计总额 13.78 亿元。全省工业基本建设情况如表 2-3 所示。

1950 年，全省基本建设投资仅 0.15 亿元，到"一五"期末的 1957 年，该指标增至 3.49 亿元。期间历经变动，至 1978 年，全省的基本建设投资为 17.85 亿元，在 500.99 亿元的全国基本建设投资总额中占比仅为 3.56%；更新改造投资 2.19 亿元，在 167.73 亿元的全国更新改造投资总额中占比为 1.31%。全社会固定资产投资额从 1975 年的 18.49 亿元增至 1978 年的 27.23 亿元（见表 2-3）。

---

① 梁钢华.广东省统计局发布报告：广东 60 年 GDP 增长 254.9 倍［EB/OL］.（2009-10-04）. https://www.gov.cn/jrzg/2009-10/04/content_1432548.htm.

其中，国有企业的固定资产投资比重在 1977 年达到最高值，为 95.62%，但在 1978 年降至 73.6%。

表 2-3　1949~1978 年广东省工业基础建设情况

年份	基本建设投资（亿元）	更新改造投资（亿元）	全社会固定资产投资（亿元）	#国有企业（亿元）	#都市集体企业（亿元）	#个人企业（亿元）
1950	0.15					
1953	2.17	0.01				
1957	3.49	0.10				
1962	2.87	0.30				
1970	8.21	0.40				
1975	14.92	1.07	18.49	15.99	2.32	0.18
1976	15.81	1.54	19.40	17.35	1.86	0.19
1977	16.94	0.62	18.96	17.56	1.20	0.20
1978	17.85	2.19	27.23	20.04	0.84	6.35

资料来源：《新中国五十年统计资料汇编》。

三、社会主义革命与建设时期广东工业发展中存在的主要问题[①]

第一，经济发展过程中逐渐出现结构性问题。

在"一五"计划期间，广东投资少、生产周期短、见效快的轻工业总量规模增长明显，但重工业增长速度更快。1953 年，广东全省轻工业总产值为 13.10 亿元，到 1957 年增至 26.19 亿元，增长近一倍，其发展速度快于全国平均水平。从轻工业所占的比重来看，1953~1957 年全省轻工业产值占工业总产值的比重均在 80% 以上。造纸业、皮革业、纺织业等轻工业发展迅速。相比之下，中华人民共和国成立初期的广东重工业，产值总量较低，在工业总产值中的比重较小。例如，1949 年全省重工业总产值仅为 0.94 亿元，占全部工业总产值的 12.4%。但是，在"一五"时期广东重工业的发展速度却快于轻工业。按 1957 年不变价格计算，1952 年广东重工业产值为 1.85 亿元，到 1957 年增至 5.7 亿元，增幅达 208.05%。因此，在广东工业化发展进程中，结构性经济问题逐渐显现。主要表现为：

工农业比例失调。1949 年，广东工业总产值与农业总产值的比例为

---

① 赵玲玲．广东工业经济简史 [M]．广州：华南理工大学出版社，1998.

26.19：73.81，至 1978 年变为 70.89：29.11。① 工农业产值比例的这种明显变化，不能简单地理解为是工业化初步发展所带来的产业结构调整。因为，要综合考虑农业发展能否满足人们生活消费并为工业发展提供充足的物质基础这一问题。而这期间由于自然灾害等的影响，广东农业发展受到较大冲击。

工业内部轻重工业结构比例失衡。最为典型的就是形成以钢铁为中心、以生产资料工业自我服务为主要内容的畸形经济结构。轻工业则因为农业发展受限、缺少原料而受到很大影响。

重工业内部结构也存在问题。广东的重工业投资中，比较注重冶金工业、机械工业等重工业投资，而煤炭、建材等原材料工业、能源工业和加工工业发展不足。

第二，开始注重技术和产品质量，但工业技术水平总体低下。

为完成"一五"计划，广东省对地方工业开展了全面整顿，并以节支增收、鼓励技术革新为核心，开展了增产节约、劳动竞赛、先进生产者评选等系列活动。许多工矿企业以党组织、团组织、工会、车间小组为基本单位，组织行业技术研究小组，以研究改进生产技术、加工技术和工艺操作技术，对提高产品质量起到积极的推进作用。1958 年，党的第八届全国人民代表大会第二次会议提出社会主义建设总路线，并向全党全民提出了逐步实现技术革命的任务。技术革命的提出符合我国当时低工业技术水平的基本国情。为了使技术革命有领导、有步骤地开展，广东省相关部门于 1958 年专门发布了《关于在工矿企业中开展技术革命的意见》。这在一定程度上提高了工人的技术水平和工业行业的生产效率。此外，针对纺织工业的设备、工艺、操作三项基础性技术管理工作，初步完善了技术管理体系，提高了产业经济效益。1949~1978 年，全省纺织系统共创税 21.4 亿元，平均每年创税 7100 万元。1958 年，随着国家科学规划委员会和国家技术委员会的合并，国家科学技术委员会应运而生，广东省科学工作委员会随即改名为广东省科学技术委员会，此后广东各地区（市）、县科委陆续成立。从中华人民共和国成立初期到 1977 年，广东克服重重困难，培养了一批科技人才，为工业发展积蓄了一定的人才力量。到 1977 年，广东拥有全民所有制单位自然科学技术人员约 18 万人，约为 1949 年的 36 倍。②

但在这一时期，由于历史原因，广东工业技术水平整体上比较落后。在工业

---

① 广东省统计局. 广东省建国以来经济和社会发展伟大成就 [EB/OL]. （2023-5-30）. http：//www. gd. gov. cn/zwgk/gongbao/1984/9/content/post_3354327. html.

② 科技部. 风雨兼程 60 年——广东科技辉煌历程 [EB/OL]. （2009-09-28）. https：//www. most. gov. cn/ztzl/kjzg60/dfkj60/gd/hhlc/200909/t20090928_73429. html.

技术研发、新工业行业发展、工人受教育程度等方面存在明显的不足。

第三，地方经济发展缓慢，优势没有体现，工业发展缺少有效的推动力。

广东地理位置优越，商贸活动历史悠久，轻工业基础较好，有华侨回乡投资办厂的传统。在社会主义革命和建设时期，通过利用华侨资本投资办厂、创办广交会、开展粤港澳边境小额贸易等方式，先行探索了社会主义外贸模式，初步形成了具有地方特色的工业生产体系。例如，1957 年 4 月 25 日，第一届中国出口商品交易会在广州中苏友好大厦开幕。首届广交会成交额达 1754 万美元。这是中国外贸发展史上的一项创举，为中国外贸发展打下了良好的基础，开启了我国对外贸易、对外交流、对外经济合作的大门，① 也为广东工业发展提供了更好的发展平台。

但是，在较长一段时期内，广东经济发展在全国居于中下游水平。1978 年（含）前连续 14 年其发展速度低于全国平均水平。其中，公共基础设施建设落后，交通不便，铁路少、公路差；电力紧张，工厂开工不足；通信落后，电话不灵；物资缺乏，市场紧张；公共教育水平不高，万人中拥有大学生数排在全国第十八位。② 在这一背景下，广东工业发展的潜力也就没有被完全激发出来。

从中华人民共和国成立到改革开放前夕，党领导人民完成了社会主义革命，消灭了一切剥削制度，实现了中华民族有史以来最为广泛而深刻的社会变革，实现了一穷二白、人口众多的东方大国大步迈进社会主义社会的伟大飞跃。在社会主义建设的探索时期，广东的社会经济发展虽然经历了曲折，工业发展也并非一帆风顺，但在中国共产党的领导下，广东人民取得了一定的工业发展成绩，积累了工业发展的经验和教训，为在新的历史条件下实现工业腾飞提供了宝贵的物质基础和思想理论基础。

第三节　改革开放和社会主义现代化建设新时期的广东工业经济发展

2021 年 11 月发布的《中共中央关于党的百年奋斗重大成就和历史经验的决议》明确指出，在改革开放和社会主义现代化建设新时期，党面临的主要任务是，继续探索中国建设社会主义的正确道路，解放和发展社会生产力，使人民摆

---

① 中国中共党史学会. 中国共产党历史系列辞典［M］. 北京：中共党史出版社，2019.
② 梁灵光. 广东改革开放的实践与探索［EB/OL］.（2015-08-11）. http：//www. gdmj. org. cn/ztgc/ggkfssn/gd30nzj/content/post_597379. html.

脱贫困、尽快富裕起来，为实现中华民族伟大复兴提供充满新的活力的体制保证和快速发展的物质条件。[①] 1978 年 12 月，党的十一届三中全会的召开，开启了中国改革开放和社会主义现代化建设的历史新时期。在这一时期，广东积极响应国家号召，解放思想、大胆创新，走出了一条有中国特色、广东特点的工业化发展道路，广东工业发展实现了腾飞。

在改革开放和社会主义现代化建设新时期，广东工业发展主要经历了三个阶段：一是 1978 年中国共产党十一届三中全会到 1991 年完成三年治理整顿任务。这一时期内，广东完成了从先行一步，率先在全国探索改革开放，到全面实施改革开放，创造宽松经济环境的过渡。二是 1992 年邓小平同志"南方谈话"到2001 年"十五"计划开始实施。邓小平同志"南方谈话"期间，提出广东要力争用二十年时间追上亚洲"四小龙"。党的十四大报告中也提出：力争经过二十年的努力，使广东及其他有条件的地方成为我国基本实现现代化的地区。自此，在广东力争二十年基本实现现代化的战略目标下，广东的改革开放和工业化都迎来新一轮的发展高潮。三是 2002 年中国共产党第十六次全国代表大会到 2012 年中国共产党第十八次全国代表大会。党的十六大是中国共产党在 21 世纪召开的第一次全国代表大会，阐述了全面贯彻"三个代表"重要思想的根本要求，确立了 21 世纪头 20 年全面建设小康社会的奋斗目标。提出到中华人民共和国成立100 年时，我国人均国内生产总值达到中等发达国家水平，基本实现现代化。广东积极响应党中央的号召，开始率先转变发展方式，大胆探索科学发展道路，成功实现了广东工业经济的腾飞。

一、循序渐进地推进改革开放，优化工业发展环境

（一）广东工业经济发展第一阶段的主要政策措施

在广东工业经济发展第一阶段的初期，广东积极解放思想，实行对外开放。在党的十一届三中全会精神的引领下，广东省委积极贯彻，酝酿并提出了让广东先行一步的战略构想。在 1979 年 4 月党中央召开工作会议期间，习仲勋同志代表广东省委向中央提出，希望中央给广东放权，抓住当前有利的国际形势，让广东充分发挥自己的优势，在四化建设中先行一步。并向中央提出请求：允许广东在坚持四项基本原则的基础上，实施特殊政策、灵活措施，在改革开放中先走一步。在深圳、珠海、汕头三个口岸划分部分地区，单独管理，作为境外投资者的投资场所，按国际市场的需要组织生产。1979 年 6 月 6 日，广东省委向中共中

---

① 中共中央关于党的百年奋斗重大成就和历史经验的决议［EB/OL］.（2021 - 11 - 16）. https：//www. gov. cn/xinwen/2021-11/16/content_5651269. htm.

央、国务院上报《关于发挥广东优越条件，扩大对外贸易，加快经济发展的报告》，提出实行新体制和试办特区的要求。同年 7 月 15 日，得到中央的正式批准，广东改革开放的大幕由此拉开。① 在这一背景下，广东工业领域的主要改革措施如下：

第一，调整工业领域的经济结构重大比例关系失调问题。由于广东长期面临经济结构失调问题，因此广东在着手探索经济体制改革的同时，积极响应 1979 年 4 月党中央工作会议提出的"调整、改革、整顿、提高""新八字"方针。在工业领域进行了如下调整：一是适当提高轻纺工业的投资比重，加快轻纺工业的发展。定位于发展投资少、收效快、国内外市场需求大的轻工业，优先保证供应轻工业所需的煤、电和原材料，并以保证轻工业的发展为前提安排钢铁等重工业的生产。二是在重工业中突出地加强煤、电、油、运输和建筑材料工业的生产建设，并强调节约能源，杜绝浪费，以为其他工业部门的发展提供基本保障。三是按照广东国民经济发展的需要和燃料、原材料的供应能力，调整工业企业的数量和管理水平。有序关停并转一批产品质量差、能耗高、亏损严重的落后工业企业，保证那些产品畅销、能耗低、质量好、盈利多的企业正常生产。四是强调引进工业项目要循序渐进，前后衔接，严格控制引进的总规模，讲求实效。②

第二，逐步推进工业经济体制改革，激发企业活力。早在 1979 年 8 月，广东就根据国务院文件精神，在广州绢麻纺织厂、华南缝纫机工业公司、广州第一棉纺厂等 10 家企业进行了扩大工业企业自主权的试点。而后逐步深化了工业经济体制改革的内容：一是在工业企业中广泛推行各种形式的承包经营责任制。工业企业管理由过去的产供销、人财物"六统一"的传统体制转变为以扩大企业自主权、经营权为特征的新体制，企业成为相对独立的商品生产者和经营者。二是强化企业内部改革，通过改革企业内部领导体制和管理体制，深化厂长负责制和任期目标责任制，提高企业内部运作效率。三是改革工业企业的利益分配制度，探索解决国家与企业之间的利益分配问题以及企业内部工人工资的分配问题，增强企业活力，调动工人积极性。

第三，开展企业组织形式改革，探索发展大企业集团。在这一时期，广东的工业企业广泛开展了生产、技术、资源、销售、信息等多种形式的横向经济联合。到 1988 年底，全省有 1.58 万家企业参加了经济联合组织，发展了与其他 29 个省份的横向经济联合，在广州、深圳、佛山等地还涌现出一批企业集团，以适

---

① 广州市委党史文献研究室. 思想解放与广东改革开放进程 [EB/OL]. (2020-05-15). http://gzsqw.org.cn/sdfzpc/gzds/ztyj/202005/t20200515_6587.html.

② 赵玲玲. 广东工业经济简史 [M]. 广州：华南理工大学出版社，1998.

应广东外向型经济发展需求。例如，成立于1980年的粤海集团，就是广东省在境外创办的第一家集团公司。

（二）广东工业经济发展第二阶段的主要政策措施

广东工业经济发展的第二阶段，面临着与全国相似的特殊社会背景。改革开放在推进过程中出现了经济发展过热、需求过旺、通货膨胀过高等一系列问题，扰乱了正常的市场秩序。对于改革开放政策的质疑，随之出现。在这个关键的历史时刻，邓小平同志明确提出了三个"有利于"的标准，坚定了举国上下改革开放的信心。尤其是鼓励广东改革开放胆子要大一些，要带头闯，力争用二十年时间赶上亚洲"四小龙"。由此，广东在社会主义市场经济体制和运作机制方面进行了更加大胆的探索，促使工业经济加速发展。在这一阶段，主要是从以下三方面进一步促进了工业的发展：

第一，开创全方位改革开放的发展新格局。1992年9月，国务院正式决定将广东省北部的韶关和东北部的河源、梅州三市列入我国的沿海经济开放区，同时，将惠州市的大亚湾、广州市的南沙开辟为经济技术开发区。至此，广东省形成了包括经济特区、沿海开放城市、沿海经济开放地区三个开放层次的开放新格局。并在不同的经济区划内积极推进产业结构调整和优化，例如，经济特区的产业布局，主要是以高新技术产业为先导，以先进工业为基础，以高度社会化的第三产业为支柱。

第二，围绕"增创新优势"，完善经济发展的顶层设计。广东认真贯彻落实邓小平"南方谈话"精神和党的十四大精神，围绕经济建设这个中心，在1991～1995年（"八五"时期）取得了巨大成绩。但是，随着国内经济体制改革由局部试验转向总体推进，随着开放重心的转移、开放格局的转变以及政策优势、体制优势的弱化，广东的发展处于历史性的转折时期，面临着国际政治、经济、科技的重大变革所带来的前所未有的挑战和考验。1994年6月，江泽民视察广东时向广东提出了"增创新优势，更上一层楼"的要求。广东省委结合广东实际，提出"分类指导、层次推进、梯度发展、共同富裕"的指导思想和"中部地区领先、东西两翼齐飞、广大山区崛起"的区域发展战略目标。1998年5月，中国共产党广东省第八次代表大会对广东改革开放和现代化建设的跨世纪发展作出了全面部署，提出增创体制、产业、开放、科技教育四大发展新优势，突出抓好"外向带动""科教兴粤""可持续发展"三大发展战略。在广东省委、省政府的正确领导下，全省人民按照省委、省政府制订的发展战略，积极践行增创新优势，为工业持续发展创造了更好的发展环境。[①]

第三，不断调整产业结构，适时调整工业主导产业的发展。不断调整和优化产业结构，是广东从实际出发、发挥优势的重要方式。1991年发布的《广东省人民政府关于下达广东十年规划和"八五"计划纲要的通知》提出，要加快第二、第三产业发展，使三次产业之间的结构比例比较协调。选择发展的重点工业行业有：轻纺工业和以电力为代表的能源工业；以乙烯、钢铁为代表的重化工业、原材料工业；电子工业和以微电子、生物工程、新材料为代表的高新技术产业。在"九五"时期，广东调整工业发展思路，提出要大力振兴支柱产业，努力提高工业、建筑业的整体素质和水平。因此。在"十大支柱产业"中，投资规模大、产业带动作用强、技术含量比较高的工业行业成为发展的重点。这种产业结构的调整，满足于广东在实现经济总量和工业生产规模提升后，提高工业发展质量的内在要求。也因为相同的原因，2001年，广东为加速推进工业产业结构的调整和优化，进一步提高工业的整体素质和经济增长的质量效益，专门制定了《广东省工业产业结构调整实施方案》，该方案指出要抓好发展高新技术产业、改造传统产业和继续淘汰落后生产能力这三个环节，并从产品结构调整、技术结构调整、产业组织结构调整和产业区域结构调整这四个方面，制定了更细致、更全面的实施方案，对于促进广东工业产业的健康发展起到了重要的引导作用（见表2-4）。

表2-4　广东省"八五""九五"时期的重点工业行业

时间	政策性文件	选择发展的重点工业行业
1991年	《广东省人民政府关于下达广东十年规划和"八五"计划纲要的通知》（粤府〔1991〕52号）	轻纺工业和以电力为代表的能源工业；以乙烯、钢铁为代表的重化工业、原材料工业；电子工业和以微电子、生物工程、新材料为代表的高新技术产业
1996年	《关于下达广东省国民经济和社会发展第九个五年计划纲要的通知》（粤府〔1996〕12号）	十大支柱产业：汽车、石化、机械、电子、以家用电器和食品为代表的轻工业、纺织、建材和建筑业、医药、冶金、以木材制浆造纸为主的森林工业
2001年	《广东省工业产业结构调整实施方案》（粤府办〔2001〕74号）	三大新兴支柱产业：电子信息、电器机械、石油化工 三大传统支柱产业：纺织服装、食品饮料、建筑材料 三大潜力产业：汽车、造纸、制药 高新技术产业：电子信息技术、新材料技术、生物技术、光机电一体技术及新能源技术产业

资料来源：笔者整理而成。

---

① 广州市委党史文献研究室．思想解放与广东改革开放进程〔EB/OL〕．（2020-05-15）．http://gzsqw.org.cn/sdfzpc/gzds/ztyj/202005/t20200515_6587.html．

（三）广东工业经济发展第三阶段的主要政策措施

在广东工业经济发展的第三阶段，国家的经济社会发展背景又有所变化。世纪之交，改革开放的深入发展，给广东乃至全国的经济社会生活都带来了广泛而深刻的影响，也给我们党和国家提出了新的更高的发展要求。如何持续推进改革开放和社会主义现代化建设事业，是这一时期需要解决的重要问题。2002 年，党的十六大召开，明确提出要全面建设小康社会，加快推进社会主义现代化，开创中国特色社会主义事业的新局面。并确定发展区别于传统工业化道路的"新型工业化"道路，即坚持以信息化带动工业化，以工业化促进信息化，走一条科技含量高、经济效益好、资源消耗低、环境污染少、人力资源优势得到充分发挥的新型工业化路子。2003 年，胡锦涛同志进一步提出了科学发展观，即坚持以人为本，全面、协调、可持续的发展观。在党中央的领导下，在这一时期广东抓住机遇，开始积极探索科学发展道路，加快新型工业化建设，不断推进中国特色社会主义现代化建设，主要措施如下：

第一，以优化提高第二产业为重点，打造新的工业体系。广东"十五"计划纲要中提出，大力发展信息技术、生物技术、新材料技术等高新技术产业，壮大电子信息、电器机械和石油化工三大新兴支柱产业，改造纺织服装、食品饮料和建筑材料三大传统支柱产业，培育汽车、医药、造纸、环保等潜力产业，形成以高新技术产业为先导，以传统优势产业为基础，以新兴支柱产业为支撑的新工业体系。针对珠江三角洲地区的现代产业体系建设问题，国家发展和改革委员会于 2008 年专门出台了《珠江三角洲地区改革发展规划纲要（2008—2020 年）》，提出要在珠三角地区构建现代产业体系，促进信息化与工业化的融合，力图建设现代服务业与先进制造业双轮驱动的主体产业群。

第二，将自主创新发展战略作为产业技术发展的"内核"。2005 年广东省委、省政府发布了《关于提高自主创新能力提升产业竞争力的决定》，第一次明确提出构建"创新型广东"以及实现制造大省向创新大省转变的战略取向。2006 年《广东省促进自主创新若干政策》发布，提出了相应的政策性条款。2008 年《广东省自主创新规划纲要》《广东省建设创新型广东行动纲要》的出台则进一步明确了新时期条件下自主创新在全省经济社会发展中的核心地位，并在创新环境、创新体系、创新机制、创新人才和效益等多方面制定了详细的发展办法。2009 年广东省科技厅印发了《〈珠江三角洲地区改革发展规划纲要〉科技与自主创新专项实施方案（2009—2010 年）》，为全面提升珠江三角洲地区的自主创新能力，加快产业转型升级和现代化产业体系建设提供了政策保障。此外，广东还注重重点产业的技术高端化与高新技术的产业化。2006 年出台的《广东省高技术产业发展"十一五"规划》明确提出，围绕消费类电子、软件与集成电路、生物与新医药、重大装备制造、先进制造、新材料、节能与新能源、环保与资源综合利用、现代农业和现代服务业十大关键技术专项领域，集中力量突破数字音频标准、射频芯片、新型显示技术、药物筛选、高速精密加工、燃料电池、食品安全技术等一批核心、共性技术和关键产品。

第三，探索区域协调发展机制，扩展工业发展空间。2004 年，根据党中央关于全面推进泛珠三角区域合作的相关指示精神，广东省人民政府发布了《关于推进泛珠三角区域合作与发展有关问题的意见》（粤府〔2004〕129 号），从基础设施建设、产业与投资等多个方面进行了全面的工作落实。深化了广东与福建、江西、广西、海南、湖南、四川、云南、贵州、香港和澳门的地区合作。《2006年：泛珠三角区域合作与发展研究报告》指出，泛珠三角区域内部虽然存在经济发展差距，但整体综合实力较强，其内地 9 省的 GDP 总量占全国的 1/3，相当于京津冀经济圈和长三角经济圈的总和。广东珠三角地区在经济发展中长期居于"核心"地位，快速发展带来了土地不足、资源短缺、人口超负、环境透支等问题。2008 年 5 月，广东省委以科学发展为宗旨，以发挥先行先试作用为目标，在广东开始实施"双转移"战略。"双转移"战略是产业转移和劳动力转移两大战略的统称，具体是指着力推进珠三角地区相关产业加快向粤东、粤西、粤北（以下简称粤东西北）地区转移，推进农村劳动力向城市和第二、第三产业转移，以实现产业转移和劳动力转移的有机结合。据新华社报道，经过三年的努力，到2011 年 9 月，广东共培训农村劳动力 266.6 万人，转移就业 469 万人。通过加大人力资源开发，有效增加了农民收入，近 17 万户农村贫困家庭得以脱贫。35 个省级产业转移园累计创造产值逾 4400 亿元，创造税收逾 240 亿元，有效地扭转了广东区域经济发展不平衡的问题。①

二、经济发展保持较高增速，工业经济总量规模大

改革开放后，经过多年的建设，广东实现了经济的快速增长，工业经济总量规模扩大。1978～2011 年，广东经济在全国 31 个省份（不含港澳台地区）中保持最高的发展速度。改革开放伊始，广东经济总量仅居全国第 5 位，排在江苏、山东、上海和辽宁之后。到 1989 年，广东 GDP 达 1381.39 亿元，超过江苏的1321.85 亿元。2011 年，广东 GDP 达 53210.28 亿元，已连续 23 年稳居全国第一。②

---

① 付航．广东"双转移"实施三年让近 17 万户贫困家庭脱贫［EB/OL］．（2011-09-14）．https：//www.gov.cn/govweb/jrzg/2011-09/14/content_1947766.htm.

② 广东省统计局．广东经济发展与全国对比分析［EB/OL］．（2013-06-17）．http：//stats.gd.gov.cn/tjfx/content/post_1435084.html.

　　1978 年，广东工业增加值为 76.12 亿元，占地区生产总值的 41%。到 2011 年，广东工业增加值增加到 24649.6 亿元，占地区生产总值的 46%，占全国工业增加值的 13.08%，位列全国第一。广东工业领域的规模经济效益逐步加强，2011 年规模以上工业行业增加值为 21663.3 亿元，占工业增加值总额的 87.88%，其中计算机、通信和其他电子设备制造业增加值占比最大，达到 19.4%，电气机械和器材制造业、以汽车制造为代表的交通运输设备制造业、化学原料和化学制品制造业规模以上工业增加值的比重依次为 9.4%、6.67% 和 6.18%。此外，广东工业总产值于 2011 年首次突破十万亿元大关，日均产值接近 280 亿元，① 广东规模以上工业总产值达 94871.68 亿元，占全国规模以上工业总产值的 11.24%，位居全国第三；规模以上工业企业总资产达 67397.28 亿元，占全国规模以上工业企业总资产的 9.97%，位居全国第二；规模以上工业企业利润总额达 5874.03 亿元，占全国规模以上工业企业利润总额的 9.57%，位居全国第三。② 从表 2-5 可知，截至 2011 年，广东规模以上工业企业及就业人员主要聚集在电气机械和器材制造业，计算机、通信和其他电子设备制造业，纺织服装、服饰业等支柱产业之中。

表 2-5　2011 年广东规模以上工业分行业主要指标发展情况

行业	工业增加值（亿元）	工业总产值（亿元）	资产合计（亿元）	企业利润（亿元）	从业人数（万人）	工业企业单位数（个）
合计	21663.30	94871.68	67397.28	5874.03	1463.86	38304
煤炭开采和洗选业	—	—	—	—	—	—
石油和天然气开采业	570.46	697.15	600.96	380.90	0.16	3
黑色金属矿采选业	77.10	239.36	168.27	35.96	1.13	73
有色金属矿采选业	71.30	180.54	102.01	45.80	1.01	49
非金属矿采选业	84.82	305.37	101.67	31.14	3.05	238
其他采矿业	—	0.39	0.24	0.04	0.01	1
农副食品加工业	412.77	2252.00	1253.72	113.84	15.66	792
食品制造业	377.29	1287.65	857.55	155.45	17.10	574
酒、饮料和精制茶制造业	176.27	849.41	589.32	45.25	7.75	200
烟草制品业	279.08	364.03	335.15	44.47	0.82	14
纺织业	653.27	2325.59	1279.42	127.48	51.37	1810

---

① 邓红辉. 广东 2011 年工业产值破十万亿元日均接近 280 亿元［N］. 南方日报，2012-02-05.
② 根据《中国统计年鉴 2012》《广东工业统计年鉴 2012》计算得到.

续表

行业	工业增加值（亿元）	工业总产值（亿元）	资产合计（亿元）	企业利润（亿元）	从业人数（万人）	工业企业单位数（个）
纺织服装、服饰业	680.05	2901.79	1336.10	165.50	104.97	2856
皮革、毛皮、羽毛及其制品和制鞋业	481.26	1822.84	917.58	99.05	91.87	1514
木材加工和木、竹、藤、棕、草制品业	152.27	591.80	380.76	53.45	9.55	489
家具制造业	285.86	1174.91	663.30	71.01	32.58	1086
造纸和纸制品业	334.26	1701.89	1531.70	72.71	25.89	1196
印刷和记录媒介复制业	230.90	853.30	669.59	68.57	20.44	829
文教、工美、体育和娱乐用品制造业	288.15	2948.57	1470.11	126.64	80.61	1509
石油加工、炼焦和核燃料加工业	636.56	3248.62	1145.30	24.32	2.79	102
化学原料和化学制品制造业	1337.94	4966.43	2966.06	394.90	32.39	2046
医药制造业	287.37	920.62	995.77	108.50	10.27	329
化学纤维制造业	32.25	175.42	120.38	8.40	1.67	61
橡胶和塑料制品业	864.28	3558.22	2265.03	191.10	83.44	3143
非金属矿物制品业	799.22	3238.25	2339.72	248.18	56.81	2113
黑色金属冶炼和压延加工业	382.39	2557.69	1524.71	78.72	12.86	593
有色金属冶炼和压延加工业	437.73	2518.95	1311.87	141.08	15.94	654
金属制品业	994.01	4311.47	2957.70	285.64	76.87	3289
通用设备制造业	444.96	2866.20	1831.90	153.05	46.78	1315
专用设备制造业	406.81	1606.13	1451.40	121.09	33.32	1198
交通运输设备制造业	1443.62	5432.31	3959.08	220.14	125.19	2712
电气机械和器材制造业	2037.19	10060.94	7008.04	583.48	187.64	3934
计算机、通信和其他电子设备制造业	4201.61	21460.03	14573.80	808.81	330.93	3876
仪器仪表制造业	289.83	568.81	514.23	45.25	20.18	390
其他制造业	281.70	240.76	148.92	11.81	7.23	232
废弃资源综合利用业	152.42	773.00	318.33	65.84	4.24	211
电力、热力生产和供应业	1268.23	4904.00	8144.08	309.62	21.23	284
燃气生产和供应业	109.51	582.32	391.23	44.94	1.16	73
水的生产和供应业	100.54	249.32	1033.23	18.85	4.65	207

资料来源：《广东工业统计年鉴2012》《广东统计年鉴2012》。

三、工业产业结构得到进一步调整和优化

在工业经济总量水平不断提升的过程中,广东一直注重产业结构的调整与优化。尤其是在党的十六大以后,更是响应党中央的号召,按照科学发展观的要求,围绕发展现代农业、走新型工业化道路和促进服务业快速发展的整体部署,大力推进了产业结构调整。1978~2011 年,广东第一产业增加值占地区生产总值的比重明显下降,由 29.80%降至 5.00%,第二产业增加值占地区生产总值的比重由 46.60%升至 49.70%,第三产业发展迅速,占地区生产总值的比重由 23.60%增至 45.30%(见图 2-1)。

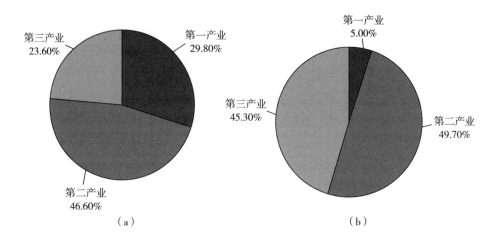

图 2-1　1978 年与 2011 年三次产业结构比较

资料来源:笔者整理而成。

第二产业中工业的内部结构也逐步得到了优化发展。"十五"期间,广东产业政策向重化工业倾斜,加大了对重化工业的投资力度,重化工业的发展取得了较好的成绩。全省规模以上轻重工业增加值比例由 2000 年的 47.6:52.4,调整为 2005 年的 41.3:58.7,到 2011 年进一步调整为 39.7:60.3。2005 年,广东省人民政府印发《关于印发广东省工业九大产业发展规划(2005—2010 年)的通知》,广东工业行业中的九大支柱产业有了更明确的发展规划。到 2011 年,广东九大支柱产业增加值比上年增长 12.3%,其中电子信息、电气机械及专用设备、石油及化学三大新兴支柱产业增长 11.9%,纺织服装、食品饮料、建筑材料三大传统支柱产业增长 15.3%,森工造纸、医药、汽车及摩托车三大潜力产业增

长 9.4%。① 并且九大产业内部也出现了结构调整和优化的趋势，从整体上来看，技术含量较高的装备工业、电子信息产业等快速发展，传统产业相对有所收缩。

四、工业创新发展趋势日益明显

改革开放以来，广东发挥先行一步的政策、体制优势，大胆创新，勇于实践，有力地推进了广东工业创新活动的发展。主要表现在以下三个方面：

第一，科技创新活动及投入增加。到 2011 年，广东公有经济企业、事业单位的专业技术人员达 144.8 万人。全省 R&D 人员全时当量为 41.08 万人年，是2000 年的近 7 倍。而 R&D 经费投入具有明显的后起赶超特征，1995～2011 年广东的 R&D 经费投入从 10.6 亿元增加到 1045.49 亿元，增长接近 100 倍；R&D 经费投入占 GDP 比重也增加至 1.96%，② 稍高于全国 1.83%的水平，但远低于北京5.76%的水平。这就说明：其一，广东不断壮大的经济实力尤其是工业经济实力与不断增强的科技创新能力是相辅相成的。其二，广东 R&D 经费投入强度较低，技术知识的获得较多地依赖先进国家或地区的技术扩散，而非自主研发。为适应广东经济持续快速健康发展的需要，要注意加大对科技创新的投入，提高 R&D 经费投入的强度。

第二，专利产出和高新技术产业增长迅速。专利申请量和授权量是衡量一个地区自主创新能力大小的重要指标。2011 年，广东专利申请量和授权量分别为196275 项和 128415 项，分别占全国的 12%和 13.4%，居全国第二位和第三位。在科技知识的产业化运用上，广东也表现出很强的能力。"十五"以来，广东高新技术产业保持较快发展，在电子信息、先进制造等重要领域走在了全国前列。高技术制造业总产值从 2000 年的 2713.48 亿元，增加到 2011 年的 23609.35 亿元，年均增长 21.7%，占广东工业总产值的 24.89%。高新技术产品出口额从2000 年的 170.2 亿美元，增加到 1975.25 亿美元，年均增长 24.97%，占全省出口总额的 37.14%。由此可见，高技术制造业正成为推动广东工业产业增长和发展的主要力量。

第三，自主创新体系初步形成。随着科技与经济的紧密结合，企业的自主创新意识不断加强，已成为广东高新技术开发的主体。2011 年，有研究机构的企业数为 3164 个，占工业企业总数的 8.26%；企业 R&D 人员 41.6 万人，占全省

① 广东省统计局.2011 年广东国民经济和社会发展统计公报［EB/OL］.（2012-02-23）.http：//stats. gd. gov. cn/tjgb/content/post_1430114. html.

② 广东省科学技术厅.广东省科技统计数据［EB/OL］.（2019-12-31）.http：//gdstc. gd. gov. cn/zwgk_n/sjjd/content/post_2792481. html.

R&D 人员总数的 80.38%；工业企业的 R&D 经费投入 899.44 亿元，占全省 R&D 经费投入的 86%。① 其中，大中型工业企业的创新主体地位得到强化，民营科技企业也在兴起和发展。此外，广东还积极拓展了创新平台建设。到"十一五"期末的 2010 年，全省建有国家级重点实验室 13 家，国家级工程研究中心 19 家，国家级企业（集团）技术中心 49 家，共建立省级工程研究中心 484 家。② 具有广东特色的是，2000 年广东启动了专业镇技术创新试点工作，充分利用产学研合作机制，为专业镇的创新发展注入新动能。截至 2011 年，广东的各类专业镇拥有创新机构 2686 个，产学研合作项目达 11713 个，专业镇高新技术企业达 1231 家，占全省的 22.5%，97%以上的专业镇建立了公共创新服务平台。专业镇的创新发展有效带动了企业的集聚发展，专业镇平均企业集聚度达 1130 个/镇，珠三角区域专业镇平均企业集聚度达 2286 个/镇。此后，产业集聚逐步成为广东工业发展的重要特色。③

第四节　新时代的广东工业经济发展

2012 年 11 月，党的十八大的胜利召开具有重大意义，在国内外形势发生深刻变化的背景下，确定了全面建成小康社会和全面深化改革开放的目标，对新的时代条件下推进中国特色社会主义事业作出了全面部署，对全面提高党的建设科学化水平提出了明确要求，为全国人民描绘出了全面建成小康社会、加快推进社会主义现代化的宏伟蓝图。2012 年 12 月 7~11 日，习近平总书记选择广东作为党的十八大后地方考察的第一站，发表了重要讲话，对广东提出了"三个定位、两个率先"的期望，要求广东努力成为发展中国特色社会主义的排头兵、深化改革开放的先行地、探索科学发展的试验区，为率先全面建成小康社会、率先基本实现社会主义现代化而奋斗。④ 根据党的十八大总体部署和习近平总书记重要指示精神，广东开启了新时代全面深化改革的新局面，推进了工业经济总量的壮大和质量的提升。

截至 2022 年，广东地区生产总值由 2012 年的 57007.74 亿元增加到 2022 年

① 资料来源：《广东统计年鉴 2012》。
② 广东省统计局．"十一五"时期广东科技事业蓬勃发展［EB/OL］．(2011-05-04).http：//stats. gd. gov. cn/tjkx185/content/post_1427214. html.
③ 余健．广东省专业镇转型升级的实践与思考［N］.科技日报，2012-10-15.
④ 周志坤．习近平总书记考察广东一年来［N］.南方日报，2013-12-04.

的 129118.58 亿元,[①] 年均增长 8.50%,连续 34 年位居全国第一。工业经济总量水平也持续增加(见图 2-2),2012~2022 年,广东省工业增加值从 25526.22 亿元增加到约 5.28 万亿元,年均增长 7.44%。2022 年,广东工业增加值对地区 GDP 的贡献率为 40.9%,占全国工业增加值的 13.15%。工业产品优势增强。全国纳入统计主要工业产品共 574 种,广东生产 481 种,其中 164 种工业产品产量居全国第一,5G 手机、空调、冰箱、电饭锅、微波炉等产量全球第一,全球每卖出三台手机就有一台是广东制造,产品质量合格率和制造业质量竞争力指数均超过全国平均水平。[②] 在这一时期,广东坚持工业立省、制造业立省,着力振兴发展实体经济,积极开创了广东工业经济发展的新优势。

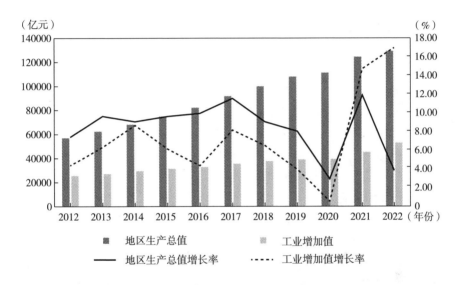

图 2-2　2012~2022 年广东省地区生产总值与工业增加值变动情况

资料来源:2021 年及以前的数据来自《广东统计年鉴 2022》,2022 年的数据来自《2022 年广东国民经济和社会发展统计公报》。

一、全面实施创新驱动战略,推进"广东智造"发展

党的十八大后,广东进入以全面实施创新驱动战略为导向的深化发展阶段。2012 年广东省率先实施了首部地方性自主创新法规《广东省自主创新促进条

---

①　广东省统计局.2022 年广东国民经济和社会发展统计公报[EB/OL].(2023-03-31).http://stats.gd.gov.cn/tjgb/content/post_4146083.html.

②　赛迪顾问.广东工业经济的奋进十年[N].21 世纪经济报道,2022-11-09.

例》，2014 年出台的《中共广东省委　广东省人民政府关于全面深化科技体制改革加快创新驱动发展的决定》，成为中共十八大后国内首个出台深化科技体制改革、实施创新驱动发展战略的省份。此后，广东还先后出台了《关于加快科技创新的若干政策意见》《广东省系统推进全面创新改革试验行动计划》等三十多份重要文件，系统部署了高新技术企业培育、新型研发机构建设、企业技术改造、孵化育成体系建设、高水平大学建设、自主核心技术攻关、创新人才队伍建设、科技金融融合"八大举措"，切切实实为广东创新驱动发展创造了良好的政策环境，① 有力地支撑了由"广东制造"到"广东智造"的升级。

在全面实施创新驱动发展战略的过程中，广东主要立足于产学研合作，不断探索推进科技成果产业化、促进科技与经济紧密结合的方法。一方面，以市场为导向、培育企业作为重要的创新主体，通过促进产学研结合，不断完善区域创新体系建设。从 2005 年广东联合教育部、科技部启动省部产学研结合试点工作开始，具有广东特色的省部产学研合作由最初的"两部一省"，发展成为"三部两院一省"（科技部、教育部、工业和信息化部、中国科学院、中国工程院、广东省）产学研合作协同创新新模式，有效聚集了全国的优质创新资源，提升了广东工业企业的自主创新能力和广东区域创新能力。另一方面，不断强化了各类创新平台建设，将建设目标由数量增加转向质量提升，形成了一批研究实力强、协同创新效益好、引领示范作用强的创新平台。

《中国区域创新能力评价报告 2022》的数据显示，2022 年的广东区域创新能力连续第六年位列全国第一。在企业创新、创新环境、创新绩效、知识创造和知识获取五个一级指标中，广东前三项指标的排名均为全国第一，后两项指标的排名均为全国第二。优良的创新环境为全社会的创新意识培育和创新能力培育，提供了重要的外部条件。例如，广东"创新环境"指标位居全国第一，其中"高技术企业数量""科技企业孵化器数量"两个指标领先。截至 2021 年，全省拥有超过 6 万家的高新技术企业，涌现出腾讯、华为、大疆等一批具有全球竞争力的龙头企业；科技企业孵化器达到 1111 家，众创空间 1076 家，② 国家重点实验室 30 个，省重点实验室 396 个，国家级工程技术开发中心 23 个，省级工程技术开发中心 5944 个。③

---

① 刘艳，张光宇，刘贻新，等. 广东改革开放四十年创新发展的实践与启示 [J]. 社会工作与管理，2019（4）：95-101.

② 方晴.《中国区域创新能力评价报告 2022》发布广东区域创新能力领跑全国 [N]. 广州日报，2022-11-09.

③ 广东省科学技术厅. 2021 年广东科技统计数据 [R/OL].（2022-03-21）. http：//gdstc. gd. gov. cn/attachment/o/496/496803/3994532. pdf.

二、推进现代产业体系建设，促使工业迈向高端化发展

自改革开放以来，广东一直注重产业结构的调整与升级，并积极探索新型现代产业体系的构建。在《珠江三角洲地区改革发展规划纲要（2008—2020 年）》中，明确提出构建广东现代产业体系的规划，即优先发展现代服务业，加快发展先进制造业，大力发展高技术产业，改造提升优势传统产业，积极发展现代农业，建设以现代服务业和先进制造业双轮驱动的主体产业群，形成产业结构高级化、产业发展集聚化、产业竞争力高端化的现代产业体系。[①] 为了配合国家的统一部署，广东省委、省政府也于 2008 年出台了《关于加快建设现代产业体系的决定》（粤发〔2008〕7 号），进一步明确了构建现代产业体系的主体框架，明确发展以装备制造业为主体的五大先进制造业、以电子信息为主导的六大高新技术产业，并以高新技术改革提升家电、家具、五金等优势传统产业。2010 年，广东出台《广东省现代产业体系建设总体规划（2010—2015 年）》，针对国内外经济形势的新变化，提出"以转变经济发展方式为主线，以提升产业国际竞争力为目标，以培育广东现代产业 500 强项目和培育发展战略性新兴产业为抓手，以构建六大主体产业和八大载体为主要任务"，[②] 并在原有现代产业体系建设的"三化"（产业结构高级化、产业发展集聚化、产业竞争力高端化）目标基础上，增加了两个目标：节约能源资源和保护生态环境、产业布局合理。由此可见，广东在现代产业体系建设实践中，不断丰富了对现代产业体系内涵的理解。此后，现代产业体系建设不断在实践中深化。尤其是党的十八大以后，广东针对现代工业发展问题，进一步出台并实施了《关于加快先进装备制造业发展的意见（2014）》（粤府办〔2014〕50 号）、《广东省工业转型升级攻坚战三年行动计划（2015—2017 年）》、《珠江西岸先进装备制造产业带布局和项目规划（2015—2020 年）》、《广东省战略性新兴产业发展"十三五"规划》和《广东省制造业高质量发展"十四五"规划》等重要文件，不断引导和推动工业向高端化发展。

从发展成效来看，2012~2021 年，先进制造业、高技术制造业和战略性新兴产业都得到了大力发展。先进制造业增加值从 2012 年的 10923.69 亿元，增加到 2021 年的 20869.30 亿元，年平均增加 7.45%；高技术制造业增加值从 2012 年的

---

① 国家发展和改革委员会．珠江三角洲地区改革发展规划纲要（2008—2020 年）[EB/OL].（2010-02-06）.http://www.scio.gov.cn/m/ztk/xwfb/04/4/Document/542275/542275.htm.

② 广东省人民政府办公厅．广东省现代产业体系建设总体规划（2010—2015 年）[EB/OL].（2010-10-10）.https://www.gov.cn/gzdt/2010-10/10/content_1718533.htm.

5478.8 亿元增加到 2021 年的 11672.39 亿元，年平均增加 8.77%。2012 年，广东先进制造业增加值和高技术制造业增加值占规模以上工业增加值的比重分别为48.1%和24.1%，2021 年分别上升至 55.9%和 31.3%（见表 2-6）。这说明，传统工业制造业对工业增长的贡献率在下降，广东工业经济增加的动能已发生明显变化。2023 年，广东已形成新一代信息技术、绿色石化、智能家电、汽车等 8 个产值超万亿元产业集群。①

表 2-6 2012~2021 年广东现代产业增加值及比重

年份	先进制造业增加值（亿元）	先进制造业增加值占规模以上工业增加值的比重（%）	高技术制造业增加值（亿元）	高技术制造业增加值占规模以上工业增加值的比重（%）
2012	10923.69	48.1	5478.80	24.1
2013	12714.98	47.9	6654.38	25.1
2014	13419.81	47.6	7083.66	25.1
2015	14102.48	47.9	7537.34	25.6
2016	15260.88	48.7	8475.25	27.1
2017	17250.14	55.0	9507.81	30.3
2018	18224.53	56.4	10183.66	31.5
2019	17848.93	54.9	10222.97	31.5
2020	18075.60	55.6	10350.06	31.8
2021	20869.30	55.9	11672.39	31.3

资料来源：相关年份《广东统计年鉴》。

广东在"十二五"期间，将战略性新兴产业作为推进产业结构调整、加快经济发展方式转变、抢占经济科技发展制高点的重要举措。此后，新兴产业的发展进入快车道。2011~2015 年，全省战略性新兴产业年均增速超过 12%；以战略性新兴产业为主的高技术制造业增加值从 2010 年的 4850.59 亿元增加到 8172.2 亿元，年均增速达 11%，比规模以上工业增速高 3.5 个百分点，占规模以上工业增加值比重从 20.6%上升到 27%。②

截至"十三五"期末的 2020 年，广东的新能源汽车、工业机器人产量同比分别增长 27.6%和 48.5%，手机、空调、家用电冰箱产量分别占全国的 42.2%、

① 宋豆豆. 广东第八个产值超万亿的科长业集群诞生！[N]. 21 世纪经济报道，2023-01-03.
② 广东省人民政府办公厅. 关于印发广东省战略性新兴产业发展"十三五"规划的通知 [EB/OL]. (2017-08-17). http://gdstc.gd.gov.cn/zwgk_n/zcfg/szcfg/content/post_2691346.html.

31.9%和25.6%。①

"十四五"时期，广东省重新定义了包括半导体及集成电路、高端装备制造、智能机器人、区块链与量子信息、前沿新材料、新能源、精密仪器设备等在内的"十大战略性新兴产业"。2021年，广东十大战略性新兴产业集群实现增加值5807.94亿元，同比增长16.6%，增幅高于全省GDP增速8.6个百分点。其中，半导体与集成电路、前沿新材料两个产业集群增长势头迅猛，增加值分别同比增长42.7%和35.7%。②

三、数字化发展成为广东工业转型升级新亮点

近年来，以互联网、大数据、人工智能为代表的新一代信息技术日新月异，数字经济已经成为继农业经济、工业经济之后的主要经济形态。在数字经济时代，促进数字技术与实体经济的融合，已经成为新时代新型工业化发展的重要内容。在《"十四五"数字经济发展规划》中，结合国内数字经济快速发展的态势，进一步提出了"数字技术与实体经济融合取得显著成效"的目标。

在新时代，广东面临制造业提质增效升级的重任，狠抓数字产业化和产业数字化转型，以数字化赋能制造业升级和经济发展，是广东加快向制造强省、网络强省、数字经济强省转变的重要举措。为此，广东不仅先行先试推进数字经济领域立法——2021年9月1日发布实施《广东省数字经济促进条例》，还在实践中不断完善促进数字经济发展的相关政策（见表2-7）。例如，2022年7月5日，广东进一步出台了全国省级层面首个推动数字经济发展的指引性文件——《广东省数字经济发展指引1.0》（粤工信数字产业函〔2022〕26号），以建设国家数字经济高质量发展示范区为主要目标，重点发展消费电子产业、电子系统产业、软件与信息技术服务业、互联网和相关服务四大数字经济核心产业，云计算产业、大数据产业、人工智能产业、区块链产业和网络安全产业五大数字经济新兴产业。2023年6月1日，广东省委、省政府发布的《关于高质量建设制造强省的意见》中，明确提出了实施"大产业、大平台、大项目、大企业、大环境五大提升行动"，加快推进全省制造业高端化智能化绿色化发展。此外，广东还推进了数字经济、数字社会和数字政府的协同发展，为制造业在新时代的发展注入了数字化发展新动能。

---

① 惠州市大亚湾经济技术开发区统计局．"十三五"时期广东经济社会成就［EB/OL］．（2021-06-25）．http：//www.dayawan.gov.cn/hzdywtjj/gkmlpt/content/4/4319/mpost_4319974.html#4456．

② 张维佳．2022年广东省产业结构全景图谱［EB/OL］．（2022-08-24）．https：//www.qianzhan.com/analyst/detail/220/220824-ee8a0afa.html．

表 2-7　广东省促进数字经济发展的主要政策及相关政策布局

政策分类	主要政策文件	政策分类	主要政策文件
数字化总体布局	《广东省人民政府关于加快数字化发展的意见》（粤府〔2021〕31号）	区块链	《广东省培育区块链与量子信息战略性新兴产业集群行动计划（2021—2025年）》
数字经济总体布局	《广东省人民政府关于印发广东省建设国家数字经济创新发展试验区工作方案的通知》（粤府函〔2020〕328号）《广东省工业和信息化厅关于印发〈广东省数字经济发展指引1.0〉的通知》（粤工信数字产业函〔2022〕26号）《广东省数字经济发展工作领导小组办公室关于印发〈2023年广东省数字经济工作要点〉的通知》（粤数字经济〔2023〕7号）	5G	《广东省人民政府办公厅关于印发广东省加快5G产业发展行动计划（2019—2022年）的通知》
大数据	《广东省人民政府办公厅关于印发广东省促进大数据发展行动计划（2016—2020年）的通知》《广东省人民政府办公厅关于印发珠江三角洲国家大数据综合试验区建设实施方案的通知》	工业互联网	《广东省人民政府关于印发广东省深化"互联网+先进制造业"发展工业互联网实施方案及配套政策措施的通知》《广东省支持企业"上云上平台"加快发展工业互联网的若干扶持政策（2018—2020年）》
人工智能	《广东省人民政府关于印发广东省新一代人工智能发展规划的通知》	数字化转型	《广东省人民政府关于印发广东省制造业数字化转型实施方案及若干政策措施的通知》《广东省制造业数字化转型实施方案（2021—2025年）》

资料来源：2022年中国广东省数字经济规模、发展指数及5G基站数量分析［EB/OL］.（2023-03-09）. https：//www.163.com/dy/article/HVCKP4Q10552SV13.html.

　　根据华经产业研究院整理的数据显示，2021年，广东数字经济规模达5.9万亿元，连续5年居全国首位，占地区GDP比重为47.44%。因此，数字经济发展对于广东制造业高质量发展有重要推进作用。从数字经济发展指数上看，广东在综合数字产业化、产业数字化、数字基础设施、数字技术和数字人才五个二级指标的数字经济发展综合指数上，表现优异，各二级指数的排名也居全国首位。数字经济发展综合指数从2013年的1897.15提升到2021年的15737.95（见图2-3）。截至2021年12月底，广东省5G基站建成17.1万个，居全国第一。[①] 累计2万

_____

　　[①]　2022年中国广东省数字经济规模、发展指数及5G基站数量分析［EB/OL］.（2023-03-09）. https：//baijiahao.baidu.com/s？id=1759852479381922898&wfr=spider&for=pc.

家规模以上工业企业实现数字化转型、60万家中小企业"上云用云"。①

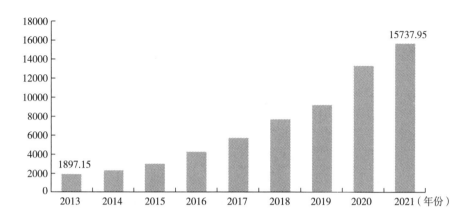

图 2-3　2013~2021 年广东数字经济综合发展指数走势

资料来源：2022 年中国广东省数字经济规模、发展指数及 5G 基站数量分析［EB/OL］.（2023-03-09）. https：//www. 163. com/dy/article/HVCKP4Q10552SV13. html.

四、区域工业协调发展不断推进

区域经济协调发展是实现科学发展观，确保国民经济健康、平稳、快速发展，以及构建和谐社会的重要环节。改革开放以来，非均衡区域经济发展战略和相关倾斜政策的实施，在快速推动我国东部沿海地区经济增长极发展的同时，在我国东、中、西三大地带间也客观形成了层次分明的发展梯度。因此，将区域经济协调发展作为新时期的发展战略加以研究是我国经济发展实践的必然要求。2015 年 10 月 29 日，习近平在党的十八届五中全会第二次全体会议上的讲话中，就鲜明地提出了创新、协调、绿色、开放、共享的发展理念。其中的协调发展注重的就是解决发展不平衡问题。在中共中央、国务院 2018 年 11 月发布的《关于建立更加有效的区域协调发展新机制的意见》中，就明确提出了推动区域合作互动、促进流域上下游合作发展、加强省际交界地区合作、积极开展国际区域合作四大深化区域合作机制发展的方向。

从广东省内看，改革开放以来，区域经济发展不平衡问题一直存在，甚至还一度呈扩大趋势。例如，从 2000 年到 2006 年，广东东西两翼与珠三角人均地区

---

①　广东省发展改革委. 现代产业体系建设迈出新步伐［M］//广东年鉴编纂委员会. 广东年鉴 2022，广州：广东年鉴出版社，2022.

生产总值的差距从 3 倍扩大到 4 倍，51 个山区县（市、区）与珠三角的差距则在 5 倍左右。2008 年，珠三角人均地区生产总值仍然为东西两翼和北部山区的 3.8 倍和 4.2 倍，区域发展差距问题仍然没有得到根本解决。基于区域协调和区域合作的发展，寻求工业发展的新途径，是广东在实践中总结出来的重要经验，将直接推进全省工业布局目标的实现和工业整体实力的提升。

广东省在以产业转移促进区域工业协调方面取得了不错的成绩。早在 2002 年，广东在《关于加快山区发展的决定》中就提出了"引导和促进珠江三角洲产业向山区转移"的意见；2005 年，广东省又出台了《关于我省山区及东西两翼与珠江三角洲联手推进产业转移的意见（试行）》，产业转移大幕正式拉开，以设立产业转移园区、推进产业转移的形式，逐步实现广东三大区域间的经济协调发展态势。2008 年，广东发布《关于推进产业转移和劳动力转移的决定》（粤发〔2008〕4 号），开始以"双转移"方式加速促进区域间协调发展。此后，广东省各级政府又陆续出台了一系列政策措施，以持续推进省内的区域协调发展。从实施效果来看，2013 年，广东地区发展差异系数为 0.698，2019 年为 0.6766，至 2022 年，全省区域发展差异系数已缩小到 0.53。[1] 在广东三大区域协调发展不断推进的同时，区域工业协调发展的态势更为明显。

自 2008 年起，广东陆续在粤东西北兴建了 34 个省级产业转移园区。至 2021 年，广东在粤东西北地区以及惠州、中山、江门、肇庆市共设立了 95 个省级产业转移园，园区工业企业数达 8400 家，其中珠三角核心 6 市转移企业超过四成。园区的规模以上工业企业 3650 家，实现规模以上工业增加值 2876 亿元，同比增长 28%，较全省同期（9%）高 19 个百分点；完成工业投资 1699 亿元，同比增长 23%；实现全口径税收 668 亿元，同比增长 42%。省级产业转移园区的建设，带动了当地工业发展和产业集聚发展。目前已形成珠江西岸先进装备制造配套产业群、珠江东岸高端电子信息产业延伸拓展产业群、粤东能源及轻工产业集群、粤西临港重化产业集群，湛江巴斯夫一体化项目、茂名炼油及乙烯项目、茂名东华能源项目、肇庆宁德时代项目、湛江中纸项目等一批投资百亿元以上重点项目均落户园区发展。[2]

区域工业协调发展的另一个表现就是在不断拓展的粤港澳区域合作中，加强跨区域工业合作与发展。早在改革开放初期，来自港澳的资金，就有力促进了广

① 伍素文. 广东掀起新一轮产业转移热潮［N］. 中国经济周刊，2023-01-14.
② 广东省工业和信息化厅. 2022 年二季度新闻发布会材料［EB/OL］.（2022-08-07）. http：//www. chaozhou. gov. cn/zwgk/szfgz/sgyhxxhj/bmdt/content/mpost_3808938. html.

东"三来一补"①工业企业的发展，带动了广东对港澳出口（含转口）贸易额的快速增长。1978 年，广东对港澳出口额为 6.88 亿美元，至 1985 年增长为 22.1 亿美元，年均增长 32%。②《珠江三角洲地区改革发展规划纲要（2008—2020年）》、《内地与香港关于建立更紧密经贸关系的安排》及其补充协议、《粤港合作框架协议》、《横琴总体发展规划》、《内地与澳门关于建立更紧密经贸关系的安排》及其补充协议、《粤澳合作框架协议》等一系列旨在推进粤港澳经贸合作的政策措施，密切了粤港澳之间的经贸合作关系，也不断拓展了粤港澳之间的产业合作内容。从最初制造业领域的合作，拓展到服务业尤其是生产性服务业的合作。

2017 年 7 月 1 日，国家发展改革委和粤港澳三地政府在香港共同签署了《深化粤港澳合作 推进大湾区建设框架协议》。此后，粤港澳三地的跨区域合作进入一个新的发展阶段，即不断推进三地在经济发展战略层面的合作。粤港澳的区域工业协调发展也得到了新的发展契机。据统计，2021 年粤港澳大湾区经济总量约 12.6 万亿元，比 2017 年增长约 2.4 万亿元；大湾区进入世界 500 强企业 25 家，比 2017 年增加 8 家；大湾区拥有超 50 家"独角兽"企业、1000 多个产业孵化器和近 1.5 万家投资机构。2021 年广东省拥有高新技术企业超 6 万家，其中绝大部分都在粤港澳大湾区，比 2017 年净增加 2 万多家。③

以粤港澳大湾区建设为基础，广东不断拓展区域合作边界，在"双区"（粤港澳大湾区、深圳建设中国特色社会主义先行示范区）以及横琴、前海两个合作区的建设中取得新成果，奠定了"一核一带一区"（一核：珠三角地区；一带：沿海经济带；一区：北部生态发展区）新发展格局的基础。2021 年，横琴粤澳深度合作区全年地区生产总值完成 454.6 亿元，同比增长 8.5%；前海深港现代服务业合作区（扩区后）全年完成地区生产总值 1755.7 亿元，同比增长 10.5%。在横琴粤澳深度合作区，主要鼓励发展包括人工智能、大数据等在内的 70 项科技研发与高端制造产业，中医药、钻石加工等 24 项澳门品牌工业。④前海深港现代服务业合作区则立足于深圳的高端制造业发展，推进深圳的产业链、创新链，与香港的资金链、人才链深度融合，实现深港合作向纵深发展。

新时代的广东工业经济发展，虽然仍面临着在产业核心技术、产业链等方面

① "三来一补"指来料加工、来料装配、来料加工和补偿贸易。

② 刘良山.合作共赢——改革开放 30 年粤港澳经贸合作回顾与展望［J］.南方论刊，2008（12）：22-24.

③ 王浩明.2021 粤港澳大湾区经济总量约 12.6 万亿元人民币［EB/OL］.（2022-04-19）.https://www.gov.cn/xinwen/2022-04/19/content_5686159.htm.

④ 梁涵.横琴粤澳深度合作区鼓励类产业目录公布［N］.南方日报，2023-04-06.

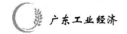

的不足，但在党中央的正确领导下，广东人民有信心继续高质量建设制造强省、网络强省和数字强省。

课后思考题

1. 了解广东工业经济的发展历程后，你对哪一发展阶段的印象最为深刻？请说明原因。

2. 广东工业经济发展实现阶段演进的原因是什么？

第三章 广东工业主导产业的演变与"双十"产业的发展现状

党的二十大报告指出，为了建设现代化产业体系，要坚持把发展经济的着力点放在实体经济上，推进新型工业化，加快建设制造强国、质量强国、航天强国、交通强国、网络强国、数字中国，推动制造业高端化、智能化、绿色化发展。为了全面贯彻党的二十大精神，2023年广东省委、省政府出台了《关于高质量建设制造强省的意见》，明确提出加快广东由制造大省向制造强省跨越，通过着力实施大产业、大平台、大项目、大企业、大环境"五大提升行动"，推动广东制造业高端化智能化绿色化发展，并确保制造业重点产业链自主可控和安全可靠。① 因此，在新时代的广东新型工业化建设过程中，将面临诸多新任务。而正确选择新兴工业主导产业，不仅能促进广东工业结构升级，更是实现高质量建设制造强省的重要基础。

在广东的工业化演进过程中，带动社会经济发展的主导产业也在不断更替变化。本章主要回顾广东工业主导产业的发展演变历程，并结合《广东省制造业高质量发展"十四五"规划》（粤府〔2021〕53号）中列出的十大战略性支柱产业和十大战略性新兴产业，分析"双十"产业的主要发展现状。

第一节 广东工业主导产业的发展演变历程

一、主导产业的提出与主导产业选择理论

美国经济学家罗斯托在《经济成长的阶段》一书中，提出将经济部分划分为主导增长部门、辅助增长部门和派生增长部门三类，认为主导增长部门，即主

---

① 广东省委，广东省人民政府. 关于高质量建设制造强省的意见〔N〕. 南方日报，2023-06-01.

导产业对其他产业部门的发展起到决定性作用，从而带动经济成长和发展。[①] 赫希曼则主张，在资源有限的发展中国家，应采取不均衡发展战略。[②] 因此，应该选择那些前向关联、后向关联和旁侧关联度较高的产业，作为政府重点扶持的主导产业，以带动整个产业发展。在此基础上，可以将主导产业理解为：在经济发展的一定阶段上，本身成长性很高，并且具有很高的创新率，能迅速引入技术创新，对一定阶段的技术进步和产业结构升级转换具有重大的关键性的导向作用和推动作用，对经济增长具有很强的带动性和扩散性的产业。

主导产业选择理论是主导产业发展思想进一步具体化的发展成果。在产业经济学的众多文献中，不同学者提出了关于主导产业选择标准的不同观点。其中有代表性的观点主要有：

第一，产业扩散效应基准和产业关联度基准。罗斯托认为选择主导产业的主要标准是具有较强的产业扩散效应。也就是主导产业具备将自身发展优势传递扩散到其他产业，并对其他产业发展产生正面的影响力，从而带动区域经济持续健康增长和产业结构调整升级。赫希曼则认为主导产业应该具有较高的产业关联度，一个产业与其他产业的关联度越高，那么这个产业在投入产出的过程中对关联产业的影响力就会更大，带动作用也更明显。

第二，比较优势基准和区域优势基准。李嘉图提出的比较优势基准理论包含静态和动态比较优势：静态比较优势是指某一产业在所有产业行业中有比较优势，并展现出对周围相关产业发展的带动能力，那么这个产业就应该被选作主导产业并且集中力量促进其进一步发展壮大；动态比较优势则是一个相对的概念，其中包含的意思是某个产业在当前可能不具有发展所需的优势，甚至是处于劣势地位，但其未来也有可能形成比较优势。赫克歇尔和俄林对李嘉图的比较优势基准理论进行了扩展和补充，提出区域优势基准。认为不同区域的客观环境和资源禀赋条件存在差异，因此在一定区域内要选择培育和发展一些具有相对优势、能够体现地域特色的产业，并给予重点关注和发展，才能促进区域经济的发展。

第三，生产率基准和收入弹性基准。20世纪50年代，经济学家筱原三代平提出了主导产业选择的"两基准"，即生产率上升率基准和需求收入弹性基准。生产率上升率基准主要用于表示某一产业对先进技术应用转化为生产力的能力，技术进步依赖性高、技术转化能力强的产业应作为主导产业进行发展。需求收入弹性基准主要考察人们对某一产业生产的产品或者提供的服务的需求变化情况，收入弹性越高则代表该产业的市场需求越旺盛、市场前景越好，那么这一产业更

① 罗斯托.经济成长的阶段［M］.国际关系研究所编译室，译.北京：商务印书馆，1962.
② 赫希曼.经济发展战略［M］.曹征海，潘照东，译.北京：经济科学出版社，1991.

有可能发展成为主导产业。1971 年,日本产业审议会在筱原三代平"两基准"的基础上,增加了"环境标准""劳动内容"两条基准,以更好地实现经济与社会、环境协调发展的目标。①

还有学者提出了"经验法则",即认为在不同的经济发展阶段和经济发展环境下,主导产业会进行更替和变化,而主导产业的选择也就具有根据实际情况不断演变的特点。因此,以一个国家或地区的实际经济发展任务或者产业结构调整要求等为现实依据,选择合适的产业部门作为主导产业进行重点发展就是实践基准。此外,还有"高附加值基准""就业与节能基准""产业链延伸效应基准""市场导向基准"等许多关于主导产业选择标准的理论观点。值得强调的是,对主导产业选择标准至今仍然没有统一的说法,但这恰恰说明学术上对于该问题的研究具有开放性。随着时代进步、技术发展和产业发展环境的变化,关于主导产业选择标准的新观点将不断涌现,人们对主导产业的认识也将日臻完善。对待主导产业及其选择问题的科学态度,一是因时而变,二是因地而变,实事求是才能正确分析国家与不同地域主导产业的演变发展历程。

例如,国内学者郭克莎针对我国刚加入 WTO 后面临的产业发展挑战和国内需求约束的强化,提出国内的工业化进入到一个新的时期,需要选择新兴主导产业,才能有效带动整个制造业发展。为此,他提出了产业的增长潜力、就业功能、带动效应、生产率上升率、技术密集度、可持续发展性六个新兴主导产业的选择标准,从而确定这一时期兼顾产业升级目标和就业增长目标的新兴主导产业主要包括电子及通信设备、电气机械及器材、交通运输设备、纺织和服装、变通机械和专用设备制造业。②

二、主导产业发展演变的第一阶段:由"轻"向"重",发展九大产业

据本书第二章讲述广东工业经济发展历程的相关内容可知,从中华人民共和国成立到改革开放前的这段时期中,广东省的工业发展仍处于起步阶段,以发展轻工业为主,石油化工、机械工业等重化工业的发展尚处于发展初期,缺乏具有较强影响力的工业主导产业。在改革开放初期,农村经济体制改革的推进和农村经济的繁荣,刺激了消费市场的全面扩张,食品制造业、服装业等一些民生产业出现了巨大的消费需求,从而为加工制造业的快速发展提供了一个良好的市场环境。在这一背景下,广东优先发展以纺织生产、农产品加工、小家电和食品制造

---

① 胡建绩,张锦.基于产业发展的主导产业选择研究[J].产业经济研究,2009(4):38-43.
② 郭克莎.工业化新时期新兴主导产业的选择[J].中国工业经济,2003(2):5-10.

为代表的轻工业。此后，随着改革开放的不断深化和工业产品市场需求的变化，优化产业结构成为广东工业经济发展的必然选择，客观上要求广东逐步完成"以轻工业为主"到"以重工业为主"的转型。

1992年后，历经"八五""九五"等若干次的五年计划实施，广东的工业主导产业逐步凸显和发展。在2001年广东省人民政府办公厅印发的《广东省工业产业结构调整实施方案》中，明确提出发展增强电子信息、电器机械及石油化工等新兴支柱产业；改造提高纺织服装、食品饮料和建筑材料等传统支柱产业；迅速发展汽车、医药、造纸及环保产业和电子信息技术、高材料技术、生物技术、光机电一体技术及环保高新技术产业。广东"九大产业"主导工业发展的格局基本形成，在2001~2011年的《广东统计年鉴》上，有专门针对九大产业发展的统计数据。

从表3-1可知，2000年广东九大产业的工业总产值就占规模以上工业总产值的71.51%，2010年该比重仍然保持在69.62%的高水平，说明九大产业对广东工业经济整体发展的影响非常大，占据主导地位。从广东九大产业的内部结构看，2000~2010年三大新兴产业的工业总产值占规模以上工业总产值的比重最大，基本维持在40%以上的高水平，说明电子信息、电气机械及专用设备制造、石化已成为广东基础较好、规模较大的重点产业。在三大新兴产业中，专用设备制造业、电气机械及器材制造业、化学原料和化学制品制造业和通信设备、计算机及其他电子设备制造业四个细分工业行业部门的年平均增长率均高于20%，说明广东在这四类工业行业上的发展具有明显的优势。

表3-1　相关年份广东"九大产业"工业总产值简况

年份 项目	2000		2005		2010		2000~2010年的年平均增长率（%）
	绝对值（亿元）	比重（%）	绝对值（亿元）	比重（%）	绝对值（亿元）	比重（%）	
规模以上工业总产值	12480.93	—	35942.74	—	85824.64	—	—
九大产业工业总产值	8925.04	71.51	25921.83	72.12	59751.93	69.62	20.94
三大新兴产业	5400.03	43.27	18363.02	51.09	39327.55	45.82	21.96
1.电子信息业	4044.5	32.41	9831.34	27.35	19228.34	22.40	16.87
通信设备、计算机及其他电子设备制造业	2418.42	19.40	9831.34	27.35	19228.34	22.40	23.04
2.电气机械及专用设备	1626.08	13.03	5256.75	14.63	12222.49	14.24	22.35

续表

年份 项目	2000		2005		2010		2000~2010 年 的年平均 增长率（%）
	绝对值 （亿元）	比重 （%）	绝对值 （亿元）	比重 （%）	绝对值 （亿元）	比重 （%）	
专用设备制造业	106.2	0.90	538.51	1.50	1468.56	1.71	30.04
电气机械及器材制造业	1212.38	9.70	3787.67	10.54	9353.08	10.90	22.67
仪器仪表及文化、办公 用机械制造业	307.5	2.50	930.57	2.59	1400.85	1.63	16.37
3. 石油及化学	1355.53	10.86	3274.93	9.11	7876.72	9.18	19.24
石油和天然气开采业	276.31	2.20	480.26	1.34	599.9	0.70	8.06
石油加工、炼焦及核燃 料加工业	446.93	3.60	958.41	2.67	2758.97	3.21	19.96
化学原料和化学制品制 造业	553.77	4.40	1652.88	4.60	4094.04	4.77	22.15
橡胶制品业	78.52	0.60	183.39	0.51	423.81	0.49	18.36
三大传统产业	2643.7	21.18	5072.51	14.11	12934.92	15.07	17.21
1. 纺织服装	1226.64	9.83	2150.39	5.98	5125.17	5.97	15.37
纺织业	534.95	4.30	1111.04	3.09	2632.69	3.07	17.28
纺织服装、鞋、帽制造业	585.2	4.70	959.53	2.67	2304.28	2.68	14.69
化学纤维制造业	106.49	0.90	79.83	0.22	188.2	0.22	5.86
2. 食品饮料	799.11	6.40	1635.73	4.55	3905.56	4.55	17.19
农副食品加工业	313.67	2.50	742.74	2.07	1810.48	2.11	19.16
食品制造业	212.63	1.70	403.1	1.12	1123.68	1.31	18.11
饮料制造业	197.79	1.60	318.53	0.89	649.57	0.76	12.63
烟草制品业	75.02	0.60	171.37	0.48	321.84	0.37	15.68
3. 建筑材料	617.95	5.00	1286.39	3.58	3904.19	4.55	20.24
非金属矿采选业	50.53	0.40	41.26	0.11	278.79	0.32	18.62
非金属矿物制品业	508.14	4.10	1053.53	2.93	3055.65	3.56	19.65
建筑、安全用金属制品 制造业	59.28	0.50	191.59	0.53	569.75	0.66	25.39
三大潜力产业	881.31	7.06	2486.3	6.92	7489.46	8.73	23.86
1. 森工造纸	387.69	3.11	839.86	2.34	2196.48	2.56	18.94
木材加工及木、竹、藤、 棕、草制品业	118.54	0.90	173.12	0.48	540.17	0.63	16.38

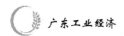

续表

项目 \ 年份	2000		2005		2010		2000~2010 年的年平均增长率（%）
	绝对值（亿元）	比重（%）	绝对值（亿元）	比重（%）	绝对值（亿元）	比重（%）	
造纸和纸制品业	269.15	2.20	666.74	1.86	1656.31	1.93	19.93
2. 医药	183.88	1.50	286.75	0.80	800.49	0.93	15.85
医药制造业	183.88	1.50	286.75	0.80	800.49	0.93	15.85
3. 汽车及摩托车	309.74	2.50	1359.69	3.78	4492.49	5.23	30.66
汽车制造业	164.42	1.30	1098.61	3.06	3899.82	4.54	37.25
摩托车制造业	145.32	1.20	261.09	0.73	592.68	0.69	15.09

注：本表产值按现行价格计算，增长速度按可比价格计算。

资料来源：2001 年、2006 年和 2011 年《广东统计年鉴》。

相比较而言，纺织服装、食品饮料、建筑材料三大传统产业的工业总产值在 2000~2010 年虽然保持了 17.21% 的年平均增长率，但在规模以上工业总产值中占有的比重却略有下降。这说明虽然广东着力推进产业结构调整与升级，但以轻工业为主的三大传统产业的规模优势依然存在。而在 2000~2010 年，森工造纸、医药、汽车及摩托车三大潜力产业的工业总产值占规模以上工业总产值的比重显得相对平稳，维持在 7%~8%。但在近十年其年平均增长率达到 23.86%，甚至高过三大新兴产业的年平均增长水平，显示出了较强的后劲。换言之，三大潜力产业的基本定性——"潜力"状况还没有发生明显变化。

从这一时期针对广东主导产业选择的理论研究成果看，主要有两条研究思路：一是按规范研究方法，先选择合适的主导产业选择标准，再在所有的工业行业中进行遴选。比如，王光振（1998）运用该方法，认为电子及通信设备制造业、石化工业、建材工业和电气机械及器材制造业，最有可能成为 20 世纪 90 年代末期广东的主导产业。[①] 二是按实证研究方法，确定主导产业选择标准并选择测算指标，根据量化分析结果选择主导产业。如邵洁笙（2004）通过计算产业比重、区位熵、产业的影响力系数和感应度系数，认为进入 21 世纪以后，广东具有比较优势的主导产业主要包括电子及通信设备、电气机械、石化、汽车、纺织服装和食品加工，且在不同城市的分布情况存在差异。[②]

---

① 王光振，谢衡晓. 论广东主导产业的选择 [J]. 岭南学刊，1998（2）：67-71.

② 邵洁笙. 从主导产业的选择看优化广东产业结构 [J]. 南方经济，2005（5）：43-45.

三、主导产业发展演变的第二阶段：以培育自主创新能力为重点，大力发展高技术产业和先进制造业

"十二五"时期（2011~2015年），是广东深入实施《珠江三角洲地区改革发展规划纲要（2008—2020年）》，深化改革开放，加快转变经济发展方式的关键时期，也是学习贯彻党的十八大精神，主动适应经济新常态，稳步推进工业经济高质量发展的关键时期。广东适时出台了《广东省高技术产业发展"十二五"规划》《广东省先进制造业重点产业发展"十二五"规划》，一方面，提出推动高技术产业成为促进广东省产业转型升级主力军的指导思想，旨在打造具有较强国际竞争力的高技术产业基地，增强高技术产业对全省国民经济的拉动作用。另一方面，提出以关键领域和重点产业为突破口，坚持产业高端化、低碳化、服务化的战略取向，在广东初步建成世界先进制造业基地。之后在《粤港澳大湾区发展规划纲要》等国家级战略规划的统一引导下，广东陆续推出《广东省智能制造发展规划（2015—2025年）》《广东省制造业高质量发展"十四五"规划》等文件，有力地推进了广东省高技术制造业和先进制造业的迅速发展。这一时期，对广东工业主导产业的界定，不再局限于传统的国民经济行业分类与命名方式，而是以工业行业的技术含量、研发创新活动的程度为标准，对国民经济行业中大类、中类、小类进行不同层次的组合，形成高技术制造业、先进制造业等新的主导产业名称。

（一）高技术产业与先进制造业的概念界定

国家统计局公布的《高技术产业（制造业）分类（2013）》中明确指出，我国的高技术制造业分类标准是以《国民经济行业分类》为基础，对国民经济行业分类中符合高技术产业（制造业）范畴相关活动的再分类。例如，高技术产业中的"医疗仪器设备及仪器仪表制造业"，就是专用设备制造业和仪器仪表制造业两个大类中各挑选部分中类和小类组合而成的，在标准的国民经济行业中并不存在一个大类与之直接相对应。

高技术产业是指研发投入大、产品附加值高、国际市场前景良好的技术密集型产业，具备智力性、创新性、战略性和资源消耗少等特点。在统计上，高技术产业是指国民经济行业中研发经费投入强度相对高的制造业行业。主要包括医药制造，航空、航天器及设备制造，电子及通信设备制造，计算机及办公设备制

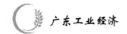

造，医疗仪器设备及仪器仪表制造，信息化学品制造 6 大类（见表 3-2）。①

表 3-2　高技术产业分类

行业大类	主要内容
医药制造业	化学药品制造、中药饮片加工、中成药生产、生物药品制造、卫生材料及药用辅料制造等
航空、航天器及设备制造业	飞机制造、航天器及运载火箭制造、航空航天相关设备制造、其他航空航天器制造、航空航天器修理等
电子及通信设备制造业	电子工业专业设备制造、光纤光缆锂电池制造、广播电视设备制造、电子器件元件及专用材料制造、智能消费设备制造等
计算机及办公设备制造业	计算机整机、零部件、外国设备制造、工业控制计算机及系统制造、信息安全设备制造、办公设备制造等
医疗仪器设备及仪器仪表制造业	医疗仪器设备及器械制造、仪器仪表制造、光学仪器制造、其他仪器仪表制造等
信息化学品制造业	文化用、医学生产用信息化学品制造等

资料来源：国家统计局．高技术产业如何界定和统计［EB/OL］．（2023-01-01）．http：//www. stats. gov. cn/zsk/snapshoot？reference＝33e2b9cdb6391521c53328be6244e40b_ F2558142B5652E5F15CBA17A8103A6E8&siteCode＝tjzsk.

　　加快发展先进制造业是构筑我国现代产业体系、实现制造业高质量发展、推进制造大国向制造强国转变的重要战略举措。目前，在统计分类和标准中尚无针对先进制造业的确切界定，一般是结合国民经济行业分类标准，挑选大类、中类和小类行业进行综合归类统计。国内学者倾向于从产业的先进性、技术的先进性和管理的先进性三个方面来界定先进制造业的范畴。例如，国内学者朱森第将先进制造业定义为：不断吸收信息、机械、材料及现代管理等方面的高新技术，并将这些先进的技术综合应用于各个制造环节，实现优质、高效、低耗、清洁、灵活生产，并取得社会和市场效益的制造业的总称。② 相对于传统制造业，先进制造业一般拥有较高的产业附加值和技术含量，以及先进的制造生产模式和领先的管理水平。因此，先进制造业并不等同于高技术产业，传统制造业通过技术改造、引进技术和自主创新等方式提升制造技术水平，或者通过集群化发展、延伸

---

　　① 国家统计局．高技术产业如何界定和统计［EB/OL］．（2023-01-01）．http：//www. stats. gov. cn/zsk/snapshoot？ reference＝33e2b9cdb6391521c53328be6244e40b_ F2558142B5652E5F15CBA17A8103A6E8&siteCode＝tjzsk.

　　② 朱森第．我国先进制造业发展态势、思考与展望［M］//周宏仁．中国信息化形势分析与预测（2013）．北京：社会科学文献出版社，2013.

产业链、信息化和数字化改造等方式实现高效的生产运作模式,也可以转变为先进制造业。正因如此,目前对于先进制造业还没有统一的分类方法。

(二)广东的高技术产业与先进制造业发展情况

在《广东省高技术产业发展"十二五"规划》中,将广东的高技术产业范围界定为电子信息制造业、生物产业、新能源产业、新材料产业、航空航天产业、海洋高技术产业以及高技术服务业。其中工业领域的高技术产业主要包括前6大产业,其细分领域内容在以后年份中略有调整。在《广东省先进制造业重点产业发展"十二五"规划》中,指出重点发展装备制造、汽车、石化、钢铁、船舶制造5大先进制造业产业,具体包括智能制造装备、轨道交通装备等12个细分产业领域。然而,在《广东省先进制造业重点产业发展"十三五"规划》中,对先进制造业的界定有所变化,主要包括高端电子信息制造业、先进装备制造业、石油化工产业、先进轻纺制造业、新材料制造业、生物医药及高性能医疗器械6大产业、23个细分领域。

根据表3-3可知,广东的高技术制造业产业规模不断扩大,整体发展迅速。2011~2021年,在企业单位数、年末资产总计和工业总产值等重要经济指标上,呈现出倍增的发展态势。在6大产业构成中,比较特殊的是信息化学品制造业和电子计算机及办公设备制造业。信息化学品制造业在三项指标的增长率上均呈现负增长,这说明广东在信息化学品制造业上不具备发展优势,主导广东高技术制造业发展的是其他五个产业。2011~2021年,广东电子计算机及办公设备制造业的企业单位数和资产规模在上涨,但工业总产值却从2012年开始就在小幅下降。2012年,广东电子计算机及办公设备制造业的工业总产值为6567.52亿元,2015年降至4185.34亿元,2020年小幅升至4613.4亿元,2021年则达5449.06亿元。其中的深层次原因有待进一步分析。

表3-3 2011年和2021年广东按行业分组的高技术制造业主要指标对比

项目	企业单位数(家)			年末资产总计(亿元)			工业总产值(亿元)		
	2011年	2021年	比2011年增长(%)	2011年	2021年	比2011年增长(%)	2011年	2021年	比2011年增长(%)
高技术制造业合计	4669	12372	164.98	16671.41	60100.8	260.50	23609.35	53060.48	124.74
信息化学品制造	47	19	-59.57	63.33	42.91	-32.24	80.09	51.92	-35.17
医药制造业	329	592	79.94	995.77	3981.77	299.87	920.62	2053.47	123.05
航空航天器及设备制造	12	26	116.67	176.88	203.82	15.23	57.37	145.21	153.11

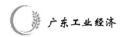

项目	企业单位数（家）			年末资产总计（亿元）			工业总产值（亿元）		
	2011年	2021年	比2011年增长（%）	2011年	2021年	比2011年增长（%）	2011年	2021年	比2011年增长（%）
电子及通信设备制造业	3398	8916	162.39	11837.89	48248.5	307.58	15332.06	42991.75	180.40
电子计算机及办公设备制造业	537	1367	154.56	2984.07	4506.72	51.03	6632.19	5449.06	-17.84
医疗设备及仪器仪表制造业	346	1452	319.65	613.48	3117.09	408.10	587.03	2369.08	303.57

资料来源：根据2012年和2022年《广东统计年鉴》计算得到。

接下来，进一步比较按行业分组的高技术制造业主营业务收入占比情况（见图3-1），可以发现电子及通信设备制造业主营业务收入占整个高技术制造业主营业务收入的比重从2011年的65.20%增加到2021年的81.49%，电子计算机及办公设备制造业的占比缩小最为明显，从2011年的28.26%下降到2021年的10.29%。信息化学品制造业主营业务收入的占比呈缩小态势，医药制造业的占比大体持平，医疗设备及仪器仪表制造业和航空航天器及设备制造业的占比小幅增长。从高技术制造业的整体来看，2021年实现营业收入53914.93亿元，比2011年增长131.81%，按人均量计算，2021年广东省规模以上高技术制造业企业全员劳动生产率为130.29万元/人，而2011年该指标为64.20万元/人，增长率达105.31%。这说明广东高技术制造业整体的营业收入增长迅速，劳动生产效率明显提高。

在广东"十一五""十二五"时期，逐步形成了以装备制造、石化、钢铁冶炼等产业为主导的先进制造业体系，促进了产业自主创新能力的提升，并奠定了建立世界先进制造业基地的发展基础。在"十三五"时期，广东先进制造业的发展面临着国内外发展环境的深刻变革，在国内新一轮科技和产业变革特别是制造业与信息技术的深度融合，迫切要求广东积极参与甚至是引领先进制造业的变革，以新的发展理念、新的组织模式、新的创新技术为推动力，不断推进广东先进制造业发展。这一时期，主要发达国家普遍实施"再工业化"战略，力图重塑高端制造业的国际发展格局，对广东先进制造业发展形成了一定的压力。因此，广东围绕着产业核心技术研发、产业链延伸、产业层次提升等目标，进一步细分并重新界定了先进制造业的构成（见表3-4）。例如，装备制造业一直是广东先进制造业中的关键主导产业，其名称变为"先进装备制造业"，对应的产业

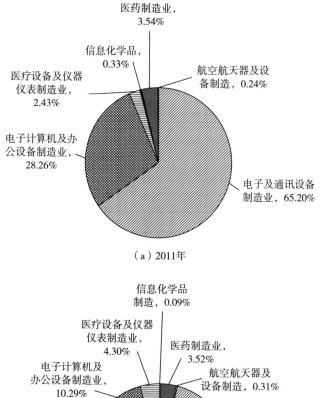

（a）2011年

（b）2021年

图3-1 2011年与2021年广东各高技术制造业主营业务收入占比情况

资料来源：2012年和2022年《广东统计年鉴》。

范畴也有所扩大。为制造业智能化转型提供设备的智能制造装备制造业；为制造业绿色化发展提供设备的节能环保装备和新能源装备制造业；为现代交通发展提供基础的轨道交通设备、航空装备、卫星与应用设备制造业都被纳入了广东先进装备制造业的发展范畴，体现了广东与时俱进的科学态度，开放包容、发展创新，不断扩展先进制造业的产业内容，不断探索发展广东先进制造业的新动能。

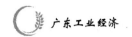

表 3-4   不同时期广东先进制造业的构成情况

"十一五"和"十二五"时期的先进制造业构成	"十三五"时期的先进制造业构成
一、装备制造业	**一、高端电子信息制造业**
1. 汽车制造	1. 集成电路及关键元器件
2. 船舶制造	2. 信息通信设备
#金属船舶制造	3. 新型显示
3. 飞机制造及修理业	**二、先进装备制造业**
4. 环境污染防治专用设备制造	1. 智能制造装备
二、钢铁冶炼及加工	2. 船舶与海洋工程装备
1. 炼铁	3. 节能环保装备
2. 炼钢	4. 轨道交通设备
3. 钢材加工	5. 航空装备
4. 铁合金冶炼	6. 新能源装备
三、石油及化学	7. 汽车制造
1. 石油和天然气开采业	8. 卫星及应用
2. 石油加工、炼焦及核燃料加工业	9. 重要基础件
3. 化学原料和化学制品制造业	**三、石油化工产业**
4. 橡胶制品业	**四、先进轻纺制造业**
	1. 绿色食品饮料
	2. 高附加值纺织服装
	3. 环保多功能家具
	4. 智能节能型家电
	五、新材料制造业
	1. 高端精品钢材
	2. 高性能复合材料及特种功能材料
	3. 战略前沿材料
	六、生物医药及高性能医疗器械
	1. 生物制药
	2. 高性能医疗器械

资料来源：2012 年和 2022 年《广东统计年鉴》。

从 2011 年开始广东便对先进制造业进行专项统计，统计数据显示，该产业增长态势较为明显。从图 3-2 可知，广东先进制造业的工业总产值从 2011 年的 46259.07 亿元增长到 2021 年的 92652.95 亿元，各年的工业总产值增长率情况虽然有波动，但整体呈增长态势。

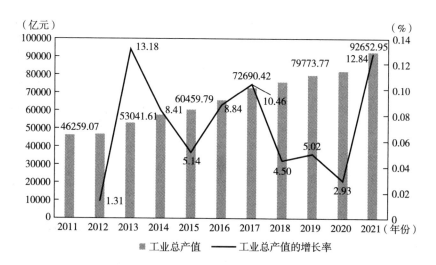

图 3-2 2011~2021 年广东先进制造业工业总产值与年增长率的变化趋势

资料来源：相关年份《广东统计年鉴》。

高技术制造业和先进制造业，代表着广东现代产业的发展方向，主导着广东工业经济发展的整体格局。在近十年的时间里，广东先进制造业和高技术制造业工业增加值总量占规模以上工业增加值的比重，由 2011 年的 69.6% 升至 2021 年的 87.2%，其各自占规模以上工业总产值的比重也在逐年增加（见表 3-5）。因此，高技术制造业和先进制造业是广东坚持制造业当家、强化高质量发展的产业根基，也是在党的二十大以后广东高起点谋划发展十大战略性支柱产业、十大战略性新兴产业和未来产业的产业基础。

表 3-5 主要年份广东先进制造业和高技术制造业发展情况

项目 年份	先进制造业 增加值（亿元）	先进制造业增加值占 规模以上工业增加值 的比重（%）	高技术制造业 增加值（亿元）	高技术制造业增加值占 规模以上工业增加值 比重（%）
2011	10326.03	47.7	4741.14	21.9
2012	10923.69	48.1	5478.80	24.1
2013	12714.98	47.9	6654.38	25.1

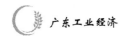

年份 \ 项目	先进制造业增加值（亿元）	先进制造业增加值占规模以上工业增加值的比重（%）	高技术制造业增加值（亿元）	高技术制造业增加值占规模以上工业增加值比重（%）
2014	13419.81	47.6	7083.66	25.1
2015	14102.48	47.9	7537.34	25.6
2016	15260.88	48.7	8475.25	27.1
2017	17250.14	55.0	9507.81	30.3
2018	18224.53	56.4	10183.66	31.5
2019	17848.93	54.9	10222.97	31.5
2020	18075.6	55.6	10350.06	31.8
2021	20869.3	55.9	11672.39	31.3

资料来源：相关年份《广东统计年鉴》。

第二节　十大战略性支柱产业的发展基础与发展现状

战略性支柱产业主要是指规模较大、产业关联度较高、影响面较广，在国民经济中起支撑作用的产业或产业群。广东省战略性支柱产业包括新一代电子信息、绿色石化、智能家电、汽车产业、先进材料、现代轻工纺织、软件与信息服务、超高清视频显示、生物医药与健康、现代农业与食品。它们不仅是广东省经济发展的重要基础，也是省内战略性新兴产业集群发展的强有力支撑，对全省经济发展具有稳定作用。

一、新一代电子信息产业

（一）产业发展基础

1. 信息技术与制造业加速融合

当前，信息技术与制造业加速融合，驱动了一系列新一代信息技术的诞生。广东是制造业大省，广东省统计局发布的数据显示，截至2023年7月，广东省制造业已实现工业增加值20204.68亿元，比上年同期增长2.1%，信息技术在广东省具有广阔的应用空间。此外，广东基础软硬件支撑实力较强，产业链条较为完整，具备深厚的信息技术基础。信息技术与制造业的深度融合将为广东省新一代电子信息产业发展提供良好的产业基础。

2. 顺应高质量发展要求

改革开放以来，我国各领域飞速发展。以粤港澳大湾区建设为契机，广东省新一代电子信息产业迎来了新的发展机遇。政府也出台了《广东省发展新一代电子信息战略性支柱产业集群行动计划（2021—2025 年）》这一政策文件，助推新一代电子信息产业发展，加快向全球分工链高端迈进，顺应高质量发展要求。

（二）产业发展现状

1. 产业增值速度放缓

2017～2019 年，新一代电子信息产业增加值增速在下降，但一直高于全部规模以上工业增速，为拉动全省工业增长贡献了巨大的力量。而从 2020 年开始，其产业增加值速度呈负增长，并低于全部规模以上工业增速 1.6 个百分点，增值速度直线下降。2021 年，全省新一代电子信息产业工业总产值为 45416.50 亿元，同比增长 5.0%，但仍低于全部规模以上工业增速 4 个百分点，其产业增值速度相对放缓（见图 3-3）。

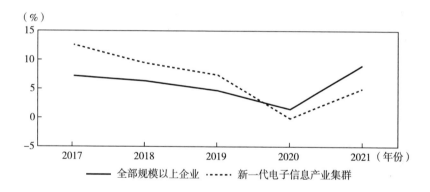

图 3-3　2017～2021 年新一代电子信息产业增加值增速

资料来源：广东省统计局。

2. 区域发展分布不均

新一代电子信息产业群主要集中在珠三角区域，其在广东省东翼、西翼以及山区等区域的发展情况较弱。2021 年，珠三角区域新一代电子信息产业工业增值达 32036.61 亿元，增长 14.5%，占比高达 85.9%，而东翼、西翼及山区等工业增值明显偏低，其区域发展分布不均（见图 3-4）。

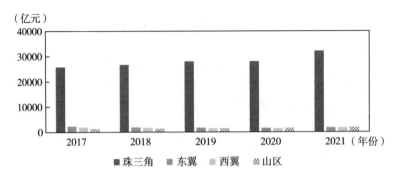

（亿元）

图 3-4　2017~2021 年各区域新一代电子信息产业发展情况

资料来源：广东省统计局。

二、绿色石化产业

（一）产业发展基础

1. 政策叠加效应支持

当前，我国正在加速从制造业大国向创新型大国的转变，不断扩大对外开放，为我国产业发展提供了良好的宏观大环境。其中，"一带一路"倡议、粤港澳大湾区建设、支持深圳建设中国特色社会主义先行示范区等政策，也为广东省的绿色石化产业带来了时代发展红利。在各项政策的叠加作用下，大量外资项目落地广东，如巴斯夫（广东）一体化项目、中海壳牌惠州三期乙烯项目、埃克森美孚惠州乙烯项目等。这将深化本土企业与跨国企业的合作，同时倒逼本土企业加速转型，助力广东绿色石化产业发展。

2. 区位优势突出

广东省地处东南沿海，毗邻港澳，具有多处优越港口，海上运输优势突出。其次，广东省是改革开放的排头兵、先行地，其地区生产总值从 1978 年的 185.85 亿元跃升至 2021 年的 124369.67 亿元，经济综合实力大幅提升，可以为广东省绿色石化产业的发展提供资金支持。同时，广东省拥有广州、惠州大亚湾、湛江东海岛、茂名、揭阳大南海五大炼化一体化基地，绿色石化产业基础雄厚。

（二）产业发展现状

1. 生产规模逐步扩大

广东省绿色石化产业主要包括石油加工业、化学原料和化学制品制造业、化学纤维制造业以及橡胶和塑料制品业四大类。据统计，2021 年，广东省共有规模以上绿色石化企业 9120 家，产业增加值达到 3803.55 亿元，同比增长 23.6%，产业产量增速明显，生产规模逐步扩大，广东省成为我国重要的石化基地之一。

2. 研发能力逐步提升

广东省知识产权保护中心的相关数据显示，截至 2023 年 6 月底，广东省绿色石化产业有效发明专利量 24262 件，在全国该产业总量中的占比为 10.7%，居全国第 3 位。相比于 2022 年底，该产业的有效发明专利增加了 2007 件，其研发能力逐步提升，在全国居于领先地位。

三、智能家电产业

（一）产业发展基础

1. 相关政策支持

广东省各部门出台了一系列政策以进一步促进智能家电产业的发展。广东省商务厅等 13 部门联合印发了《广东省绿色智能家电消费实施方案》，通过相关活动来进一步促进绿色智能家电消费，比如全省性家电主题促消费活动、绿色智能家电下乡活动、家电"以旧换新"活动等。广东省市场监督管理局发布了《广东省推动智能家电标准化发展三年行动方案（2023—2025 年）》，以推动广东省智能家电产业进行标准化建设，加快实现高质量发展。此外，省工业和信息化厅也制定了《广东省发展智能家电战略性支柱产业集群行动计划（2021—2025 年）》，通过顶层设计，统筹推进广东智能家电产业发展。

2. 产业化配套及集聚优势

广东省已形成深圳、佛山、东莞、珠海、中山、惠州、湛江为聚集地的家电产业集群，其生产制造规模较大，据统计，2019 年广东省智能家电产业已实现主营业务收入 1.3 万亿元，全国占比超过 40%，集聚优势明显。此外，广东省具有智能家电产业多种核心部件的完备产业链，如压缩机、磁控管、电机等，使智能家电的生产具有较高的经济效益，可以节省基础建设的投资、降低生产成本。

（二）产业发展现状

1. 主要产品产量全国排名靠前

2021 年，广东省共生产家用电冰箱 2091.56 万台，占全国产量的 23.3%，全国排名第二；生产房间空调器 6736.25 万台，占全国产量的 30.8%，位居全国第一；生产家用洗衣机 757.57 万台，占全国产量的 8.8%，全国排名第四；生产彩色电视机 9810.91 万台（见图 3-5），占全国产量的 53.0%，位居全国第一。可见，广东省智能家电产业主要产品产量在全国占据着重要地位。

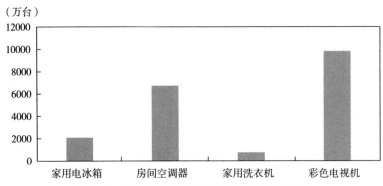

（万台）

图 3-5 2021 年广东省主要家用电器产量状况

资料来源：国家统计局。

2. 研发能力持续提高

广东省注重智能家电行业的技术创新，其研发能力持续提高。2022 年，广东省智能家电产业发明专利申请公开量 3486 件，同比下降 13.2%，占全国该产业发明专利申请公开量的 21.9%，居全国第 1 位。全省智能家电产业发明专利授权量 1719 件，同比增长 9.8%，占全省发明专利授权量的 1.5%，占全国该产业发明专利授权量的 25.0%，居全国第 1 位。

四、汽车产业

（一）产业发展基础

1. 汽车生产与消费大省

广东省是汽车的生产与消费大省，《广东统计年鉴 2021》的数据显示，截至 2020 年广东省常住人口有 12624 万人，位列全国第一。庞大的人口数给汽车产业的消费带来了无限可能。此外，广东省的汽车制造业规模庞大，具备从零部件研发、设计、生产到销售等较为完备的产业链，使得省内消费者拥有便捷的运输、售后体验。

2. 电子信息业助力汽车产业发展

广东省的电子信息制造业基础雄厚，目前已形成了在国内外均具有重要影响力的珠三角电子信息产业集群，并且珠三角地区也已具备较为完整的产业链条。电子信息产业的蓬勃发展为汽车产业与新能源、无人驾驶、智能网联等行业的结合提供了技术优势，两个产业的结合将助力广东省汽车产业发展，加快推进国家 5G 车联网先导区建设。

（二）产业发展现状

1. 产业增速快

广东省汽车产业工业增加值最近几年整体呈上升趋势，但因部分产业链衔接等问题、消费者消费降级等原因，其 2019 年的工业增加值为 1837 亿元，相较 2018 年有所下降，比上年同期降低 2.3 个百分点。此后，汽车产业的工业增加值逐渐增多，2021 年涨幅较为明显，为 2007.74 亿元，比上年同期增长 9.4 个百分点，产业产量增长态势良好（见图 3-6）。

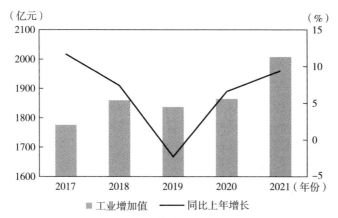

图 3-6 2017~2021 年广东省汽车产业工业增加值情况

资料来源：广东省统计局。

2. 集群整体效益较好

近年来，除 2019 年营业收入下降明显外，广东省汽车产业累计营业收入整体呈上升趋势。2022 年，汽车产业实现累计营业收入 11987.43 亿元，同比上升 25.2%（见图 3-7），占全国比重达 12.9%。实现利润总额 666.51 亿元，同比上升 15.5%，占全国比重达 12.5%，已连续 7 年位居全国第一，盈利能力进一步

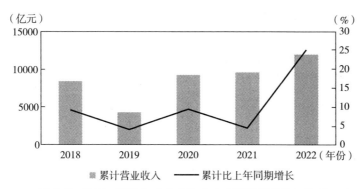

图 3-7 2018~2022 年广东省汽车产业累计营业收入情况

资料来源：广东省统计局。

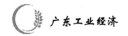

提高。此外，截至 2022 年，广东省共有规模以上汽车及零部件企业 964 家，其整体发展趋势稳步向前，目前省内已形成了日系、欧美系和自主品牌多元化发展的汽车产业格局。

五、先进材料产业

（一）产业发展基础

1. 地理资源和政策优势

广东省拥有多种稀有金属和有色金属，如冶金用脉英石以及银、铅、铋、独居石、磷钇矿、铀矿等，其丰富的地理资源可以给省内先进材料的发展提供基础资源材料。此外，广东省拥有区位政策优势，是我国改革开放最早的地区。同时，国家为加快建设粤港澳大湾区提出了一系列政策，为广东省先进材料产业的发展带来了资金的支持以及人才的会聚。

2. 产业基础较为雄厚

先进材料产业是广东省的重要产业之一，产业基础较为雄厚。据统计，截至 2023 年 7 月，广东省已实现生产十种有色金属 44.38 万吨，累计比上年同期增长 45.8%；生产铝材 322.01 万吨，累计比上年同期增长 0.7%，其基础原材料生产规模较大。同时，先进材料产业也是省内战略性新兴产业发展的强有力支撑，发展势头强劲。

（二）产业发展现状

1. 产业增速较为明显

2021 年，广东省先进材料产业集群企业数量达 29934 家，工业总产值为 83529.83 亿元，工业增加值为 17009.33 亿元，产业增速较为明显。分行业看，其中计算机、通信和其他电子设备制造业、金属制品业、非金属矿物制品业、橡胶和塑料制造业的工业增加值较大，其余行业较小（见表3-6）。

表 3-6　2021 年广东省先进材料产业集群生产状况

产业名称	企业数量（家）	工业总产值（亿元）	工业增加值（亿元）
化学原料和化学制品制造业	3108	6816.92	1416.87
化学纤维制造业	87	256.40	67.54
橡胶和塑料制造业	5814	6447.72	1499.68
非金属矿物制品业	3731	7289.47	1607.23
黑色金属冶炼和压延加工业	494	3664.34	469.24
有色金属冶炼和压延加工业	1075	4838.65	543.53

产业名称	企业数量（家）	工业总产值（亿元）	工业增加值（亿元）
金属制品业	6513	8799.83	1850.14
计算机、通信和其他电子设备制造业	9112	45416.50	9555.10

资料来源：广东省统计局。

2. 主要产品产量居全国前列

先进材料包含建筑材料、绿色钢铁、有色金属、化工材料、稀土材料，该产业是广东省的重要产业，其主要产品产量均位于全国前列。国家统计局数据显示，截至 2023 年 7 月，全省建筑材料中水泥产量为 7755.26 万吨，全国占比6.9%，居全国首位；平板玻璃产量为 4931.36 万重量箱，全国占比 9.0%，全国排名第三；钢材产量为 3458.27 万吨，全国占比 4.4%，全国排名第六；塑料制品产量为 803.16 万吨，全国占比 19.3%，全国排名第一；初级形态塑料产量为443.38 万吨，全国占比 6.6%，全国排名第七（见表 3-7）。

表 3-7　2023 年 7 月广东省及全国先进材料产业主要产品产量和增速情况

产品名称	计量单位	广东省产量	累计比上年同期增长（%）	全国产量	全国占比（%）
水泥	万吨	7755.26	−1.7	112677.4	6.9
平板玻璃	万重量箱	4931.36	−23.4	55053.6	9.0
钢材	万吨	3458.27	10.2	78899.5	4.4
塑料制品	万吨	803.16	1.5	4164.2	19.3
初级形态塑料	万吨	443.38	7.6	6678.9	6.6

资料来源：国家统计局。

六、现代轻工纺织产业

（一）产业发展基础

1. 产业竞争力强

广东省的轻工纺织产业基础较好，是全球重要的轻工纺织生产基地之一。目前广东省分别在珠三角核心地区、东西两翼地区形成了一批特色产业集群，其中服装、皮革、家具、玩具、珠宝首饰、日用金属器等产品产量位居全国第一，产品品类多，在国内轻工纺织产业中具有较强的竞争力。此外，广东省现代轻工纺织产业拥有数十个各具特色的产业集群，例如，"广州总部+清远基地"的合作模式，基本形成了涵盖研发设计、生产制造、销售物流等环节的完整产业链。

2. 政策环境利好

在中共中央、国务院印发《扩大内需战略规划纲要（2022—2035年）》，国家发展改革委印发《"十四五"扩大内需战略实施方案》之后，部委和地方频频释放出着力扩大国内需求的信号。我国拥有庞大的人口规模，对轻工纺织产业产品的需求量大。由于不同消费群体和不同地区存在不同的需求，这种需求具有强烈的多样性和升级换代的趋势。不断适应和满足这些多样化的需求为轻工纺织产业的发展创造了广泛的机遇和潜力。

（二）产业发展现状

1. 市场主体多

现代轻工纺织产业包括金属制品业，橡胶和塑料制品业，专用设备制造业，非金属矿物制品业，化学原料和化学制品制造业，纺织服装、服饰业，家具制造业，文教、工美、体育和娱乐用品制造业，纺织业，皮革、毛皮、羽毛及其制品和制鞋业，造纸和纸制品业，印刷和记录媒介复制业，仪器仪表制造业，木材加工和木、竹、藤、棕、草制品业，铁路、船舶、航空航天和其他运输业，其他制造业，化学纤维制造业。截至2021年，该产业集群中共有38284家企业，在全国市场中市场主体较多，占比较大（见表3-8）。

表3-8　2021年现代轻工纺织产业分行业生产情况

现代轻工纺织业产业集群合计	企业单位数（家）	工业总产值（亿元）
金属制品业	6513	8799.83
橡胶和塑料制品业	5814	6447.72
专用设备制造业	3959	5295.40
非金属矿物制品业	3731	7289.47
化学原料和化学制品制造业	3108	6816.92
纺织服装、服饰业	2593	3066.40
家具制造业	1925	2361.20
文教、工美、体育和娱乐用品制造业	1891	3999.05
纺织业	1641	2323.15
皮革、毛皮、羽毛及其制品和制鞋业	1638	1457.97
造纸和纸制品业	1543	2799.60
印刷和记录媒介复制业	1187	1471.81
仪器仪表制造业	1087	1525.94

现代轻工纺织业产业集群合计	企业单位数（家）	工业总产值（亿元）
木材加工和木、竹、藤、棕、草制品业	594	527.98
铁路、船舶、航空航天和其他运输业	503	1510.47
其他制造业	470	490.60
化学纤维制造业	87	256.40

资料来源：广东省统计局。

2. 产业规模增大

2016 年广东省现代轻工纺织产业工业总产值为 48536.51 亿元，主营业务收入为 46527.91 亿元，利润总额为 2769.43 亿元，截至 2021 年该产业集群的工业总产值为 56439.91 亿元，营业收入总额为 55715.12 亿元，利润总额为 4704.02 亿元，产业发展总体呈上升趋势。

七、软件与信息服务产业

（一）产业发展基础

1. 区位政策优势

广东省在软件与信息服务产业方面具有明显的区位优势。广东省地处粤港澳大湾区，地区充满创新活力和发展潜力，为软件与信息服务产业提供了独特的发展机会，便于产业交流和合作，各企业之间能够优势互补，实现行业和企业间的协同发展。目前，广东省已经逐步建立了完善的产业政策支持体系，包括技术创新、基础设施建设、应用推广、企业孵化、财税金融、人才培养等多个方面。特别是以广州和深圳等城市为代表的软件与信息服务产业集聚区，吸引了大量资金、人才和先进技术的聚集，有助于更有效地配置资源，推动产业的可持续增长。这一地理和政策优势使得广东省的软件与信息服务产业得以蓬勃发展，为经济增长、创新和合作提供了坚实的基础。

2. 市场发展势态良好

广东省软件与信息服务产业自 2019 年发展迅猛，2019 年后企业数量稳中上升，截至 2021 年末，广东省软件与信息服务产业企业单位数超过 4000 家。软件与信息服务产业规模以上服务业企业就业人员平均数量稳步增长，2021 年末从业人员已超过 100 万人（见图 3-8），市场开放度和活跃度高，应用场景丰富，更有利于新技术新业态蓬勃发展。

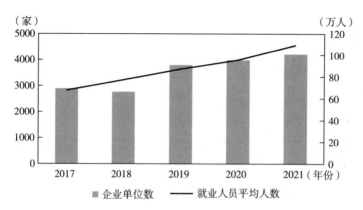

图 3-8　2017~2021 年软件与信息服务企业单位数和就业平均人员数量

资料来源：广东省统计局。

（二）产业发展现状

1. 产业创新能力强

广东省的软件与信息服务产业呈现出卓越的创新实力，处于全国领先地位，发展规模逐年扩大，在全国范围内展现出强大的影响力。截至 2023 年 6 月底，广东省的软件与信息服务产业在知识产权方面表现出色，拥有有效发明专利数量高达 91020 件，占广东省有效发明专利总量的 15.02%，同时也在全国该产业中所占比重达 23.04%，居全国第 2 位。此外，从全国范围来看，软件与信息服务产业主要聚集在珠三角、长三角和京津冀等地区，在这些区域中，广东省的珠三角地区软件与信息服务产业创新企业数量排名全国第一，进一步彰显了广东省在该产业的领导地位（见图 3-9）。

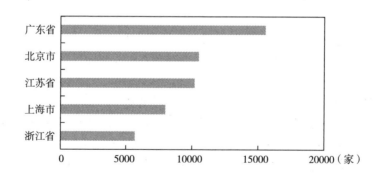

图 3-9　中国软件与信息服务产业创新企业数量

资料来源：广东省知识产权保护中心。

2. 产业综合实力强

目前，广东省的软件与信息服务产业正在进行产业结构优化，一些新技术领域，如云计算、大数据、人工智能和工业互联网等正在快速发展并融合创新，涌现出了一批细分领域领军企业和国家级试点示范应用，不断推动产业向网络化、平台化、服务化、智能化和生态化方向发展。2021年，广东省的软件与信息服务产业营业收入达到77亿元，比2020年增长了21.1%，反映出该产业的活力和潜力。此外，有18家企业入选了中国软件业务收入前百家企业名单，16家企业入选了中国互联网百强企业名单。这显示出这些企业在市场上具有强大的竞争力和影响力，为产业的发展作出了重要贡献。

八、超高清视频显示产业

（一）产业发展基础

1. 信息基础设施完善

广东省正在积极推动5G网络建设，制定了总体布局规划，加快了5G基站的部署。同时，支持基础电信企业朝着独立组网（5G SA）的目标努力，以加速建设5G SA核心网络。在此过程中，也加大了在广州、深圳等城市扩展700MHz频段广电5G网络的试验和建设规模。截至2022年，广东省已经建设了35万个5G站址（含储备站址），累计完成了22万个5G基站的建设。这意味着广东省基本上实现了5G网络的全面覆盖。珠三角地区已经建立了5G宽带城市群，而粤东、粤西和粤北地区的城区、县城以及中心镇的区域也已经实现了5G网络覆盖。广东省已经拥有了6000万5G用户。此外，广东省也在积极推进千兆光网建设，为广东省8K超高清视频产业的发展奠定了坚实的基础。

2. 电子信息制造业发达

广东省电子信息制造业规模持续扩大，截至2022年，广东省电子信息制造业综合实力百强企业总营业收入达3.96万亿元，较上年同期增长了12%。这些企业的平均年营业收入达396.5亿元。百强企业中53家上市企业在2021年共投入了891.77亿元用于研发，同比增长19%。企业在研发方面的投入金额巨大，而且增速较快，表明产业的发展前景广阔。电子信息制造业的发达不仅增强了广东省的经济活力，也为超高清视频显示技术等核心关键产品和技术的发展提供了有力的支持。

（二）产业发展现状

1.4K产业成效显著

广东省作为国家超高清视频显示产业发展先行区、示范区，在4K电视制造、4K显示面板制造、4K摄像和拍摄设备、4K传输和分发等方面取得了显著成效，成功举办了中国超高清视频（4K）产业发展大会和世界超高清视频（4K/8K）产业发展大会，有力地促进了超高清视频产业的发展和国际交流；成功开播全国首个省级 4K 频道，获得工业和信息化部以及国家广播电视总局的联合认可，被授予全国首个"超高清视频产业发展试验区"的荣誉地位。在制造方面，广东省的 4K 电视机产量、机顶盒产量和电视面板产能位居全国前列，体现出广东省在 4K 技术和设备生产领域的卓越表现。

2. 产业规模不断扩大

2017 年广东省节目量仅几百小时，全省 4K 用户仅 564.2 万户。而截至 2021 年底，广东省可提供 4K 节目量达 20426 小时；截至 2022 年，广东省 4K 用户数近 2600 万户，占总电视用户数的 80% 以上。2022 年全国超高清视频产业规模超过 3 万亿元，其中广东省超高清视频产业营业收入就达 6063.5 亿元，约占全国的 1/5，产业规模位居全国第一；广东省彩电产量 1.08 亿台，同比增长 11.5%，占全国的比重达 55.1%。

九、生物医药与健康产业

（一）产业发展基础

近年来，广东省出台了一系列财政、科技、人才等方面的支持政策，积极推动产业发展，使得生物医药与健康产业规模稳步壮大，产业结构不断优化，创新能力不断增强，发展水平位居全国前列。其中，《广东省制造业高质量发展"十四五"规划》提出：重点发展岭南中药，加快推动中医药标准化、国际化，打造一批从原料药、中药材到药品的示范产业链；粤港澳携手共建具有全球影响力的国际科技创新中心，共创粤港澳大湾区中医药创新中心，打造中医药临床科研新高地，并依托粤澳合作中医药科技产业园，建设粤港澳大湾区（广东）中医药产业协同创新联盟。政策环境的大力支持为广东省生物医药与健康产业的发展奠定了基础。此外，广东省紧紧抓住国家建设粤港澳大湾区和支持深圳建设中国特色社会主义先行示范区的重大机遇，集聚资源、突出重点、发挥优势、补齐短板，推动生物医药与健康产业高质量发展。

（二）产业发展现状

1. 产业发展集聚效应凸显

目前，得益于国家和地方政府的积极支持和推动，广东省的生物医药与健康产业取得了显著成效。该产业在广东省内形成了多个产业集聚区，包括广州国际生物岛、深圳坪山国家生物产业基地、中山国家健康科技产业基地以及珠海金湾生物医药产业园等。在生物医药领域也建设了重要的科技基础设施，包括三家国家临床医学研究中心、两家省级实验室以及国家基因库等。此外，广东省拥有一批知名的医科大学，如中山大学和南方医科大学等，这些学府培养了大批生物医学领域的专业人才，为产业的发展提供了人才支持。在企业方面，广东省孕育了一大批具有国际竞争力的龙头企业和创新型企业，这些企业在生物医药与健康产业中发挥了关键作用，推动了产业的快速发展。

2. 创新能力逐步增强

2023 年 4~6 月，广东省生物医药与健康产业蓬勃发展，发明专利授权共计3725 项，同比增长 25.76%，在全国的占比达 16.74%，位居全国首位。截至2023 年 6 月底，广东省生物医药与健康产业有效发明专利数量已达 45907 件，在全国的占比为 14.14%，位居全国首位。

十、现代农业与食品产业

（一）产业发展基础

1. 地理环境优势

广东拥有丰富的土地耕地资源，适宜农业生产。土地多样性使其适合多种不同类型的农作物种植，包括水稻、蔬菜、水果等。另外，广东省的气候多样，有亚热带、热带和温带气候，属于东亚季风区，适合多种农作物的生长；气候温暖湿润，是全国光、热和水资源较为丰富的地区，其中以珠江最为著名，丰富的水资源有利于农业生产。这一气候条件使得广东省能够进行多季农业生产。

2. 消费市场庞大

《2023 年广东省国民经济和社会发展统计公报》显示，截至 2023 年末，全省常住人口 12706 万人，是中国人口最密集的省份之一，庞大的人口基数构成了广东省巨大的潜在消费群体，各种农副食品加工业，食品制造业，酒、饮料等在这里都有广阔的市场；广东省的城市化水平非常高，包括广州、深圳、东莞、珠海、佛山等大型城市，以及众多的中小城市和县级市，城市化水平的提高通常伴随消费需求的增加；除此之外，广东省还吸引了大量的外来人口，这些外来人口为广东的现代农业与食品产业的消费市场增加了多元性。庞大的消费群体、多元化的人口结构为现代农业与食品产业提供了强大的发展基础。

（二）产业发展现状

1. 产品品类丰富

广东省现代农业与食品产业集群丰富，其中子集群包含了粮食、蔬菜、岭南水果、畜禽、水产、精制食用植物油、岭南特色食品及功能性食品、调味品、饮料、饲料、茶叶、南药、苗木花卉、现代种业、烟草等。其中，每个子集群下又细分了许多不同品种的产品，例如在岭南特色食品及功能性食品中，细分了特色月饼、牛肉丸、鱼丸等肉制品、特色休闲食品和凉茶、广式腊味等传统知名岭南特色食品。

2. 产业规模逐年增多

广东现代农业与食品产业一直不断发展壮大，其中的农、林、牧、渔业的产量逐年增加，截至 2022 年，总产值已达 8892.29 亿元（见图 3-10）；主要农作物种植面积庞大，占 3484.77 万亩；2022 年，农副食品加工业，食品制造业，酒、饮料和精制茶制造业以及烟草制品业的营业收入达到 8994.7 亿元，利润总额达到 522.51 亿元。

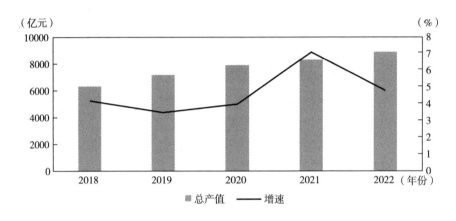

图 3-10　2018~2022 年农林牧渔业总产值和增速

资料来源：广东省统计局。

第三节　十大战略性新兴产业的发展基础与发展现状

战略性新兴产业主要依赖于重大技术突破、重大发展需求或者重大政策调整，并且在这个过程中伴随产业模式的升级和变革，因此培育发展战略性新兴产业集群已经成为广东省推动区域经济持续发展的重要途径。战略性新兴产业包括半导体及集成电路、高端装备制造、智能机器人、区块链与量子信息、前沿新材料、新能源、激光与增材制造、数字创意、安全应急与环保、精密仪器设备等，是广东省向产业链高端冲锋的有力武器。

一、半导体与集成电路产业

（一）产业发展基础

1. 良好的产业发展环境

作为我国信息产业第一大省，近年来广东省竭力发展半导体与集成电路产业，推出了一系列政策予以支持。比如，2020 年出台的《广东省加快半导体及集成电路产业发展的若干意见》中明确指出，在关键核心技术研发上鼓励半导体及集成电路企业加大研发投入，在人才队伍集结上扩大微电子专业招生规模，在财政上设立省半导体及集成电路产业投资基金，等等。

2. 优势产业联动

广东省工业和信息化工作电视电话会议曾指出要"开展广东强芯工程，以扩大芯片制造产能供给，实施汽车芯片应用牵引工程，推动形成关键芯片战略储备机制，搭建电子元器件和集成电路国际交易中心"。在这短短几年内，广东本土的半导体产业从空白发展到粤芯半导体的独树一帜，而驱使着该新兴产业飞速发展的优势恰恰在于广东省拥有众多优势产业。正因如此，广东省应借助优势产业的东风，推动芯片与优势领域的融合发展，从而加快实施广东强芯工程。

（二）产业发展现状

1. 产业营收稳步上升

2021 年广东省规模以上先进制造业的营收数据如表 3-9 所示，从结构上来看，包括集成电路及关键元器件的高端电子信息制造业营业收入占比最高。与2020 年的营收相比，2021 年高端电子信息制造业营业收入整体提升，并且集成电路及关键元器件的增速达到 24.4%。

表 3-9 2021 年广东省规模以上先进制造业的营收数据

规模以上先进制造业	营业收入（亿元）
合计	94129.93
高端电子信息制造业	37851.23
集成电路及关键元器件	15615.32
信息通信设备	20384.01
新型显示	1851.90
先进装备制造业	26648.66
石油化工产业	10516.71
先进轻纺制造业	11513.10

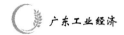
续表

规模以上先进制造业	营业收入（亿元）
新材料制造业	9993.65
生物医药及高性能医疗器械	2427.09

资料来源：广东省统计局。

2. 广东集成电路产量在全国居于前列

随着广东省发力半导体及集成电路产业，深入推进"广东强芯"工程，粤芯三期产业建设步伐加快。广东也因此在 2021 年规模以上企业集成电路产量上取得突破，产出 539.39 亿块（见图 3-11），产量在全国位居第三。

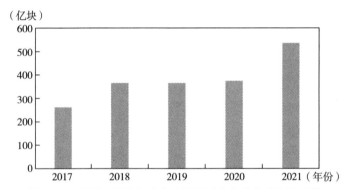

图 3-11　2017~2021 年广东省规模以上企业集成电路产量

资料来源：广东省统计局。

二、高端装备制造产业

（一）产业发展基础

1. 产业布局相对集聚

广东在省内多个地区初步形成了一批先进制造业产业集群。在工业和信息化部发布的先进制造业产业集群中，广深佛莞智能装备产业集群赫然在列。如深圳具备完整的产业结构，先进制造呈领跑态势；东莞产业体系齐全，重点研究数控机床、激光与增材制造等细分领域；广州凭借传统优势产业，近年来以超高清视频和新型显示产业为主力进行发展；佛山工业基础雄厚，积极推动"佛山制造"走向"佛山智造"。

2. 产业支撑能力强

在生产过程中，高端装备往往要用到数种原材料和零部件，而作为"制造业起家"的广东省,水泥、陶瓷、铝加工材、塑胶材料及制品等材料产量位居全国前列,为高端装备制造业提供了良好的基础条件。除此之外,还有汕头市俊国机电科技有限公司、广东美云智数科技有限公司、深信服科技股份有限公司等专精特精企业,更有部分已达到国际先进水平,为广东省高端装备制造业的发展添砖加瓦。

(二)产业发展现状

1. 高端装备制造业规模扩大

从 2021 年广东省规模以上先进制造业主要经济指标可以看出,该年广东省规模以上先进制造业企业单位数量总量为 39240 家,其中高端装备制造业企业数量为 10470 家,占比 26.7%。规模以上先进制造业工业增加值合计 20869.3 亿元,其中高端装备制造业为 6125.81 亿元,占比 29.4%。在广东省高端装备制造业中,汽车制造与智能制造装备的工业增加值遥遥领先,分别为 2007.74 亿元与 1309.05 亿元(见表 3-10)。

表 3-10 2021 年广东省规模以上先进制造业主要经济指标

规模以上先进制造业	企业单位数(家)	工业增加值(亿元)
合计	39240	20869.30
高端电子信息制造业	6459	8318.52
高端装备制造业	10470	6125.81
智能制造装备	3083	1309.05
船舶与海洋工程装备	94	68.16
节能环保装备	1320	544.55
轨道交通设备	34	16.63
航空装备	49	34.39
新能源装备	1832	748.97
汽车制造	1064	2007.74
卫星及应用	545	745.93
重要基础件	2449	650.38
石油化工产业	3010	2355.45
先进轻纺制造业	12052	2592.11
新材料制造业	7638	1912.27
生物医药及高性能医疗器械	1239	908.47

资料来源:广东省统计局。

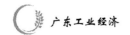

2. 骨干企业迅速发展

根据中国制造业协会发布的《中国装备制造业 100 强》排行榜中,广东上榜 14 家企业。从地区分布来看,各企业集中于深圳、广州、东莞、珠海、佛山。从细分领域来看,智能制造、汽车制造、精密仪器设备、轨道交通设备等高端装备制造产业均有所涉及(见表 3-11)。

表 3-11 中国装备制造业 100 强节选

排名	企业名称	地区
2	华为投资控股有限公司	广东深圳
6	广州汽车工业集团有限公司	广东广州
8	比亚迪股份有限公司	广东深圳
12	美的集团股份有限公司	广东佛山
18	立讯精密工业股份有限公司	广东深圳
22	珠海格力电器股份有限公司	广东珠海
29	TCL 科技集团股份有限公司	广东惠州
38	中兴通讯股份有限公司	广东深圳
60	玖龙纸业(控股)有限公司	广东东莞
64	深圳市中金岭南有色金属股份有限公司	广东深圳
66	广州智能装备产业集团有限公司	广东广州
67	欣旺达电子股份有限公司	广东深圳
84	格林美股份有限公司	广东深圳
94	广州视源电子科技股份有限公司	广东广州

资料来源:中国制造业协会。

三、智能机器人产业集群

(一)产业发展基础

1. 不断发展的产业集群

广东省内机器人产业布局呈现集聚状态。以佛山为例,本土的智能制造企业加速崛起,以及上下游企业形成的更加完备的产业链,使得佛山顺德区的机器人制造产业产生集聚效应。再如深圳凭借着得天独厚的地理优势,吸引国内外企业投资兴业,进而打造集研发、制造、应用于一体的一流机器人产业创新示范区。又譬如由东莞市人民政府举办的广东省智能机器人研究院在很大程度上提升了机器人研发的创新能力。

2. 丰富的应用市场

广东省机器人协会相关负责人曾表示：制造业急需机器人产品，因此研发出来的东西马上就能生产和试用，试错了再改，这个过程来回反复就实现了技术的快速更新。《广东省新一代人工智能创新发展行动计划（2022—2025 年）》也明确要求人工智能与产业深度融合应用。比如，在 2020 年，商用配送机器人公司普渡科技牢牢把握海外发展机遇，开拓了大型商超、养老院、工厂、医院等多元场景。在 2023 年，国产首台微创腔镜手术机器人也正式在广东医科大学附属东莞第一医院进入临床验证阶段。可见机器人的应用场景越发广泛，各行各业都有它们的身影。

（二）产业发展现状

1. 产量水平全国领先

在广东，利用机器人深入各行各业，实现工业升级，推动行业发展的做法已成为广泛共识。从近几年工业机器人的产量中就可以一窥，其产量逐年递增，尤其在 2022 年，广东省工业机器人产量累计达 16.57 万台（见图 3-12）。根据广东省机器人协会资料，该年广东省工业机器人产量占全国的 1/3 左右，并连续三年稳居全国第一。

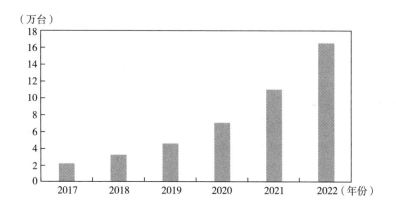

图 3-12　2017~2022 年广东省工业机器人产量

资料来源：广东省科学技术厅。

2. 发展势头强劲

广东紧紧把握人工智能发展重大战略机遇，凭借自身的电子信息产业优势，助力制造业实现数字化转型。根据中国企业数据库企查猫可知，2022 年广东省人工智能企业注册数量为 53820 家，尽管同 2021 年相比略有下降，但近年来人工智能热度不减（见图 3-13）。

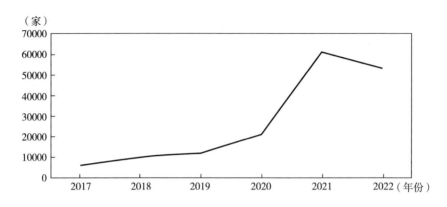

图 3-13　2017~2022 年广东省人工智能企业注册数量

资料来源：企查猫官网。

四、区块链与量子信息产业集群

（一）产业发展基础

1. 政策支持力度大

中共广东省委、广东省人民政府印发的《广东省质量强省建设纲要》，明确提出支持人工智能、区块链、量子信息等前沿领域加强研发布局，支持量子通信、信息光子、太赫兹、新材料等领域努力抢占未来发展制高点。国务院印发的《河套深港科技创新合作区深圳园区发展规划》表明，香港和深圳将联手打造国际一流科技创新平台，聚焦区块链与量子信息等前沿交叉领域，积极探索区块链等技术在金融领域的规范应用。种种政策文件可以看出政府对区块链与量子信息产业未来发展的决心。

2. 应用场景丰富

广东省近年来不仅在金融高新区打造了"区块链+"金融科技产业集聚基地，更是不断探索区块链与政务、智能制造、物流和民生等重点行业的融合。比如广州市税务局上线区块链电子发票平台，接入万家企业，通过区块链的加解密算法，实现发票的安全性、保密性、真实性、完整性。再如佛山推出了基于区块链技术的"IMI 身份认证平台"，从而实现在移动终端完成多项政府服务事项的申办。

（二）产业发展现状

1. 专利申请量领先全国

根据《区块链助力粤港澳大湾区一体化发展报告》，2021 年广东省以 3037 件相关专利申请数量领先全国，而在省内，深圳市以 2525 件相关专利申请数量领先全省，占比 83.1%，广州市以 399 件数量位居第二（见图 3-14），占比 13.1%。

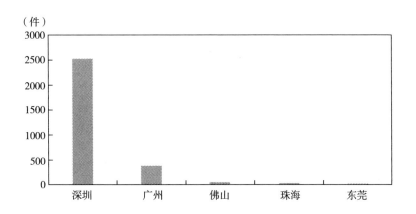

图 3-14　2021 年广东省部分地区区块链相关专利申请情况

资料来源：中国综合开发研究院。

2. 量子技术运用较成熟

由深圳高智量知识产权运营有限公司编写的量子信息产业专利导航报告中可以看出，在广东省量子信息产业创新主体中，企业主体有 6 个，高校主体有 4 个，企业主体和高校主体专利数量总和分别为 2403 件和 1186 件，除此之外，专利主要集中于 TCL 集团，可见量子技术在显示行业的运作更加成熟（见表 3-12）。

表 3-12　2022 年广东省量子信息产业专利数量

排名	名称	专利数量（件）
1	TCL 集团股份有限公司	998
2	TCL 科技集团股份有限公司	549
3	华南理工大学	414
4	华南师范大学	391
5	深圳市华星光电技术有限公司	327
6	深圳市华星光电半导体显示技术有限公司	202

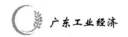

续表

排名	名称	专利数量（件）
7	广东工业大学	198
8	中山大学	183
9	海洋王照明科技股份有限公司	167
10	华为技术有限公司	160

资料来源：深圳高智量知识产权运营有限公司。

五、前沿新材料产业集群

（一）产业发展基础

1. 政策环境的不断优化

作为我国制造业大省以及创新先锋，广东省各级政府陆续出台了若干个政策文件，给予了前沿新材料产业高度的支持。省级层面，广东省科学技术厅会同相关部门于 2020 年联合印发了《广东省培育前沿新材料战略性新兴产业集群行动计划（2021—2025 年）》，广东省工业和信息化厅于 2020 年印发了《广东省发展先进材料战略性支柱产业集群行动计划（2021—2025 年）》。市级层面，深圳市光明区人民政府于 2023 年印发了《深圳市光明区关于支持新材料产业集群高质量发展的若干措施》，珠海市工业和信息化局于 2021 年印发了《珠海市促进新材料产业高质量发展的若干措施》，等等。

2. 关键技术的突破

在国家和地方的一系列政策支持下，广东省对前沿新材料产业保持着极大的热情，并在石墨烯、增材制造材料、超导材料、智能仿生与超材料以及 3D 打印材料等领域的关键技术上取得了突破。根据广东省市场监督管理局的数据，截至 2022 年 12 月底，广东省前沿新材料产业发明专利有效量 40540 件，在全省发明专利有效量的占比达 7.52%，在全国该产业总量的占比达 13.69%，居全国第 2 位。

（二）产业发展现状

1. 发展规模不断扩大

广东新材料产业规模和综合实力一直稳居全国前列，2021 年新材料工业增加值超 1500 亿元，保持稳中有升的发展态势（见图 3-15）。

2. 材料发展能力不足

新材料制造业分行业工业增加值方面，占比最大的为高性能复合材料及特种功能材料，整体呈稳中有升的趋势；而后为高端精品钢材，其工业增加值后续发

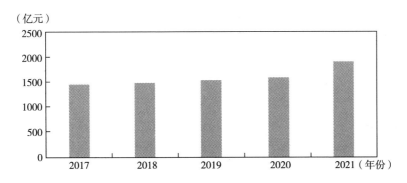

图 3-15　2017~2021 年广东省新材料制造业工业增加值情况

资料来源：广东省统计局。

力不足；最后为战略前沿材料，占比仅有 0.1%，整体来看，其发展能力相对薄弱（见图 3-16）。

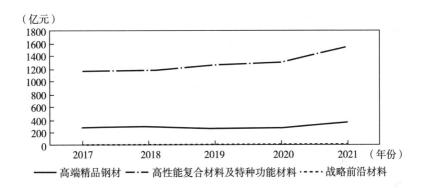

图 3-16　2017~2021 年新材料制造业分行业工业增加值情况

资料来源：广东省统计局。

六、新能源产业

（一）产业发展基础

1. 丰富的能源资源

按照广东省统一部署，新能源产业以大力发展先进核能、海上风电、太阳能等为优势产业。广东省绿色发电资源丰富，拥有 4114.3 千米长的大陆海岸线和 41.93 万平方千米的海域面积，近海海域风能资源理论总储量超 1 亿千瓦。并且广东处于亚热带低纬度地区，光照充足，在太阳能发电方面有极大的区位优势。

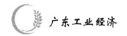

同时，广东一直是核电发电大省，惠州、阳江、湛江三座城市正在打造核能发电基地，计划到2025年核电装机规模达到1854万千瓦。

2. 完整的产业链

广东省有完整的新能源产业链，从上游设备制造、中游生产、下游产能有一套完整的产业链。以太阳能发电为例，该行业现在以光伏发电为主，上游产业是晶体硅制造，主要聚焦于珠三角地区，涵盖了多晶硅、单晶硅、晶片、硅浆等多个领域；中游产业主要是光伏电池及光伏组件生产，电池生产领域，广东省主要有TCL中环、华为、比亚迪、赛维等企业，在光伏组件领域，广东省的主要企业包括深圳天合光能、广东晶镁光伏科技有限公司等；下游的光伏电站建设及运营产业主要有江门海信分布式光伏项目、珠海共电分布式光伏项目、清远立邦分布式光伏项目、河源豪劲分布式光伏项目等，这四大光伏项目也是广东省清洁能源的重要组成部分。

（二）产业发展现状

1. 海上风力发电领先全国

根据《广东海洋经济发展报告（2022）》，截至2021年底，广东省累计建成投产海上风电项目装机约651万千瓦，同比增长545%，其中全年新增海上风电全国新增总量占全国新增总量的1/3，预计每年可节约标准煤约575万吨，减少二氧化碳排放约1530万吨。广东省在建和规划中的海上风电项目规模超过1000万千瓦，预计到2030年，广东省海上风电总装机容量将达到2400万千瓦。

2. 核能发电量持续增长

截至2023年，广东省核电装机容量达到1614万千瓦，占全国总核电装机容量的比例为32.3%。2023年全年核电发电量为1180.5亿千瓦时，同比增长2.8%（见图3-17）。

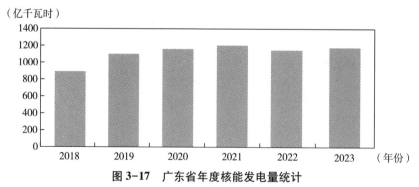

图3-17 广东省年度核能发电量统计

资料来源：广东省统计局。

此外，广东省正在积极推进核电项目建设。太平岭核电项目分三期建设 6 台百万千瓦级核电机组；廉江核电项目规划建设 6 台三代核电机组，总装机容量达 8620 兆瓦；惠州核电 3 号、4 号机组也是广东省正在积极推进的核电项目之一，按计划将建设两台百万千瓦级核电机组；陆丰核电站计划总投资 120 亿美元，规划容量为 6 台百万千瓦级核电机组。

七、激光与增材制造产业

（一）产业发展基础

1. 资源储备丰富

广东省拥有丰富的自然资源，为激光与增材制造产业提供了良好的发展基础。激光制造主要包含稀土固体激光材料和稀土光纤激光材料，在制造中主要使用的稀土矿有铈矿、镨矿、钕矿、钐矿、铕矿等。而广东省正是稀土资源储备大省，据统计，全省的稀土资源储量超过 900 万吨，累计上表离子型稀土资源储量为 52.5 万吨（REO），居全国前列。与此同时，省内含钇、镝、铽元素的矿产资源也极为丰富。

2. 产业链完整

广东省激光与增材制造产业链完善，涵盖了激光器、扫描振镜、控制系统、应用软件开发等多个环节。根据《广东省培育激光与增材制造战略性新兴产业集群行动计划（2021—2025 年）》的规划，产业链上游主要包括光纤、高质量晶体制造以及激光镜头、高亮度芯片研发；在产业链中游，形成包括半导体激光器、超短脉冲激光器、大功率电子枪、高亮度泵浦源等的产业链；在产业下游，已初步形成涵盖软件、产品设计、材料、关键器件、装备、工业应用的增材制造产业链，且其规模化发展趋势显著。

（二）产业发展现状

1. 形成区域产业布局

目前已形成以广州、深圳为核心，以珠海、惠州、东莞、中山、江门等地为重要节点的产业布局，计划建成激光与增材制造产业园 5 个以上，建设材料、器件、装备与应用基地 10 个以上。并且将进一步围绕广州打造 3D 打印产业园，以深圳为重点建设激光谷产业园。2021 年广东省激光与增材制造产业相关的 30 家主要企业营收达 1457.7 亿元，同比增长 21.7%。根据《广东省培育激光与增材制造战略性新兴产业集群行动计划（2021—2025 年）》，到 2025 年，广东将打造出营收超 1800 亿元的激光与增材制造战略性新兴产业集群。

2. 产业研发持续增强

按照《广东省培育激光与增材制造战略性新兴产业集群行动计划（2021—

2025 年）》文件精神，鼓励申报省重点领域研发计划"激光与增材制造"重大专项项目和国家激光与增材制造技术攻关项目；鼓励企业加强技术研发、人才引进和重大研发平台建设。目前，广东省共与 30 余家高校或研究所开展了激光与增材制造相关研究，包括省内大部分理工类高校如中山大学、华南理工大学、广东省科学院、广东工业大学、南方科技大学，以及一些知名研究所如阳江五金刀剪产业技术研究院、松山湖材料实验室、季华实验室等。

八、数字创意产业

（一）产业发展基础

1. 技术创新能力强

广东省在数字技术创新领域领先全国，专利申请数量位居全国首位。此外，广东省在数据化转型方面也走在全国前列，广东着重于培养创新型企业，加快制造业数字化转型。除此之外，进一步推动跨界合作，例如与游戏行业、动漫行业和设计服务行业等优势产业之间深度合作，致力于打造具有国际竞争力的数字创意产业。

2. 区域布局合理

广东省在数字创意产业布局上呈现"一核、一廊、多中心"的格局，"一核"指的是以广州和深圳为产业核心，形成双引擎带动周围城市，广州和深圳作为一线城市，聚集了大量资金和人才，形成了辐射效应。"一廊"是指以广佛肇、深莞惠等城市为主体的珠三角数字创意产业发展走廊，该地区以珠三角为依托，依靠大城市的资源，形成了完整的产业链和产业生态系统。"多中心"指汕头、湛江、韶关、梅州、惠州、汕尾等城市为主要节点的数字创意产业集群，这些城市利用自身资源、结合自身特点，发展具有当地特色的产业。

广东省数字创意产业在空间布局上的科学安排使得全省产业交织成了一张大网，以广州和深圳为源头，将资源输送给其他城市，这个产业布局正是广东省数字创意产业发展的基础。

（二）产业发展现状

1. 产业产值丰硕

2022 年，广东省数字创意产业保持良好增长势头，据广东省统计局的相关数据，数字创意产业产值达到 5728 亿元，同比增长 5.4%。其中，数字出版、动漫、游戏业等都是在产业中产值规模较大、效益较好的行业（见表 3-13）。

表 3-13　2022 年广东省数字创意产业各行业产值

行业	产值（亿元）
合计	5728
数字出版业	2100
电竞及游戏业	2115
动漫产业	600
其他	913

资料来源：广东省统计局。

2. 形成"企业与个人创作者共存"的复杂结构

在市场中，大型企业凭借其资金、技术、人才等优势，在行业中占主导地位，大企业依托强大的资源和运营能力，引领着行业的发展方向。例如，腾讯、华为、网易、中兴等知名科技企业，它们都在数字创意产业领域有着深厚的布局。同时，大企业对产业链有强大的垂直整合和横向联合能力，如通过参股、并购等手段整合中小公司，影响着行业的发展方向。

中小企业在数字创意产业中扮演着重要的角色，这些企业通常专注于某些细分领域。例如数字音乐、动漫制作等，在细化的领域中，中小企业往往能提供更优质专业的服务，以此来获得市场份额。中小企业在技术创新和市场竞争中具有较高的活力和敏锐度，主要表现在管理上更加扁平化，行政流程较少，能够快速适应市场变化并调整业务策略。

个人创作者的影响力不容忽视，这些创作者往往拥有独特的创意和专业技能，通过自己的创作在网络平台上获得关注和认可。一方面，关注度和流量可以在平台获得奖励，平台奖励主要来自于平台广告；另一方面，个人创作者可以通过直播卖货等电子商务形式创造经济价值。

总体来说，广东省数字创意产业集群的市场结构呈现出多元化、复杂化的特点。不同类型的参与者在市场中扮演着不同的角色，并通过合作、竞争和互补关系共同推动着广东省数字创意产业的繁荣发展。

九、核心安全应急与环保产业集群

（一）产业发展基础

1. 政策扶持力度大

为加快培育安全应急与环保战略性新兴产业集群，促进产业迈向全球价值链高端，广东省政府出台了《广东省培育安全应急与环保战略性新兴产业集群行动计划（2021—2025年）》。该方案着重于培育一批具有较强国内和国际竞争力的龙头骨干企业和知名品牌，突破一批具有自主知识产权的关键共性技术，以粤港澳大湾区为平台开拓共建"一带一路"国家和地区市场。

在相关政策的扶持下，产业集聚效应逐步显现。通过多个企业带动产业园，以产业园带动产业，逐步形成龙头企业带动、特色产业集聚的发展格局。同时，在区域分布上，珠三角地区产业集聚带以技术研发和总部基地为核心，粤东西北地区产业集聚带以装备制造和资源综合利用为特色。

2. 技术积累丰厚

广东省在技术研发领域投入巨大且取得了丰厚的成绩。在安全应急技术方面，广东省在相关领域开发了大量创新型技术，包括应急管理、灾害防控、社会安全等领域。其中，重点领域包括智能安全监测、灾害预警与防控、危险品管理及应急处置、公共安全与反恐技术等。在环保技术方面也进行了大量的研发和创新，包括水处理、垃圾处理、空气治理、生态修复等领域。其中，重点领域包括污染治理与资源化、环境监测与信息化、生态保护与修复、低碳技术与循环经济等。在数字安全与智慧城市方面也进行了大量的研发和创新，包括城市安全运行监测、智慧城市规划与管理等领域。其中重点领域包括城市安全运行监测与预警、智慧城市规划与运营管理等。

（二）产业发展现状

1. 安全应急产业企业稳步上升

根据中国企业数据库企查猫数据，目前广东应急行业的主要企业共有21216家，注册热潮集中在2021年和2022年，2021年应急企业注册数量为4273家；截至2022年12月6日，2022年注册企业数量为3641家。从企业注册地的分布来看，目前广东应急企业主要分布在广州和深圳等地，截至2022年12月初，广州共有相关应急企业数7682家，深圳则有6284家。

2. 环保产业在全国名列前茅

广东省环保产业发展现状与趋势发布会的相关数据显示，广东省环境服务业营收连续四年位居全国第一，且年均营收增长率超过30%；在固体废物污染防治、土壤修复、水污染防治、环境监测等领域营收均位居全国前三；广东省环保产业近5年年营收增长率近15%。

广东省环保产业主要由大公司主导，在此产业中，营收超亿元的企业共149家，占行业数的11.3%。其中上市公司共有58家，分布于五大领域（见表3-14），实现总营收2242.6亿元，占总行业企业营收的72.8%。

表 3-14　广东省环保产业上市公司领域分布

领域	企业数量（家）
合计	58
水污染防治	26
固体废物处理处置与资源化	13
环境监测	8
大气污染防治	7
土壤修复	4

资料来源：《2022 年广东省环保产业发展报告》。

十、精密仪器设备产业集群

（一）产业发展基础

1. 产业基础雄厚

从企业规模上来看，广东省企业在相关产业覆盖面较广，涉及工业自动化测控仪器与系统、信息计测与电测仪器、科学测试分析仪器、人体诊疗仪器以及各类专用检测与测量仪器等领域，涉及企业较多，且部分企业规模较大，如通信领域的华为、汽车制造领域的比亚迪等。在此基础上，企业积累了大量的专利和技术，拥有众多核心技术和自主知识产权。目前，广东精密仪器设备产业链完整，涵盖了研发、设计、制造、销售等各个环节。正是从企业到产业的完备性，给广东精密仪器设备产业打下了坚实的基础。

2. 政策扶持

为进一步促进加快培育精密仪器设备战略性新兴产业，促进产业迈向全球价值链高端，2020 年广东省出台了《广东省培育精密仪器设备战略性新兴产业集群行动计划（2021—2025 年）》，提出部署要重点突破核心技术和关键零部件短板、大力完善产业支撑体系、积极构建区域协同发展新格局。2021 年出台的《2021 年度广东省重点领域研发计划"精密仪器设备"重点专项申报指南》对于精密仪器设备等科研项目的研发制定了详细的考核标准，进一步从研发源头鼓励扶持相关产业。

（二）产业发展现状

1. 经济效益成绩瞩目

2019 年广东省精密仪器设备产业主营业务收入达到 1323.99 亿元，保持稳步增长。同时，出口交货值达 429.17 亿元，专利授权量约 53 万件，拥有专精特新"小巨人""单项冠军""独角兽"企业近 20 家，具备一定的科技创新能力。在相关企业的技术积累下，广东省在示波器、监护仪、血细胞分析仪、功率分析仪、基因测序仪、质谱仪等方面都处于国内领先技术水平。

2. 形成科学分布的产业区域布局

在工业自动化测控仪器与系统产业方面，精密仪器设备的研发创新和制造需要聚集技术、人才和资金，广东充分发挥核心地区的资源作用，例如在广州推进面向消费电子产线的模块化嵌入式仪器平台，这个产品方向迎合了广州巨大的消费市场；在深圳落实光学胶（OCA）自动全贴合设备的研发。

在大型精密科学测试分析仪器产业方面，广东省充分发挥区域布局优势，形成"众星捧月"的格局。就是以广州、深圳为核心的"月亮"，周围的佛山、东莞、中山、珠海等城市为环绕，在核心地区做研发，周边城市发挥制造优势，建设精密仪器设备生产基地。

在高端信息计测与电测仪器方面，全方位布局相关产业，加快高精度电测仪器、户外高加速老化试验仪、高精度多声道超声波流量计、5G 数据采集综合测试仪、高精密触发测量、高精密扫描测量、环境应力筛选、可靠性强化、产品寿命等可靠性工程试验、产品可靠性检验检测等应用研发。比如东莞松山湖高新技术产业开发区、广州大光科技产业园等，园区内企业着重于某个技术领域，形成集群效应，这些产业园区的研发能力正是广东省相关产业竞争力的保证。

总而言之，精密仪器设备重点细分领域是以珠三角为产业核心，辐射周围城市，其中又以广州、深圳为核心城市。两座一线城市拥有丰富的资金、人才、技术资源，将资源输向各个城市，形成科学分布的区域产业布局。

课后思考题

1. 结合主导产业的选择理论，说明广东"双十"产业的选择依据。

2. 在广东"双十"产业中，选择自己最感兴趣的产业进行重点关注和研究，梳理其当前存在的主要问题。

第四章 广东工业经济发展的空间布局演变与产业集群的发展

改革开放以来，广东的综合经济实力不断增强。截至2023年，广东GDP总量已经连续35年保持全国首位。与此同时，广东工业经济发展的空间布局不断优化，产业集聚发展态势日益明显，成为推进广东工业现代化的重要内容。本章主要介绍广东工业经济发展的空间布局演变，并结合广东专业镇的发展，说明广东产业集群的兴起与演变过程。

第一节 广东工业经济发展的空间布局演变

一、广东工业发展的区域划分

根据广东省内各地区的经济发展水平和要素禀赋情况，可以将广东省划分为以下四个区域，以便更好地理解制造业的发展情况：

一是珠三角地区，包括广州、深圳、珠海、佛山、东莞、中山、江门、惠州、肇庆九个地级市。珠三角地区是广东省制造业的核心区，拥有先进的制造业基础和完善的产业链，以电子信息、汽车、家电、纺织等行业为主导，是广东省制造业的主要增长引擎。

二是粤东地区，包括汕头、汕尾、潮州、揭阳四个市。改革开放初期，粤东地区的起步较晚，但近年来也取得了较快的发展。该地区主要发展轻工业和电子制造业，其中汕头是著名的经济特区，具有一定的制造业竞争力。

三是粤西地区，包括湛江、茂名、阳江三个市。粤西地区地处广东省的西南部，具有丰富的资源。该地区以重工业为主导，发展钢铁、化工、能源等行业，尤其是以湛江为核心，形成了石化产业集群。

四是粤北地区，包括韶关、河源、梅州、清远、云浮五个市。粤北地区地处广东省的北部，拥有较为丰富的农业资源。该地区在制造业方面注重发展装备制

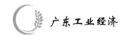

造、纺织、食品等行业，同时也在不断推动农业与制造业的深度融合。

在广东省工业发展的空间布局演变的过程中，珠三角地区发挥着引领作用，并通过促进区域间的协调发展，不断优化广东整体的工业经济发展布局。

二、广东工业发展的空间布局演变

（一）起步阶段（1978~2004年）：打造珠三角工业发展核心区域

1. 珠三角承接来自国外和我国港澳地区的产业转移

广东省的产业起步得益于发达国家和地区的产业转移。随着改革开放的推进，美、日等发达国家和以亚洲"四小龙"（韩国、新加坡、中国台湾、中国香港）为代表的新兴地区，开始将低附加值的劳动密集型制造业转移到地理位置好、劳动力等要素资源相对廉价的珠三角地区，为当地的工业化进程注入了资金、技术以及新的设备和管理理念，使珠三角地区迅速成长为了新的生产制造基地。在这一过程中，珠三角地区不断密切了与港澳地区的联系，形成了"前店后厂"的格局，即港澳地区通过投资的形式将大量低附加值制造业企业转移至珠三角地区，港澳地区提供资金、技术、设计、管理等，而珠三角地区负责生产加工，同时借助港澳地区发达的贸易网络将产品销往全球。事实上，早在1978年9月港资就已在东莞设立首家"三来一补"企业——太平手袋厂，随后大量港澳资企业在珠三角地区涌现。而到了20世纪90年代中期，珠三角地区累计实际利用外资超200亿美元，其中港澳直接投资占比超70%。75%以上的香港制造业产品都在珠三角生产，80%~90%的香港玩具企业、钟表企业、塑胶企业和电子企业都在珠三角地区设厂。

2. 珠三角新兴产业的崛起与产业集群发展态势的显现

国际产业转移的发展，推进了珠三角地区家用电器、电气机械、IT产品等耐用消费品制造业的发展，电子及通信设备制造业、电气机械及器材制造业成为产值最大、发展速度最快的两大行业。在广东省电子及通信设备制造业的产业集中度较高，主要聚集在深圳、惠州、东莞三个城市，而且由于地理位置相邻，以及产业扩散与协作的需要，深、惠、莞三市在电子及通信设备制造业领域形成了规模庞大的产业集群。2000年，深圳、惠州和东莞电子及通信设备制造业的产值分别占全省的46.84%、15.92%和8.73%，三市电子及通信设备制造业总产值占全省的71.49%。电气机械及器材制造业则主要集中在佛山、广州、珠海等地，三市在该行业的总产值占全省的比重为62.03%。

3. 珠三角多元城市工业中心的形成

在传统的计划经济主导之下，工业经济的投资主体和投资渠道相对单一，作为全省政治、经济、文化中心的广州市一直是工业投资的重要汇聚地，工业发展空间结构也表现为以广州为单核心的核心—边缘模式。随着改革开放政策的施行，珠三角的其他城市也在吸引外来投资和推动工业经济发展方面取得了重要成就。深圳实现了经济发展质量和经济活力的不断提升，仅在"十五"时期（2001～2005 年）就累计向中央财政贡献了 3663 亿元，综合经济实力跃居全国大中城市前列。东莞、中山、珠海也相继发展成为新的地方性工业中心。

（二）转型升级阶段（2005～2015 年）：统筹规划区域间的工业布局

1. 以政策扶持跨区域产业协作体系的发展

以产业转移推进广东省内区域协调发展，缩小珠三角与东西两翼、北部山区之间的发展差距，一直是广东省实现经济发展、提升城乡居民生活水平的重要抓手。2005 年，广东省政府出台《关于我省山区及东西两翼与珠江三角洲联手推进产业转移的意见（试行）》，加快了珠三角产业转移的步伐。2008 年 12 月，《珠江三角洲地区改革发展规划纲要（2008—2020 年）》发布，进一步明确了实现产业转移的主要动力，强调市场的力量才是推进产业转移和促进产业集群成熟的内在动力。同年，《中共广东省委　广东省人民政府关于推进产业转移和劳动力转移的决定》出台，明确了"双转移"的重要性，以及以产业转移工业园的形式推进产业转移集群发展、实现区域协调发展的主要目标，旨在以产业转移和劳动力转移，促进全省产业合理布局，不断优化产业结构，提升产业竞争力。2010 年以来，《广东省产业转移工业园管理办法》《广东省产业转移目标责任考核评价办法》《广东省珠三角地区产业跨市转出奖励资金管理办法》《关于优先扶持产业转移重点区域重点园区重点产业发展的意见》等一系列文件的出台，使产业转移工业园的日常管理逐步走向规范化、合理化，从而有望进一步推进产业转移工业园相关工作的落实，加快区域产业协作体系的建设。[①]

2. 以产业转移工业园推进区域工业布局的调整

产业转移工业园是一种新的产业园区，以转移产业为主体，具备新的空间组织功能，为产业跨区域转移和协同发展提供了一个新平台。2004 年，广东省委、省政府首次提出珠三角与粤东、粤西、粤北共同建设产业转移工业园，2005 年首次认定 3 个省级产业转移工业园。2015 年，粤东、粤西、粤北新建产业转移工业园和转移集聚地 40 个，园区总数达 80 个，比 2014 年翻了一番；产业转移园区新落地工业企业有 40% 来自珠三角的六个核心城市，计划投资总额有 850 亿元。与此同时，产业转移园区扩能增效成效显著。2015 年，产业园区新落地工业企业 544 家，新投产 294 家，实现规模以上工业增加值 1751 亿元，占地区规模以上工业增加值比重达 25.8%；8 个对口帮扶指挥部累计引进产业项目 692

---

① 刘艳，赵玲玲. 广东构建区域产业协作体系的可行性分析 [J]. 岭南学刊，2012（6）：117-121.

个，计划总投资 1826 亿元，投产项目 192 个，完成投资 197 亿元。其中，河源、梅州、汕尾和惠州东北部园区承接深圳、东莞等地电子信息产业转移，逐步发展成为珠江东岸高端电子信息产业带延伸拓展区域。韶关、清远、江门等市园区承接机械、装备制造业上下游配套企业转移，初步形成珠江西岸先进装备制造产业带配套区。

3. 珠三角核心区的产业集聚得到进一步发展

通过释放部分劳动力密集型和资源占有型产业，珠三角获得了进一步发展高新技术产业的空间，并通过核心城市的产业外溢效应，不断增强珠三角一体化发展进程。例如，佛山承接了广州转移的部分汽车产业，形成了佛山南海汽车产业基地。深圳的高端电子信息产业也向周边城市扩散，带动了新兴产业集群的发展，并推动着珠三角地区产业协同的深化发展。

（三）调整优化阶段（2016 年至今）：不断优化工业发展的空间布局

1. 产业共建，推动产业升级和优势互补

2016 年广东省委、省政府提出"产业共建"，不再是将传统的落后产业转移到粤东西北地区，更不是转移高污染企业，而是在珠三角发达地区和粤东西北欠发达地区进行整体布局，推动同一企业、同一产业跨区域形成产业链，形成优势互补的区域产业分工格局，这不仅有助于珠三角发达地区实现产业升级，同时又可以推动粤东西北欠发达地区产业的发展，提高工业化程度，进而缩小与珠三角地区之间的经济差异。截至 2016 年底，广东省先后建立了示范产业园（15 个）、一般产业园（25 个）和起步产业园（13 个）共 53 个产业转移园区，其中珠三角地区 9 个，广东东部地区 19 个，西部地区 17 个，北部地区 9 个。园区建设进一步促进了区域间优势互补和产业的合理布局。

2. "一核一带一区"促进工业布局优化

2018 年，习近平总书记视察广东，指出广东是改革开放的排头兵、先行地、实验区，鼓励广东大胆探索、大胆实践。为稳固产业发展优势、打造区域发展新格局，广东创新性地提出以功能区引领广东区域发展的新战略，着力发展"一核一带一区"的区域发展新格局，从而进一步优化省内的工业布局。具体而言，以广州、深圳为主引擎推进珠三角核心区深度一体化；重点强化粤东粤西的基础设施建设和临港产业布局，发展沿海产业，与珠三角沿海地区形成链接密切的沿海经济带；把粤北山区建设成为生态发展区，着力发展与生态功能相适应的生态型产业。①

----

① 省委省政府印发意见　构建"一核一带一区"区域发展新格局　促进全省区域协调发展［EB/OL］.（2019-01-19）. http：//www. gd. gov. cn/gdywdt/gdyw/content/post_2540205. html.

3. "双十"战略绘制未来发展蓝图

2020 年，《广东省人民政府关于培育发展战略性支柱产业集群和战略性新兴产业集群的意见》出台，广东着力制定"十大战略性支柱产业""十大战略性新兴产业"（以下简称"双十战略"①）的发展规划，并积极推动"双十战略"规划落地实施。该意见提出，到 2025 年，瞄准国际先进水平，落实"强核""立柱""强链""优化布局""品质""培土"六大工程，打好产业基础高级化和产业链现代化攻坚战，培育若干具有全球竞争力的产业集群，打造产业高质量发展典范。在"双十战略"的推进下，"双十"产业将成为广东省工业高质量发展的新支柱，并将引领新的工业布局格局的形成。

第二节　中小制造企业的兴起与专业镇经济的发展

一、广东专业镇经济的兴起与形成机制

（一）广东专业镇经济的兴起

广东珠三角地区是中国经济发展速度最快的地区之一，也是世界上经济增长速度最快的地区之一。其之所以能够成为中国经济的发动机，一方面离不开广州、深圳这两个一线城市的引领和带动，另一方面则是有着星罗棋布的专业镇做支撑。

广东专业镇的兴起源于 20 世纪 80 年代初期，广州、佛山的大中型企业将零配件发往周边地区进行代加工、代生产，许多获得机会的小镇便如雨后春笋般相继崛起。随着政策的不断开放，以家庭为单位、以家族为基础的中小企业竞相涌现，它们从少到多、由小到大、由弱到强，不断裂变、不断扩张，催生了蔚为壮观的"专业镇现象"。以某种专业产品为主导，以某个区域为聚集地，资源、技术、信息相对集中，形成较强的产业优势，逐渐演变为"一镇一品"专业镇，以特色产业为核心，抱团发力，以此撬动地方经济的发展。

1999 年末，广东省科技厅开展了"专业镇技术创新试点"工作，使乡镇产业向规划引导、政策扶持、科技创新的方向迈进。2000 年，广东省又进一步明确了要依靠科技进步推动专业镇产业优化升级的战略抉择，强调由专业镇做专业

---

① "双十战略"是《广东省人民政府关于培育发展战略性支柱产业集群和战略性新兴产业集群的意见》提出的广东省重大制造业高质量发展规划和路线图。

事，挑起经济发展大梁。此后，在广东省委、省政府和省科技厅的大力支持下，专业镇由少到多，由弱到强，发展出了"一镇一品"的特色镇域经济，各具特色的强镇折射出广东极具活力的经济势头。截至 2022 年，广东全省共有 352 个省级专业镇，佛山、东莞、中山作为省级专业镇发展最充分的地区，所辖镇（街道）几乎全部专业镇化，其中佛山、东莞专业镇的经济贡献度更是超过了 90%。

（二）广东专业镇经济的形成机制

经过多年的努力，广东专业镇经济的规模和影响力不断扩大，成为全省发挥科技创新引领作用、推进供给侧结构性改革、加快构建现代化经济体系的重要环节。

首先，改革开放激活了乡镇企业，为具有区位优势的城镇带来了发展动力。自 1978 年起，我国放开了传统体制对农村和非国有经济的束缚，引入了市场机制，使国民经济的产业结构得到了有效调整。传统的经济生产方式与产业结构也由此开始发生转变。在此背景下，具有区位优势的乡镇凭借当地的工业基础或是特有的资源禀赋进行投资与生产，并逐步形成规模。比如，云浮水台镇毗邻珠三角经济带，凭借得天独厚的地理优势、气候与土壤条件，大力发展花卉种植基地，并不断引进推广改良技术，逐步形成了基地化、规模化、产业化的发展势头，发展前景广阔。此外还有因 20 世纪 70 年代以来持续的产业国际分工和转移而得到发展契机的乡镇。如东莞长安镇，位于珠三角城市群的中心地带，距香港仅 98 千米，拥有优越的交通运输条件，能够很好地满足香港制造业因当地制造成本高昂而引起的产业梯度转移需求。长安镇利用香港客商的资金修筑厂房、建设生产线，不仅为当地居民提供了大量就业机会，实现了收入来源的多样化和收入水平的增长，还凭借较低的土地成本和廉价劳动力资源吸引了更多外来企业入驻，形成了良好的产业生态。发展至今，长安镇已成为东莞第一强镇，2022 年 GDP 达 895.18 亿元，是全市唯一破 800 亿元的镇街。

其次，民营经济的兴起推动了产业集聚，而产业聚集则是促进专业镇经济形成的关键要素。随着一个个乡镇企业冒头，广东民营经济的发展得到了强有力的推动，往常以种田为生的农民跟随浪潮拥有了自己的小企业，以研发为生的科技人员"下海"创业，托起了"科技兴国"的梦想，民营经济异军突起。一是某些乡镇企业基于本地的传统优势产业，逐渐抱团发力，从中小企业网络的构建开始，某种商品的专业市场逐渐形成，进而形成产、供、销相结合的专业镇经济。比如佛山乐从镇这一典型的珠三角专业镇，便是由具备优势的传统家具产业出发向上下游拓展，形成了涵盖设计、生产、营销的高价值产业链。二是在周边地区的辐射效应下，带动了相邻城镇的发展。比如佛山南庄镇，在改革开放之初还只是一个以农业为主的普通乡镇，却凭借与"陶都"石湾镇仅一河之隔的天然地域优势，抓住商机纷纷举办建陶企业，蜕变成全国重要的陶瓷商贸重镇。三是外来企业的介入吸引相关配套企业进入，进而实现产业集聚。比如东莞寮步镇，自改革开放以来吸引了大批国际性高科技大企业进驻，逐步形成以光学摄像头、语音学习机、无线通信设备等高科技产品为主的智能制造产业集群。

再次，资源禀赋的兼容并蓄，是专业镇经济产生的必然条件。资源禀赋存在着明显的区域性特征，不同区域拥有不同的资源优势，包括自然条件、劳动力、技术水平等。镇域经济仅凭单一的资源禀赋是无法持久发展下去的，合理地整合与运用多种资源禀赋才是其持久发展的深层动力，"星火计划"的实施便是助推广东专业镇经济形成的有效举措。以打造"一村一品、一镇一业"为目标的星火计划，充分发挥出了优势产业对各种资源的集聚效应，合理配置生产要素，打造具有区域经济支柱功能和可持续发展能力的特色产业，并积极建立科技园区，完善产业布局，增强产业辐射带动能力。正因这般对生产要素的有效配置，广东专业镇经济才凸显出必然趋势，进而为镇域经济注入了活力，建立起了乡镇工业体系和"一村一品、一镇一业"的发展格局。

最后，政府的大力扶持，对专业镇经济的形成发挥了重要作用。无论是乡镇企业的迅猛发展，抑或是产业集群的形成，乃至各资源禀赋的整合与运用均离不开政府的有效推动。广东省将发展专业镇列为经济工作的重点，对专业镇的规划、建设、运营和管理进行了积极引导和支持。广东早期的专业镇始于当地乡镇企业的不断发展和积累，随后逐步聚焦于某特定产品或某特定生产销售环节，这时的专业镇大都是自发形成的，政府在其中并没有过多参与。而当专业镇发展到一定阶段后，单纯依靠市场的自发调节机制无法很好地维护其发展局面，为防止恶性竞争、盲目扎堆，促进各生产要素合理高效的集聚，政府的介入必不可少。一方面，政府积极引导商业资本进入专业镇进行投资建设；另一方面，政府为专业镇提供多方面的优惠政策，极为有效地促进了专业镇经济的发展。珠海横琴镇由莲花大桥与澳门相接，港珠澳大桥的建成通车，更是让横琴成为内地唯一与港澳陆路相连的区域。政府不断推动横琴与澳门的深度合作，加深两地的联系，使得横琴在短短几年间通过承接澳门产业、与澳门深度合作而得到快速发展。得益于政府的积极引导，横琴强势跻身于十大强镇行列，位居全国第四。

二、广东专业镇经济的发展特征与模式

（一）广东专业镇经济的发展特征

广东专业镇经济的发展日新月异，在多年的发展历程中显示出了属于自己的特征。

一是突出特色产业，市场占有率高。广东专业镇通常因地制宜，找准产业定

位，紧抓特色产业，镇域内企业高度集聚，生产相似或同种产品。比如东莞第一强镇——长安镇，在 OPPO、vivo 这两大龙头企业的牵动下，迅速发展成为全球最大的智能手机生产基地。2022 年，全球智能手机出货量中 OPPO 排名第五，市场占有率为 8.60%；vivo 排名第六，市场占有率为 8.20%。又如中山小榄镇，以五金、灯具为王牌产业，五金规模以上企业达一百多家，是中国五金制品（小榄锁具）的出口基地和中国最大的 LED 封装基地，两个产业年产值均超百亿元。因此，围绕特色产业进行规模化塑造，从而达到强大的市场竞争力和影响力便是广东专业镇经济的典型特征。

二是在产业集群不断成熟的过程中实现产业链体系化。专业镇内聚集了大量企业，它们之间紧密联系，既有竞争又有合作，且尤以中小企业为主。这些中小企业通过一定的方式建立起相互依赖且以有形或无形的规则活动的中小企业网络。企业相互毗邻且相互合作，实现信息资源共享，节省相关成本，提升企业经济效益，从而形成产业集群，集群内部又逐渐形成包括研发、设计、生产、物流配送等在内的一系列配套服务，产业链条不断完善，进而吸引外部同类企业加入，进一步促进产业集群的发展。汕头两英镇便是其中的代表，当地针织服装产业自改革开放以来得到了迅速发展，形成了以针织、制衣为龙头，以机械生产、产纱、织布、印染、辅料供应等为配套的"一条龙"发展和颇具规模的产业集群，构建出了一业多主、多业并存的产业发展格局。

三是产品品牌化，拥有众多企业品牌和区域品牌。凭借当地特色产业，广东各专业镇积极增强品牌意识，打造出享誉国内外的知名企业品牌，再依靠产业集群效应产生区域品牌，二者强强联手，使这些专业镇拥有极大的影响力和知名度。佛山北滘镇凭借着拥有美的、惠而浦、恒力、祥立等多家知名家用电器企业，聚集了许多家电企业，一跃成为全球规模最大、配套最完善的家电生产基地之一，以至于出现了"中国家电看广东、广东家电看顺德、顺德家电看北滘"的说法。

四是以横向一体化的分工联系为主。广东专业镇这种新的经济组织形式更多依赖于横向一体化分工，大多数的专业镇基于当地独特的资源和专业市场，自发形成了这种分工方式。处于生产链同一阶段、具有不同资源优势的企业自发结合，有效提高了社会资源配置效率，而在企业内部又会进一步形成从原材料采购到生产、销售的一体化生产体系。只有少数专业镇采取的是纵向一体化的分工联系，依据产业链形成生产网络，不同的企业分别负责产业链上的各个环节。前者以东莞虎门镇为例，当地数百家服装企业生产各式各样的服装，大多独立完成原材料采买、设计、制造、销售等环节；后者则以东莞清溪镇为例，其主要负责计算机、LED、光伏太阳能等相关电子元器件的来料加工，属于资源和市场两头在外的模式。

五是政府主导，引领产业发展。正如在广东专业镇经济形成机制中所阐述的那样，广东专业镇今日的光荣成就，离不开政府在背后的统筹谋划。无论是"星火计划"的实施抑或是其他各类产业发展战略的制定，都是政府带领人民砥砺前行的体现。

（二）广东专业镇经济的发展模式

专业镇经济是广东省经济发展的特色之一，彰显了广东各地抢抓发展机遇、探索高质量发展的积极面貌。对此，通过对广东专业镇经济的蓬勃兴起进行归因，梳理出其发展模式。

一是依据专业镇形成发展的主导因素，将其划分为内生型专业镇和外生型专业镇。

首先是内生型专业镇，即基于当地资源禀赋而发展起来的，包括自然资源、专业市场、资本等。有如珠海莲洲镇的罗氏沼虾养殖产业和梅州高陂镇的青花瓷产业这般立足于本地优越的自然条件发展起来的；也有如佛山北滘镇的家电产业这般受早期乡镇企业和工业基础影响发展起来的；还有如东莞常平镇的塑料加工产业这般借助大京九塑胶城这一塑料专业市场发展起来的。因此，内生型专业镇的本质特点便是根植性强，对本地社会经济环境有着极高的依赖性。

其次是外生型专业镇，即基于当地地缘优势或优惠政策等因素吸引外商进入而发展起来的，以外资主导为主。依托地缘优势和生产基础，会同当地计划和工业部门，直接办理对港澳地区的加工装配业务，被誉为东莞镇域经济"双子星"的长安镇和虎门镇也由此拔地而起，成为东莞新经济形成和发展的重要动力。除却早期因产业转移而专注于负责产业链中某环节而发展起来的专业镇经济，还有的是因大型跨国公司整体迁徙及其配套企业进入而得到发展的，如东莞的寮步镇和石龙镇等。因此，外生型专业镇的本质特点与内生型不同，其产业根植性并不强，有可能受政策变动及其他因素的影响而转移，更为服从国际产业转移趋势。

二是依据产业发展的动态趋势，将其划分为优势拓展型专业镇、产业辐射型专业镇、产业转移型专业镇和综合发展型专业镇。

首先是优势拓展型专业镇，即原先便具备着传统工业基础或资源优势，因此在改革开放后受短缺经济的影响而得以发展起来，并且这一模式的专业镇经济会随着产业规模的不断扩大而拓展其产业链，使得特色经济越做越大。比如素有"粤北水果之乡"美称的韶关九峰镇，盛产黄金奈李，享誉南粤大地。在果树种植业成为全镇的支柱产业后，又进一步衍生产业链，在镇区建有水果交易中心、

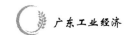

水果冷储中心、农产品包装厂等，近年来还推出"春赏花、夏秋摘果"的农家乐乡村生态游项目，受到广大游客青睐，加快了该镇水果产业化、规模化、标准化的生产进程，壮大了镇村集体经济，提高了农民收入。

其次是产业辐射型专业镇，即受相邻地区成熟产业集群的影响，而形成与之相配套的产业而发展起来的。比如，梅州高陂镇便是以其成熟的陶瓷产业辐射影响了周围的光德、平原、桃源、洲瑞等地的陶瓷生产，使越来越多的企业走上了以陶瓷产业为中心，辐射陶瓷文化产业、陶瓷旅游产业、陶瓷智慧生态产业全面发展的高端产业链之路。

再次是产业转移型专业镇，即前文所述的外生型专业镇，是由于外来资本进入而得以发展起来的。当然，这一模式的专业镇经济随着发展的不断壮大和深入，会向周边乡镇扩散。以凤岗镇、长安镇等为代表的东莞南部九镇，因拥有完备的产业基础、良好的产业结构和优越的区位优势，成为深圳企业战略转移的首选之地，形成了总部在深圳，产品研发与生产制造在东莞的一体化双城协同发展格局。而后，随着深圳的一批战略性新兴产业龙头优势企业布局南部九镇，带动了相应产业集群的向外延伸，使得两地围绕某个产业集群形成生态融合共生模式，产业分工深化和联动发展效应进一步凸显。

最后是综合发展型专业镇，即基于政府打造的良好投资环境，形成特定的专业市场后发展出特色产业，进而发展起来的。珠海斗门镇，邻近斗门港、珠海港、珠海机场，多条高速公路、铁路经过镇区，是重要的区域交通枢纽，以辖区龙山工业片区为支撑，不断做大做强实体经济。2003 年以来，龙山工业片区的发展先后实现了从无到有、从小到大、从低端到高端的转变，格力电器、紫翔电子、旭日陶瓷等 70 多家企业相继落户，逐步形成以凌达、凯邦为代表的家电产业集群和以紫翔电子为代表的高精电路板产业集群。中山火炬高技术产业开发区，于 1990 年由国家科学技术委员会、广东省人民政府和中山市人民政府联合创办，重点打造健康医药和智能装备两大优势产业集群。自 2013 年获批成为专业镇以来，火炬高技术产业开发区成了中山市的经济支柱，2022 年全区实现生产总值 502.81 亿元，同比增长 3.10%，总量稳居全市第一。

三、广东专业镇经济的成效

专业镇经济的风生水起促使广东经济社会发展实现了突飞猛进，一批批产业强镇的出现为广东经济增长立下了汗马功劳，专业镇已成为广东最有特色、最具活力的经济增长点。

（一）地方经济发展的重要增长极

截至 2022 年，广东全省认定的省级专业镇达 352 个，全省除深圳外 20 个地市均有经认定的专业镇，地区生产总值合计达 9.67 万亿元，占全省生产总值的 75%。其中，包含狮山镇、长安镇、虎门镇、北滘镇、塘厦镇、大沥镇、小榄镇、厚街镇、横琴镇和常平镇十大强镇，对地方经济起着强劲的引领带动作用。其中非常值得一提的便是狮山镇，位于佛山市南海区中部，2022 年全年实现地区生产总值 1313.49 亿元，连续四年突破千亿元大关，跻身于国家新型城镇化试点镇，多年以来在全国千强镇中名列前茅，蝉联中国镇域高质量发展 500 强第一位，规模以上工业总产值突破 4000 亿元，两度作为佛山唯一镇街在全省分享高质量发展经验，"成绩单"亮眼。狮山镇通过在产业发展上实施"群狮、头狮、闯狮、乐狮、农狮"计划，在城市建设上实施"美狮、聚狮"计划，在人才建设上实施"青狮、匠狮、杰狮、雄狮"计划，以"狮+"新路径，做到雄狮立潮头，成为佛山振兴势起的重要支柱，为佛山实现高质量发展贡献力量。

（二）创新链与产业链有效融合

受益于改革开放后广东制造业"接入"世界产业链，广东乡镇制造业"家底"得以迅速积累，诞生了一批影响国际产业的知名"世界工厂"，专业镇经济得到快速发展，并于近年来积极与科技创新浪潮接轨，着力提升专业镇产业化能力，促进产研融合。专业镇经济的形式背后便是产业集聚，产业集聚到一定程度会促使企业进行技术创新以满足相应的需求，进而促进技术创新的发展。相关部门则通过强化专业镇科技研发扶持力度，将有限的科技资源更多地投入以企业为核心的集群创新系统建设中。这般围绕产业链部署创新链，"产业大镇"才能够获得持续发展的动力，一方面放大"一镇一品"的产业特色，另一方面积极布局新兴产业以抢占先机，使创新链与产业链得以有效融合。佛山北滘镇产业集聚度高，自主创新能力强，以完善的家电制造业产业链为竞争优势，在家电全产业链项目的带动下，北滘紧抓"微笑曲线"的两端，并且随着美的全球创新中心、广东工业设计城、广东顺德创新设计院等重点载体的建设，其家电产业链得到不断延伸，建立起了一个集家电产业集群、设计开发、展销、商贸物流等于一体、全面良性互动的家电产业链体系。

（三）驱动城镇传统产业转型升级

专业镇成为中小城镇创新发展的主阵地，是构建区域创新体系的关键环节，中小城镇依靠其越发成熟的产业集群及产业配套，将创新要素有机整合在一起，包括良好的公共基础设施、科研机构和服务机构等。2021 年，全省科研投入继续加大，R&D 经费投入保持较快增长，投入强度持续提升，基础研究占比明显提高。除广州、深圳以外的珠江三角洲核心区是广东省内专业镇分布最为密集的区域，R&D 经费支出为 1048.17 亿元，同比增长 9.60%，占全省 GDP 比重达

18.35%，同比增长 8.07%，区域内设立创新机构共 30269 个，其中包含重点实验室 73 个，高新基础企业 29993 家，科技企业孵化载体 104 个，新型研发机构 99 家。这些创新要素的集聚，驱动专业镇传统优势产业转型升级，使得广东专业镇成为改变全省区域创新格局的"砝码"。以江门双水镇为例，截至 2022 年，双水镇在五年内技改投资累计逾 30 亿元，成功培育国家级高新技术企业 33 家、省级工程技术研究中心 7 家、市级工程技术研究中心 29 家、科技型中小企业 30 家，新增亚太森博纸业省级博士工作站，发明专利申请量达 331 件，企业研发经费投入达 14 亿元，多家企业在全区创新创业大赛中斩获佳绩，为产业改造提升、转型升级提供了人才和技术支撑。

（四）促进粤东西北协调发展

近年来，广东区域经济结构向粤东西北地区调整的趋势越发明显，珠三角核心地区专业镇经济的迅猛发展为粤东西北地区树立了好的榜样，清晰地描绘出了发展新战略的路线图。专业镇经济因地制宜发展特色主导产业的思想，让一个个如湛江东里镇、云浮太平镇、潮州海山镇这般地理位置欠缺有利优势、人才和资金等重要发展资源不足的城镇，能够立足于自身资源禀赋，走出属于自己的经济发展新道路。2022 年，潮州、云浮、汕尾、湛江的区域生产总值增长速度均赶超广州，GDP 总值为 24436.77 亿元。汕尾以拥有广阔的种植面积这一资源优势联动发展休闲旅游产业，奏响产旅融合交响曲；云浮借力于石材产业，形成千亿级绿色建材产业集群；汕头"风场"条件得天独厚，集中打造 2000 亿元新能源产业集群，建设国际风电创新港等。最大限度地发挥区域特色产业的优势，是粤东西北地区发展的重要方向，将为广东城乡区域协调发展释放新活力，并促使其实现新突破。

（五）新型城镇化和乡村振兴的着力点

根据广东省"百县千镇万村高质量发展工程"，广东镇域积极探索城镇化、现代化之路，乡村振兴，产业先行，专业镇经济成为产业兴旺的重要载体。通过不断做大做强产业，为城乡闲置劳动力创造就业机会；通过发展优势产业吸纳劳动力，帮助当地群众实现就地就近就业，带动群众增产增收，有力推动了传统产业向现代产业转型。在专业镇经济下，人才、技术、资本等资源要素从城市向乡村流动，使得县域经济、镇域经济更"活"，并且随着产业升级和科创载体的崛起，一批批高层次人才会聚起来，让小镇成为人才的"主场"，成为发挥人才价值的"热土"。

第三节　现代产业体系建设中的制造业产业集群演变

一、广东制造业产业集群的发展历程

广东是建设制造强国的排头兵，2022年广东制造业总产值突破16万亿元，全部制造业增加值4.4万亿元。可以说，制造业既是广东深厚的"家当"，也是广东高质量发展的"利器"。

（一）广东制造业产业集群的兴起

回顾广东制造业集群多年以来的发展，发现其主要经历了以下四个阶段：

1978~1992年，是广东制造业集群的萌芽发展阶段。1978年我国实行改革开放之时，香港的工业正处于变革时期，生产成本迅速上升，劳动密集型企业被迫向低成本地区迁移。广东则因其毗邻香港的地理优势和开放的政策优势，成为香港产业转移最热门的目的地，乡镇企业和海外投资企业在广东落地扎根，形成了原生型和嵌入型制造业集群。在形成之初，这些制造业集群主要集中在劳动密集型产业。

1992~1998年，是广东制造业集群的快速发展阶段。1992年，党的十四大明确了我国经济体制改革的目标是建立社会主义市场经济体制。在该时期，诸如欧美、日本等的发达国家和地区随着国际产业转移趋势，把低附加值和劳动密集型产业转移至低成本地区。广东工业发展在这两方面因素的加持下迅速发展起来，从原有的以初级加工制造业为主转向家用电器、IT产品等耐用消费品制造业。

1998~2012年，是广东制造业集群的成熟阶段。历经了二十年（1978~1998年）的发展，广东通过实施"星火计划"，推动了一个个专业镇和专业市场的形成，其制造业集群也取得了极大的发展成果。到21世纪初，广东制造业集群开始以重工业为主，强调适度重型化和提升科技含量，制造业的转型也以此为导向。技术要素对生产的贡献率大幅提高，技术和资本密集型制造业的企业数量与产值规模都在稳步增长。同时，广东制造业集群也正向高新技术产业集群和现代服务业集群转变，尤以电子信息、电气机械和石油化工等技术及资本密集型产业为重点。建立的各类产业园区同样是广东制造业集群发展的推动力之一，进一步体现出了广东传统产业集群和高新技术产业集群的整体发展。

2012年至今，是广东制造业集群的升级阶段。为缓解经济低迷和失业问题，欧美的一些发达国家和地区制定了支持实体经济发展的产业政策，并因我国劳动力、材料等相关要素成本不断上涨，这些曾将制造业转移到我国的国家和地区纷纷将外迁的制造业迁回本国或邻近地区。在此情形下，广东锚定提高先进制造业的比重和发展速度的目标，积极发展具有高附加值和高科技含量的先进制造业，包括先进装备生产、石油化工、新材料生产、生物医药和仪器生产等。近年来，广东还通过持续推动智能化和数字化转型，来确立自己在制造业中的领先地位。

（二）广东制造业产业集群的种类与形成机制

根据形成机制，可将广东制造业集群分为外源型制造业集群和内源型制造业集群，前者主要由外商投资带动，后者主要由本土企业带动。

首先是外源型制造业集群，也可称为外资带动型制造业集群。1991 年以前广东的工业基础建设水平相对于全国平均水平较低，并因缺乏财政支持而发展迟缓。但受其开放的政策、毗邻港澳的地缘优势、较低的生产成本等多方面因素的影响，大量外资企业进驻投资，本地企业则主要承接初级加工制造环节，在这种经济环境下产生了"三来一补"这一创新性的经济发展模式。广东省的电子通信产业和电气机械及器材制造业由此扶摇直上，成为产值最大、增速最快的两大行业，并且电子通信产业还成为首个产值突破千亿元的制造业行业。东莞的电子产业、广州的汽车产业以及佛山的玩具产业都是凭借这种形式而形成的。以东莞石碣为例，2022 年石碣镇地区生产总值 236.08 亿元，规模以上工业增加值 128.19 亿元，总面积 32.21 平方千米的镇域内囊括了 650 多家电子企业，其中不乏台达、雅新、三星电机等知名外资电子企业，素有 IT 名镇之称。石碣从昔日以农为生发展到今天的 IT 名镇，关键在于抓住了 20 世纪 80 年代台湾电子产业大转型的机遇。台湾地区的生产经营成本在 1980 年后持续上升，产业环境恶化，许多台湾企业家不得不将目光放向远方，电子行业中下游制造企业纷纷向大陆低成本地区转移。1989 年，台湾致伸实业股份有限公司通过投资 100 万港元在石碣成立了当地第一家台资电子企业——东聚电业有限公司，为石碣人带来了新的发展机会。1991 年台湾台达落户，1995 年雅新电子、源利电子相继投产，在石碣人的积极邀请下，一家又一家台资企业入驻。这些企业的到来让当年以传统农业为主的石碣镇已发展成为全国首个"中国电子信息产业名镇"。

其次是内源型制造业集群，也可称为本土发展型制造业集群。其形成原因主要包括以下两个方面：一是缘于专业化市场的形成和发展，几十家、几百家乃至更多的生产单位集中在一定的区域内生产某种产品，随后出现自发性的市场，产业的发展推动市场不断拓展，形成专业化市场，进而导致制造业集群的出现，虎门的服装产业便是如此。1978 年以前的虎门只有两家裁缝店，做衣服要排队，商机敏锐的虎门人开始从外地带回一些布料、服装，通过摆摊售卖，推动了市场的发展，形成了"洋货一条街"，之后于 1986 年成立全镇第一家服装批发市场，

1993 年建立名动全国的珠三角地区最大的服装专业商城——"富民服装城"，1995 年提出"服装兴镇"战略，1996 年举办第一届服交会。大型服装批发市场相继在虎门面世，各类制衣厂和服装产业链上的工厂及企业纷至沓来，形成了配套齐全、市场成熟、规模庞大的产业集群，使得虎门成为享誉海内外的服装名城。二是缘于内源型品牌企业的带动，以佛山和中山北部三镇的智能家电产业集群为例，该集群以美的、格兰仕等具有竞争优势的大企业为核心，整合行业及上下游企业，构建出了具有强劲实力的智能家电产业集群。

（三）政府近年来的相关政策

广东制造业驰名当世，为广东推进高质量发展交出了一份亮眼的成绩单。依靠制造业的支撑作用，广东在当前世界百年未有之大变局下展现出强大的产业韧性和发展实力，其背后离不开政府的"精准发力"，表 4-1 为政府近年来推出的相关政策。

表 4-1 政府近年来推出的相关政策

年份	政策文件	内容
2020	《广东省人民政府关于培育发展战略性支柱产业集群和战略性新兴产业集群的意见》	明确了广东省要重点发展新一代电子信息、绿色石化、智能家电、汽车、先进材料、现代轻工纺织、软件与信息服务、超高清视频显示、生物医药与健康、现代农业与食品十大战略性支柱产业集群；重点培育半导体与集成电路、高端装备制造、智能机器人、区块链与量子信息、前沿新材料、新能源、激光与增材制造、数字创意、安全应急与环保、精密仪器设备十大战略性新兴产业集群
	《广东省发展新一代电子信息战略性支柱产业集群行动计划（2021—2025年）》	以补齐短板做强产业链、以市场为导向提升价值链、以核心技术发展创新链，实现从"世界工厂"向"广东创造"转变，建设成世界级新一代电子信息产业集群
	《广东省发展绿色石化战略性支柱产业集群行动计划（2021—2025 年）》	扩大提升炼油化工规模和水平，提升高端精细化工产品和化工新材料占比，推动石化产业绿色化、智能化改造，提升安全环保水平，打造国内领先、世界一流的绿色石化产业集群
	《广东省发展智能家电战略性支柱产业集群行动计划（2021—2025 年）》	巩固扩大家电产品世界领先地位，做优做强优势产业。推动传统家电、小家电与互联网深度融合，实现数字化、智能化转型，形成全球领先智能家电产业集群
	《广东省发展汽车战略性支柱产业集群行动计划（2021—2025 年）》	坚持传统与新能源汽车共同发展，推广新能源及智能网联汽车，扩大高端车型比例，提升新能源车比重，显著提高自主品牌影响力，打造具有国际影响力的汽车产业集群
	《广东省发展先进材料战略性支柱产业集群行动计划（2021—2025 年）》	推动先进材料向规模化、绿色化、高端化转型发展，优化产业布局、完善产业链供应链、稳步提升关键技术水平，力争迈入世界级先进材料产业集群行列

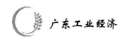

年份	政策文件	内容
2020	《广东省发展现代轻工纺织战略性支柱产业集群行动计划（2021—2025年）》	推动重点行业创新发展模式，加快产业融合，发展智能、健康、绿色、个性化的中高端产品，培育全国乃至国际知名品牌
	《广东省发展软件与信息服务战略性支柱产业集群行动计划（2021—2025年）》	加快研发具有自主知识产权的基础软件，加强新一代信息技术与优势特色产业的创新应用，打造国内领先、具有国际竞争力的软件和信息服务产业发展高地
	《广东省发展超高清视频显示战略性支柱产业集群加快建设超高清视频产业发展试验区行动计划（2021—2025年）》	支持发展新型显示产业，以建设超高清视频显示产业发展试验区为契机，巩固国内领先优势，打造具有全球竞争力的超高清视频显示产业集群
	《广东省发展生物医药与健康战略性支柱产业集群行动计划（2021—2025年）》	突破一批关键核心技术，布局建设化学原料药生产基地、道地药材和岭南特色中药材原料产业基地，建成具有国际影响力的生物医药与健康产业高地
	《广东省发展现代农业与食品战略性支柱产业集群行动计划（2021—2025年）》	科学布局"一县一园、一镇一业、一村一品"现代农业产业平台，重点推进数字农业试验区等"三个创建"，打造综合效益和竞争力全国领先的现代农业与食品产业集群
	《广东省培育半导体及集成电路战略性新兴产业集群行动计划（2021—2025年）》	积极发展第三代半导体芯片，加快推进 EDA 软件国产化，着重解决"缺芯少核"问题，保持芯片设计领先地位，补齐芯片制造短板，建成具有国际影响力的半导体与集成电路产业聚集区
	《广东省培育高端装备制造战略性新兴产业集群行动计划（2021—2025年）》	重点发展高端数控机床、航空装备、卫星及应用、轨道交通装备、海洋工程装备等产业，打造主导产业突出的全国高端装备制造重要基地
	《广东省培育智能机器人战略性新兴产业集群行动计划（2021—2025年）》	培育一批深度应用场景，重点发展工业机器人、服务机器人、特种机器人、无人机、无人船等产业。持续优化产业生态，完善产业支撑体系，建设国内领先、世界知名的机器人产业创新、研发和生产基地
	《广东省培育区块链与量子信息战略性新兴产业集群行动计划（2021—2025年）》	突破区块链关键核心技术，强化区块链技术在数字政府、智慧城市等领域的应用，推动区块链技术和产业发展走在全国前列。建立先进科学仪器与"卡脖子"设备研发平台，打造全国量子信息产业高地
	《广东省培育前沿新材料战略性新兴产业集群行动计划（2021—2025年）》	加快先进研发、测试和验证等创新能力建设，强化应用基础研究和关键技术攻关，着力提高关键原材料、高端装备、先进仪器设备等的支撑保障。巩固综合实力全国前列地位，在若干领域实现引领全国发展
	《广东省培育新能源战略性新兴产业集群行动计划（2021—2025年）》	大力发展先进核能、海上风电、太阳能等优势产业，加快培育氢能等新兴产业，推进生物质能综合开发利用，助推能源清洁低碳化转型，形成国内领先、世界一流的新能源产业集群

年份	政策文件	内容
2020	《广东省培育激光与增材制造战略性新兴产业集群行动计划（2021—2025年）》	重点发展前沿/领先原创性技术、应用技术与服务等，突破基础与专用材料、关键器件、装备与系统等关键共性技术。巩固国内领先优势，形成具有国际竞争力的激光与增材制造产业集群
	《广东省培育数字创意战略性新兴产业集群行动计划（2021—2025年）》	以数字技术为核心驱动力，大力推进5G、AI、大数据等新技术深度应用，提速发展电竞、直播、短视频等新业态，培育一批具有全球竞争力的数字创意头部企业和精品IP，打造全球数字创意产业高地
	《广东省培育安全应急与环保战略性新兴产业集群行动计划（2021—2025年）》	重点推动安全应急与环保产业跨行业、多领域协同发展，健全安全应急物资生产保供体系和绿色生产消费体系，建成国内先进的安全应急与环保产业集群
	《广东省培育精密仪器设备战略性新兴产业集群行动计划（2021—2025年）》	取得传感、测量、控制、数据采集等核心技术突破与产业化应用，基本建成结构布局合理、自主创新能力突出、重点领域优势明显的精密仪器设备产业集群
2023	《广东省促进中小企业特色产业集群发展暂行办法》	为促进广东省中小企业高质量发展，提升中小企业产业集群专业化、特色化、集群化发展水平，"十四五"期间，广东全省范围内拟认定100个左右集群，引导和支持地方培育一批市级集群

资料来源：笔者整理而成。

二、广东制造业产业集群的产业支撑作用

广东制造业产业集群发展至今已形成8个超万亿元级，3个五千亿至万亿元级，7个一千亿至五千亿元级，2个百亿元级的"8372"战略性产业集群发展格局，成为广东省坚持制造业当家，高质量建设制造强省的有力支撑。2023年第一季度，全省20个战略性产业集群实现增加值约1.14万亿元，占GDP比重近四成。最为出众的是汽车产业集群，广州、佛山、东莞等地成熟的汽车产业集群支撑着广东省汽车产业的发展，使得广东成为"汽车第一大省"，产销连续六年位居全国第一。

由此可见，成熟的产业集群在经济发展中对广东制造业起着重要的产业支撑作用。一是能够形成完整的产业链条和生态系统，涵盖从原材料采购、加工制造到产品销售的各个环节。这般的集群效应使得企业可以在较短的时间内获取所需的原材料和配套零部件，减少了物流成本和加工周期，提高了生产效率和竞争力。二是积聚了大量的技术、人才和创新资源。由于众多相关企业集中在了一起，便于企业间的技术交流、合作研发和人才流动。这般的集聚效应使得这些

制造业集群在产品质量、工艺改进和技术创新方面具有优势。同时，集群企业之间的竞争也促使它们不断加大研发投入，从而提高了整个集群的技术水平和竞争力。三是在市场开拓和品牌影响力方面具有显著的作用。集群企业通过规模优势和合作共赢，能够更好地开拓国内外市场，提高产品的知名度和销售额。制造业集群中有一些具有较高品牌影响力的企业，它们的成功经验和品牌效应也会带动整个集群的发展，进一步提升产业的竞争实力，正如比亚迪、广汽埃安这两大新能源汽车明星企业的成功对于整个集群乃至整个产业发展的强劲带动力。

除广东省的汽车产业外，诸如基于惠州的石化能源新材料产业集群而壮大的绿色石化产业、基于东莞和深圳成熟的电子信息产业集群而傲居全国前列的电子信息产业、基于佛山和中山深度融合的家电产业集群而"粤造粤强"的家电产业等，都能够体现出广东制造业集群通过形成完整的产业链条、聚集技术和创新资源，大幅提升了市场开拓能力和品牌影响力，为产业发展提供了强有力的支撑。这种集群效应不仅促进了产业升级和转型，还推动了区域经济的发展和社会的繁荣。

三、广东制造业产业集群的区域特征

广东制造业产业集群在区域分布上主要集中于珠三角地区和沿海经济开放区域，同时也在其他城市群形成了一定的规模，不同地区的制造业集群还存在着一定的产业特色和优势。对此，则以广东重点发展的十大战略性支柱产业集群及十大战略性新兴产业集群为代表，分析广东制造业产业集群的区域特征（见表4-2）。

表4-2　广东省十大战略性支柱产业集群与十大战略性新兴产业集群的分布状况

地区	城市	十大战略性支柱产业集群	十大战略性新兴产业集群
珠江三角洲地区	广州	新一代电子信息、绿色石化、智能家电、汽车、先进材料、现代轻工纺织、软件与信息服务、超高清视频显示、生物医药与健康、现代农业与食品	半导体与集成电路、高端装备制造、智能机器人、区块链与量子信息、前沿新材料、新能源、激光与增材制造、数字创意、安全应急与环保、精密仪器设备
	深圳		
	佛山		
	东莞	新一代电子信息、绿色石化、汽车、先进材料、现代轻工纺织、软件与信息服务、超高清视频显示、生物医药与健康、现代农业与食品	半导体与集成电路、高端装备制造、智能机器人、区块链与量子信息、前沿新材料、新能源、激光与增材制造、数字创意、安全应急与环保、精密仪器设备

续表

地区	城市	十大战略性支柱产业集群	十大战略性新兴产业集群
珠江三角洲地区	中山	新一代电子信息、绿色石化、智能家电、汽车、先进材料、现代轻工纺织、软件与信息服务、超高清视频显示、生物医药与健康、现代农业与食品	半导体与集成电路、高端装备制造、智能机器人、区块链与量子信息、新能源、激光与增材制造、数字创意、安全应急与环保、精密仪器设备
	江门		半导体与集成电路、高端装备制造、智能机器人、区块链与量子信息、前沿新材料、新能源、激光与增材制造、数字创意、安全应急与环保、精密仪器设备
	惠州		半导体与集成电路、高端装备制造、智能机器人、前沿新材料、新能源、激光与增材制造、安全应急与环保、精密仪器设备
	肇庆	新一代电子信息、绿色石化、汽车、先进材料、现代轻工纺织、生物医药与健康、现代农业与食品	半导体与集成电路、高端装备制造、智能机器人、区块链与量子信息、前沿新材料、安全应急与环保、精密仪器设备
	珠海	新一代电子信息、绿色石化、智能家电、汽车、先进材料、现代轻工纺织、软件与信息服务、生物医药与健康、现代农业与食品	半导体与集成电路、高端装备制造、智能机器人、区块链与量子信息、前沿新材料、新能源、激光与增材制造、数字创意、安全应急与环保、精密仪器设备
沿海经济带东翼	汕尾	新一代电子信息、绿色石化、汽车、先进材料、现代轻工纺织、生物医药与健康、现代农业与食品	半导体与集成电路、高端装备制造、新能源、安全应急与环保
	揭阳	绿色石化、现代轻工纺织、生物医药与健康、现代农业与食品	高端装备制造、智能机器人、新能源、激光与增材制造
	汕头	新一代电子信息、绿色石化、智能家电、先进材料、现代轻工纺织、软件与信息服务、生物医药与健康、现代农业与食品	高端装备制造、智能机器人、前沿新材料、新能源、激光与增材制造、数字创意、安全应急与环保、精密仪器设备
	潮州	新一代电子信息、现代轻工纺织、生物医药与健康、现代农业与食品	智能机器人、前沿新材料、激光与增材制造、安全应急与环保、精密仪器设备
沿海经济带西翼	湛江	绿色石化、智能家电、汽车、先进材料、现代轻工纺织、软件与信息服务、生物医药与健康、现代农业与食品	高端装备制造、智能机器人、前沿新材料、新能源、安全应急与环保、精密仪器设备
	茂名	绿色石化、汽车、先进材料、现代轻工纺织、生物医药与健康、现代农业与食品	安全应急与环保、精密仪器设备
	阳江	先进材料、现代轻工纺织、生物医药与健康、现代农业与食品	高端装备制造、前沿新材料、新能源、激光与增材制造

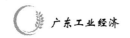

地区	城市	十大战略性支柱产业集群	十大战略性新兴产业集群
北部生态发展区	云浮	新一代电子信息、汽车、先进材料、现代轻工纺织、生物医药与健康、现代农业与食品	新能源、精密仪器设备
	清远	绿色石化、汽车、先进材料、生物医药与健康、现代农业与食品	前沿新材料、安全应急与环保、精密仪器设备
	韶关	汽车、先进材料、生物医药与健康、现代农业与食品	高端装备制造、前沿新材料、安全应急与环保、精密仪器设备
	河源	新一代电子信息、汽车、先进材料、现代轻工纺织、生物医药与健康、现代农业与食品	半导体与集成电路、前沿新材料、激光与增材制造、安全应急与环保、精密仪器设备
	梅州		前沿新材料、安全应急与环保、精密仪器设备

资料来源:《广东省制造业高质量发展"十四五"规划》。

（一）十大战略性支柱产业集群

一是新一代电子信息产业集群，持续加强和优化珠江东岸电子信息产业带，推动粤东西北配套产业的发展，承接珠三角的产业转移，当前新一代电子信息产业集群尤以广州、深圳、珠海、东莞和惠州为核心发展城市。

二是绿色石化产业集群，依托珠三角地区的广州和惠州大亚湾、东翼的揭阳大南海、西翼的湛江东海岛和茂名这五大炼化一体化基地，以及珠海高栏港精细化工基地与若干化工园区等打造出"一带、两翼、五基地、多园区协同发展"特色产业布局，促进产业结构由"哑铃型"向"协调型"发展。

三是智能家电产业集群，大多分布在珠江两岸，在深圳、佛山、东莞、珠海、中山、惠州、湛江等地的智能家电产业集群的带动下，广东成为全球最大的家电制造中心，为"'粤'向高质量"增添了动力。

四是汽车产业集群，广东立足于现有的汽车产业园区，重点依托广州、深圳等地的汽车产业基地，形成以广州、深圳、珠海、佛山、肇庆为主要发力点的汽车产业布局。

五是先进材料产业集群，这一产业集群的高质量发展推动着广东先进材料产业在全球价值链中的地位稳步提升。在广州、深圳、珠海、佛山、韶关、惠州、东莞、阳江、湛江、茂名等地形成的若干个特色优势产业集群，助力广东先进材料产业实现规模化、绿色化、高端化和智能化发展。

六是现代轻工纺织产业集群，以广州、深圳为核心，构建创新创意中心，以沿海经济带和各特色产业集聚地为重点，构建先进制造基地网络。广东在珠三角、东西两翼形成了一批特色产业集群，并以服装、皮具、家具、造纸及纸制品、珠宝首饰、玩具、消费品等的生产闻名全国。

七是软件与信息服务产业集群，发挥广州、深圳等中国软件名城的产业集聚效应和辐射带动作用，激发珠海、佛山、惠州、东莞、云浮等地特色软件产业的发展活力。广东通过构建有强劲实力的软件与信息服务产业集群，夯实各行各业数字化发展的基础，并进一步向成为"世界级"产业集群迈进。

八是超高清视频显示产业集群，广东在全国率先发力 4K 产业并取得显著成效的背后离不开这些产业集群的支撑。其基于广州、佛山、惠州在这一产业中的不同侧重点，加强三地产业协作，进而带动沿海经济带和北部生态发展区配套发展上下游产业。

九是生物医药与健康产业集群，其遍布广州、深圳、珠海、佛山、惠州、东莞、中山等创新集聚区，以广州、深圳、珠海为撬动点，联手珠三角地区其他城市及粤东西北地区重点打造协同发力、错位发展的集聚发展格局。

十是现代农业与食品产业集群，各地市发展较为均衡，均立足当地产业集群形成了门类齐全、品种繁多、产品质量高、经济效益好、产业链完整的产业体系。

（二）十大战略性新兴产业集群

一是半导体与集成电路产业集群，广东作为我国信息产业第一大省，拥有广州和深圳两个国家级集成电路设计产业化基地，以珠江三角洲城市群为发展中心，基本形成了以广州、深圳、珠海为核心，佛山、东莞、中山、惠州等地协同发展的产业格局。

二是高端装备制造产业集群，广州、深圳、珠海、佛山、东莞、中山、江门、阳江是核心发展区域，并在集聚发展的同时注重产业链的完整，打造出了互补与协同的关系，共同推动广东成为全国重要的高端装备制造基地。

三是智能机器人产业集群，广东机器人产业正处于重要机遇期，以广州、深圳、佛山、珠海、东莞等城市为依托，推动智能机器人产业迭代升级，提升自主创新能力，积极构建机器人生产基地，完善产业支撑体系。

四是区块链与量子信息产业集群，在广州、深圳、珠海、佛山、东莞等地打造出了全国领先的产业集聚区、创新引领区、应用先行区，通过地区联动发展，协同推进产业技术攻关、成果转化和应用推广，使广东区块链技术和产业发展走在全国前列。

五是前沿新材料产业集群，其空间布局日趋合理，在广州、深圳、珠海、佛山、韶关、东莞、湛江、清远、潮州等地打造各具特色的前沿新材料集聚区，建立协同创新机制，为推动全省建成世界级前沿新材料创新中心、具有全球影响力

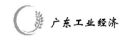

的研发和制造高地作出重要贡献。

六是新能源产业集群,主要分布在广州、深圳、阳江、汕尾、揭阳、韶关等地,其中阳江、汕尾、揭阳、韶关等地积极抢占海上风电、太阳能、先进核能等新能源产业发展的制高点,广州、云浮等地则步入氢能和储能等新兴产业的快车道,携手共造世界一流的新能源产业集群。

七是激光与增材制造产业集群,在区域分布上呈现出广州、深圳强势发展,珠海、佛山、惠州、东莞、中山、江门等后起追赶的态势,围绕各地发展特色建设多家产业园区,助力产业快速发展。

八是数字创意产业集群,这一产业集群分布特点鲜明,集聚在珠三角的经济发达地区,呈现出"双核多点"的发展格局,以广州、深圳两地为核心引擎,两地创意服务行业发展迅猛,而珠海、佛山、东莞、中山等地则根据当地特色来发展创意产业。

九是安全应急与环保产业集群,珠三角地区是重要集聚区,其中江门、佛山等地重点发展相关技术研发与产业创新,汕头等地则依靠当地的产业基础和优势,成为该产业的新兴发展区。

十是精密仪器设备产业集群,民营企业已成为这一产业的主力军,以广州、深圳、珠海和佛山四地为代表的珠三角地区将发展中心放在中高端产品上,并积极建设精密仪器设备生产基地,辐射带动粤东粤北地区的发展,更好地实现产业的错位有序发展。

课后思考题

1. 广东省的产业转移对广东省区域均衡发展有何影响?
2. 广东专业镇经济的形成机制是什么?
3. 广东制造业产业集群的种类及其形成机制是什么?

第五章 广东工业技术创新能力的
提升与经验总结

当前，全球科技革命和产业变革不断加速，国际力量对比不断调整，科技实力成为推动世界政治经济格局变化的重要因素。在这种背景下，持续有效地提升科技创新能力对于占据先机、赢得未来发展至关重要。因此，党的十九届五中全会强调了在我国现代化建设全局中科技创新的核心地位，并将科技自立自强视为国家发展战略的重要支撑。

在这一背景下，广东省工业技术创新能力的提升尤为重要。近年来，广东省坚持创新驱动发展战略，加快推进区域性科技创新中心的建设，企业自主创新的主体地位不断凸显，为加快新旧动能转换、构建现代化经济体系等发挥了极为重要的作用。因此，深入研究广东省提升工业技术创新能力的经济学问题具有重要的理论意义和实践意义。

第一节 广东工业技术创新能力的提升

一、技术创新投入分析

（一）研发投入

研发支出是区域工业投入科技创新的主要资源。通过研发支出，区域工业企业可以增强创新能力，提高产品质量和研发速度，提高市场竞争力。同时，研发支出还能吸引优秀的研发人才，为区域内工业企业的长期发展打下坚实基础。因此，合理的研发支出是提高工业技术创新能力的重要因素。

从 2000~2020 年的研发支出比重来看（见图 5-1），广东跟全国大部分地区一样呈现出了逐步提高的趋势，显示了国家对创新投入的重视。从横向上看，广东作为工业大省，其研发支出比重并非最高，北京市由于高校和科研机构较多，其研发支出比重遥遥领先于其他省份，但这种差距从 2005 年开始有所缩小，说明此时全国各省份增加了企业的创新投入。其中，广东省的研发支出比重增长的速度比较快，由 2005 年的不到前十位上升到 2020 年的第四位。体现出了广东省的创新投入力度在逐步加大。

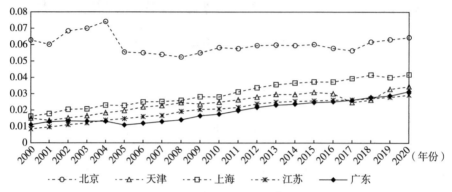

图 5-1 2000~2020 年中国部分省份①R&D 支出比重

资料来源：相关年份《中国科技统计年鉴》。

从 1998~2019 年全国 31 个省份②R&D 人员全时当量的发展变化可以看出（见图 5-2），广东省从 2005 年左右开始加大 R&D 人员投入力度，R&D 人员全时当量从 2005 年的 119359 人年增长到 2019 年的 803207.8 人年，增长近 6 倍。2019 年的 R&D 人员投入超过第二位的江苏省（635278.9 人年）26%以上。这体现出了工业大省的 R&D 人员投入力度明显加大。

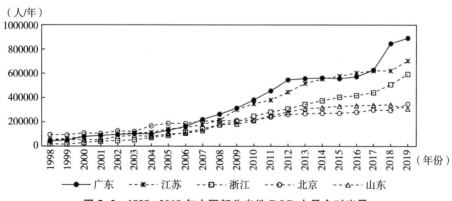

图 5-2 1998~2019 年中国部分省份 R&D 人员全时当量

资料来源：相关年份《中国科技统计年鉴》。

---

① 因图幅所限，图 5-1 至图 5-24 仅展示部分省份或城市的图例。

② 不含港澳台地区的数据，下同。

（二）技术引进投入

2001～2020 年我国国外技术购买费用和引进合同数呈现持续增长态势，但在 2012～2013 年达到高峰后略有下降。这一趋势反映出我国加大了对自主创新的投入，减少了对技术引进的支出。此外，一些发达国家将我国视为竞争对手，限制了先进技术的输出，也是导致这一下降趋势的原因之一。这种局面促使我国加速自主创新进程，逐渐减少对外国技术的依赖程度。

技术引进作为促进社会经济发展和提高技术水平的重要途径，对于我国的发展至关重要。虽然购买国外技术是一种有效的方式，但我国已意识到过度依赖国外技术的风险，积极推动自主创新，以降低对国外技术的依赖程度。这一转变不仅有助于提高我国的科技竞争力，还能够推动产业升级和经济持续增长。因此，我国应继续加大对自主创新的投入，保持技术引进与自主创新的平衡，促使科技创新实现跨越式发展，从而在全球科技舞台上占据更有利的位置。

从广东的情况来看，在技术引进费用方面，2013 年之前其排名相对靠后，2013 年之后则一直领先于其他省份，尤其是在 2016 年的时候，广东省的技术引进费用达到了一个新的高峰（见图 5-3）。国外技术购买支出主要集中在我国东部地区的省份，如北京、天津、上海、江苏、广东、浙江等，这些省份的国外技术购买支出在全国占据大部分比例。这一现象可以归因于以下三个方面：首先，东部地区的省份拥有较为丰富的经济资源和雄厚的工业基础，企业集中，需求强劲，并且具备足够的财力用于引进技术；其次，这些地区较早实行对外开放政策，为技术引进提供了有利的环境和政策支持；最后，东部地区具备一定的自主创新能力，能够有效地消化吸收引进的技术，并将其应用于生产实践中。可见，东部地区的省份在国外技术购买支出方面的集中，得益于其良好的经济条件、开

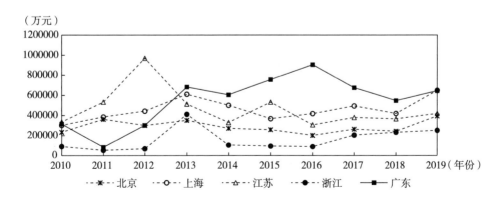

图 5-3　2010～2019 年中国部分省份国外技术引进费用

资料来源：相关年份《中国科技统计年鉴》。

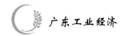

放政策和自主创新能力的共同作用，使其处于技术引进领域的领先地位，这也为东部地区的经济发展和科技进步提供了坚实的支撑。

二、技术创新产出分析

专利是市场经济的产物，是连接创新和市场的桥梁与纽带。以发明专利视角来看，工业企业启动的发明专利活动和累积的发明专利持有量，有助于改进其劳均产出、劳均销售额和全要素生产率。但绝大部分是以盈利为目的的，所以专利数量不能作为衡量技术进步的标准。

根据 1998~2019 年 31 个省份专利申请受理数的变化来看（见图 5-4），广东、江苏和浙江三省的专利申请数远远超过了其他省份，位居第一梯队。而广东省则是专利申请数增长速度最快的省份，从 2014 年开始超过浙江省，于 2016 年超过江苏省，在 2019 年已经达到申请数 807700 件，比第二位的江苏省（594249件）多了 35.9%，遥遥领先于第一梯队的江苏和浙江两省，广东省已然成为中国专利申请第一大省。

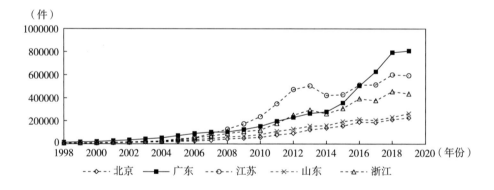

图 5-4 1998~2019 年中国部分省份专利申请受理数

资料来源：相关年份《中国科技统计年鉴》。

2005 年，广东省召开了提高自主创新能力工作会议，这次会议在广东经济社会发展的历程中具有里程碑意义，随后《关于提高自主创新能力提升产业竞争力的决定》正式出台，这意味着广东确立了以自主创新为核心的发展战略，开始了经济增长模式的大转型。发明专利授权量体现了工业企业的自主创新能力，从广东省各市发明专利授权量来看，2006 年以前发明专利授权量增长缓慢，之后发明专利授权量开始迅速增长，尤其是深圳和广州两个超大城市。从各地区发明专利授权量的增长过程来看，深圳远超其他城市，成为广东乃至中国的技术创新中心。接下来发明专利授权量比较靠前的大都是广州、东莞、佛山和珠海等珠三角地区，其他非珠三角地区发明专利授权量增长缓慢，还有待提高（见图5-5）。

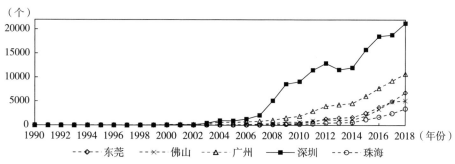

图5-5　1990~2018年广东省部分城市发明专利授权量

资料来源：相关年份《广东统计年鉴》。

根据1990~2018年广东省各市专利授权总量变化图，各市专利授权总量在2005年前数量比较少，增长速度也慢，2005年后各市都有所增长，而深圳、广州、东莞、佛山等珠三角地区的增长速度明显高于其他地区。排第一的仍然是深圳，第二是广州，第三是东莞（见图5-6）。但也可以看出，广东"集中式"的专利增长模式正在发生变化，极少数企业和行业的创新成功，正在演变为更大范围和更多领域的创新成功。

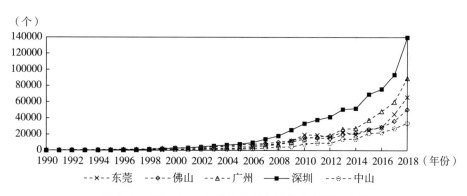

图5-6　1990~2018年广东省部分城市专利授权总量

资料来源：相关年份《广东统计年鉴》。

三、技术创新市场分析

技术市场是我国工业技术创新活动的关键阵地，反映着工业技术创新成果向

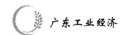

现实生产力转化的情况。技术市场交易活跃，则意味着成果转化能力增强。了解技术市场交易情况，常常借助于技术合同成交的金额。

随着国家相关政策的不断推出，技术交易（转移转化）体系得到了不断的完善，技术市场的发展环境也得到了显著的优化。我国企业、高校和研究机构以及科研人员的活力得到了持续的释放，第三方技术中介也得到了快速的发展，当前我国技术交易市场在整体上呈现出了高速增长的发展态势。

2021 年，各级科技管理部门认真落实《中共中央　国务院关于构建更加完善的要素市场化配置体制机制的意见》，着力发挥市场在创新资源优化配置、高质量科技成果供给、高水平科技成果转化中的决定性作用，引导技术要素市场体制机制创新，促使技术市场交易质效持续提升。截至 2021 年 12 月 31 日，全国共登记技术合同 670506 项，成交金额 37294.3 亿元，分别比上年增长 22.1% 和 32%。全国技术合同认定登记成交金额居前十位的省份依次为北京、广东、江苏、上海、山东、陕西、湖北、浙江、安徽和四川。[①]

2019 年广东技术合同成交总额为 22230843.62 万元，比上年增长了 8576657.85 万元，同比增长 62.81%（见图 5-7）。根据科技部火炬中心公布的 2020 年全国技术合同交易数据，北京的技术合同成交额以 6316.16 亿元蝉联全国第一；广州为 2256.53 亿元，在全国城市中其排名仅次于北京，位居第二。

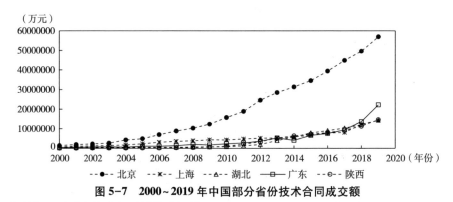

图 5-7　2000~2019 年中国部分省份技术合同成交额

资料来源：相关年份《中国科技统计年鉴》。

近年来，广东省不断完善促进科技成果转移转化的政策体系，不断加强对技术合同登记的管理，不断优化技术市场交易服务体系，这些都大力促进了广东省

---

① 关于公布 2021 年度全国技术合同交易数据的通知［EB/OL］.（2022-02-23）. https：//www. ncs-ti. gov. cn/kjdt/tzgg/202202/t20220223_60015. html.

技术市场的良性健康发展。[①] 从纵向上来看，2010～2019 年中国技术市场交易的合同金额年均增长率超过 20%，同期 GDP 年均增长率约为 7.4%（按照 1978 年=100 可比价计算）。从 2017 年开始广东省的技术合同成交额和技术交易额增速十分强劲，2017 年技术合同成交额与 2016 年的同比增长率为 20.24%，2018 年与 2017 年的同比增长率就达到了 46.1%，这反映出了广东技术市场的总体发展势头迅猛。[②]

在每个技术交易合同发生的过程中，都会有输出地域和流向地域。输出地域可以反映科技创新成果满足成果转化需求的情况，流向地域可以反映技术引进的情况。

自 2012 年中国实施创新驱动发展战略以来，"技术"要素在区域经济发展中的重要性越来越显著，跨区域流动的规模随之快速扩大。但技术要素的流动越来越向少数发达地区集中。根据 2010～2019 年 31 个省份技术市场技术输出地域的合同金额的变化情况来看，我国不同省份的技术输出差异较大，2019 年北京、广东和江苏是中国技术输出规模较大的地区，三省份占全国的比重约为 43.2%。大部分省份的技术输出集中在 1000 亿元以内，而北京地区的输出高达 5000 多亿元。从我国四大地区来看，东部地区技术产出能力较强，东北地区技术产出能力最弱，均处于 1000 亿元以下。总体来看，广东省技术输出合同金额从 2010 年的 2358948.6 万元增长到了 2019 年的 22230843.6 万元，且涨势迅猛，平均每年增长 25.1%。从不同的时间阶段来看，2014 年之前广东省技术市场输出合同金额的涨幅较小，但一直维持着较好的增长态势。自 2015 年起广东省科技创新工作蓬勃发展，技术市场输出合同金额大幅度提升，科技创新质量不断优化，态势良好（见图 5-8）。

从 2010～2019 年 31 个省份技术市场技术流向地域的合同金额的发展变化情况来看，中国的技术流向呈现出了一种集中于少数发达地区的趋势。北京、广东、江苏等地被确认为中国最主要的技术流入地，占全国比重高达 40.0%，而相较之下，其他地区的技术流入合同金额普遍低于全国平均水平，其中有 22 个地区技术流入比重不足 2%，内蒙古、黑龙江、青海等地甚至出现了技术流入规模不足 1% 的情况（见图 5-9）。这种技术流入的不均衡性充分暴露了中国技术要素跨区域流动的局限性。尽管发达地区拥有较强的创新能力和技术优势，但对其他地区的技术扩散效应并未随之增加，反而在逐渐收窄。这种"输出—流入"的

① 邓媚. 广东省技术市场发展情况分析及对策建议［J］. 管理观察，2019（35）：38-42.
② 邓媚，赖婷，罗春兰. 广东省技术市场发展面临的挑战与解决对策——基于技术合同交易数据分析［J］. 科技创新发展战略研究，2020，4（1）：11-17.

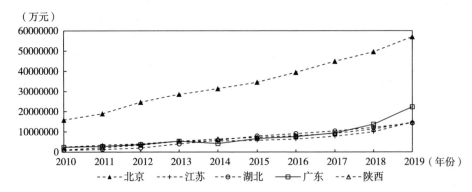

图5-8　2010~2019年中国部分省份技术市场技术输出地域的合同金额

资料来源：相关年份《中国科技统计年鉴》。

"闭循环"现象凸显了技术转移的不均衡性，需要建立健全技术创新和转移机制，以促进技术要素在全国范围内更加均衡地流动，从而推动中国整体技术水平的提升。

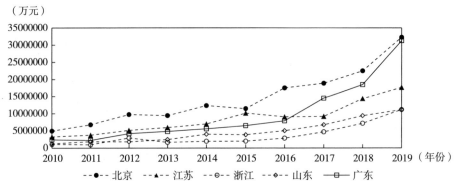

图5-9　2010~2019年中国部分省份技术市场技术流入地域的合同金额

资料来源：相关年份《中国科技统计年鉴》。

四、技术创新能力分析

根据历年《中国区域创新能力评价报告》（以下简称《报告》），在"企业创新"指标方面，广东已连续多年排名第一，并逐步扩大领先优势（见图5-10）。广东何以连续"霸榜"全国科技创新"年度成绩单"？强弱项、补短板是一条重要经验。

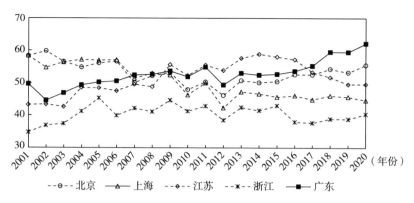

图 5-10　2001~2020 年中国部分省份创新能力综合效用值
资料来源：相关年份《中国区域创新能力评价报告》。

　　多年来，广东省科技创新面临着基础研究和原始创新能力不足的挑战，这一问题已成为制约其产业高质量发展的最大短板之一。近年来广东省积极支持基础研究和原始创新，不断推进战略科技力量建设，努力打造一支体现国家使命、具备强大科技实力的"科技王牌军"。最新《报告》显示，代表基础研究能力的"知识创造"指标在广东省持续上升，这成为广东省补短板的生动证明。通过加大对基础研究和原始创新的投入和支持力度，广东省正逐步增强其科技创新实力，为解决缺芯少核等关键问题奠定了基础。在当前国际竞争激烈的大环境下，着力加强基础研究和原始创新对于广东省实现高质量发展至关重要。

第二节　广东省高技术产业技术创新分析

　　高技术产业是工业经济和科技竞争的重要阵地。发展高技术产业，对于抢占经济和科技发展制高点，提高劳动生产率和经济效益，推动产业结构转型升级和经济高质量发展，具有不可替代的作用。党的十八大以来，在党中央、国务院和省委省政府的正确领导下，广东主动适应经济新常态，稳步推进工业经济高质量发展，认真贯彻落实有关高技术产业发展的各项决策部署，积极推进《粤港澳大湾区发展规划纲要》等战略规划，推动"大众创业、万众创新"，认真落实《广东省智能制造发展规划（2015—2025 年）》，以及广东高技术产业"十二五""十三五"发展规划，全省高技术制造业的发展取得丰硕成果。据第四次全国经济普查数据显示，近年来广东高技术制造业迅猛增长，产业规模不断扩大，质量效益不断提升，科技含量不断提高，为推动全省产业结构优化升级和经济高质量

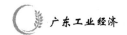

发展发挥了重要作用。

一、高技术产业经营概况

根据 2010~2019 年中国各省份高技术企业数的变化情况来看，大部分省份的高技术企业数并没有较大的提高，且浙江和山东略有减少，但是从广东省的数据来看，其不仅在数量上一直排在第一位，而且增长速度也是最快的，在 2019 年更是独占鳌头（见图 5-11）。截至 2022 年，广东高新技术企业达 6.9 万家，17 家企业上榜 2022 年世界 500 强，并且涌现出了一批具有全球竞争力的领军企业。同时，举大不遗细，广东省一批中小制造企业走上了"专精特新"发展之路，132 家企业荣升国家级制造业单项冠军，867 家企业晋级国家级专精特新"小巨人"企业，18946 家企业成为省级"专精特新"中小企业。广东已然打造出了"链主"企业引领、单项冠军攻坚、"专精特新"企业筑基的世界一流企业群。

图 5-11 2010~2019 年中国部分省份高技术企业数

资料来源：高新技术企业认定管理工作网（http://www.innocom.gov.cn）。

在一系列政策的支持下，广东品牌企业逐步形成"千军万马齐创新"的局面，涌现出了一批在国际竞争中脱颖而出的科技领军企业，培育出了一大批硬核科技企业，这些企业成为广东省经济高质量发展的中坚力量。

从 2010~2019 年中国各省份高技术企业主营业务收入的变化情况来看，广东省一直排在第一位，从 2010 年的 20952.8 亿元增长到 2019 年的 46723.4 亿元，平均增长率保持在 8.4% 左右，也是唯一高技术企业主营业务收入超过 3 万亿元的省份，排在第二位的江苏省是 23964 亿元，相差近一倍（见图 5-12）。由此可见，广东省高技术产业的发展已成为建设中国现代化产业体系的核心力量。

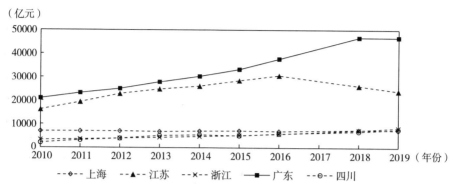

图 5-12　2010~2019 年中国部分省份高技术企业主营业务收入

资料来源：高新技术企业认定管理工作网（http：//www.innocom.gov.cn）。

从 2010~2019 年 31 个省份高技术企业利润的变化情况来看，广东省从 2010 年的 1225.6 亿元增长到 2019 年的 2730.95 亿元，平均增长率保持在 9.5% 左右。广东省在 2016 年之前与江苏省不相上下，之后广东省继续增长，而江苏省则开始逐渐下降。广东省也是唯一高技术利润超过 2000 亿元的省份，排在第二位的江苏省为 1405 亿元，相差近一倍（见图 5-13）。由此可见，广东省高技术产业的经济效益在全国范围内具有较大的优势。

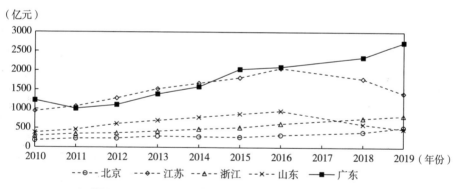

图 5-13　2010~2019 年中国部分省份高技术企业利润

资料来源：高新技术企业认定管理工作网（http：//www.innocom.gov.cn）。

二、高技术产业 R&D 活动

高技术产业是研究开发投入高，研究开发人员比重大的产业。2019 年，中国高技术产业 R&D 机构数为 17969 个，同比增长 11.94%。从 2010~2019 年中国各省份高技术产业 R&D 机构数的变化情况来看，高技术产业 R&D 机构主要集中于广东和江苏两个省份，其中广东省从 2010 年的 656 个增长到 2019 年的 6848 个，平均增长率保持在 26.4% 左右（见图 5-14）。广东省从 2016 年起开始超过江苏省，此后其高技术产业 R&D 机构数一直位居全国第一。

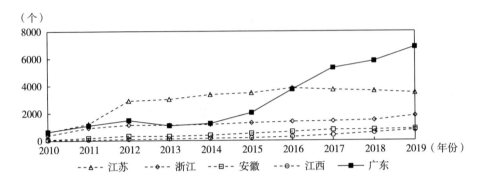

图 5-14　2010~2019 年中国部分省份高技术产业 R&D 机构数

资料来源：高新技术企业认定管理工作网（http：//www.innocom.gov.cn）。

从 2010~2019 年中国各省份高技术产业 R&D 人员全时当量来看，广东省在全国是独占鳌头的，广东省从 2010 年的 156235 人年增长到 2019 年的 277561 人年，平均增长率保持在 5.9% 左右（见图 5-15）。尽管从事技术研发的人员数量仍然位居全国第一，但其增长速度低于研发机构数的增长速度。也就是说，平均每家研发机构所拥有的 R&D 员工人数是在下降的。

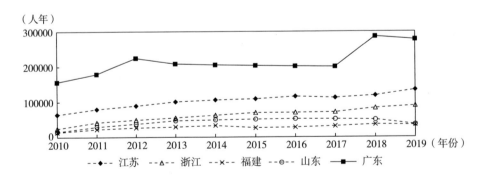

图 5-15　2010~2019 年中国部分省份高技术产业 R&D 人员全时当量

资料来源：高新技术企业认定管理工作网（http：//www.innocom.gov.cn）。

从 2010~2019 年中国各省份高技术产业 R&D 项目经费的变化情况来看，广东省从 3491052 万元增长到 12711784 万元，平均增长率达到 13.8%，一直保持在全国首位（见图 5-16）。

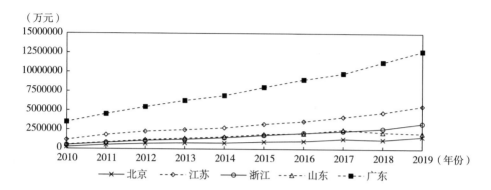

图 5-16 2010~2019 年中国部分省份高技术产业 R&D 项目经费
资料来源：高新技术企业认定管理工作网（http://www.innocom.gov.cn）。

因此，从 2010~2019 年广东省高技术产业 R&D 活动来看，最主要的变化就是增加了更多技术研发机构，说明广东省高技术产业的技术创新步入成熟阶段。

三、高新技术产业新产品的开发与生产

新产品的开发与生产不仅是为了满足市场需求，也是企业战略核心的体现。通过不断开发和推出新产品，企业可以提高市场份额，增强竞争力，实现可持续发展。此外，对于老产品的改进与换代也是新产品开发的重要组成部分。通过对现有产品进行技术升级和功能改进，企业可以延长产品寿命周期，满足消费者的新需求，保持竞争力。对大多数公司来说，是改进现有产品而非创造全新产品。

由于市场竞争日益激烈，消费需求日益多样化和个性化，高技术产业新产品开发呈现出多能化、系列化、复合化、微型化、智能化、艺术化等发展趋势。2019 年中国新产品开发项目数为 156744 个，同比上年的 77167 个增长 103.12%。2019 年广东省高技术产业新产品开发项目数为 46263 个，占全国新产品开发项目数的 29.52%，居全国第一；紧随其后的浙江省、江苏省的新产品开发项目数分别为 20251 个、16815 个，占全国新产品开发项目数的 12.92%、10.73%（见图 5-17）。①

---

① 阳芬．中国新产品开发项目及经费分析：广东省居全国首位［EB/OL］．（2021-01-11）．https：//www.chyxx.com/industry/202101/922230.html．

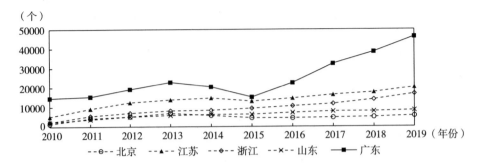

图 5-17　2010~2019 年中国部分省份高技术产业新产品开发项目数

资料来源：高新技术企业认定管理工作网（http：//www. innocom. gov. cn）。

2010~2019 年，全国高技术产业的新产品开发经费支出从 3031 亿元增长到 5407 亿元，平均增长率达到 78.43%。2019 年广东省高技术产业的新产品开发经费支出为 2165 亿元，占全国新产品开发经费支出的 40.04%，一直保持在全国首位；紧随其后的江苏省、浙江省的新产品开发经费支出分别是 747 亿元、359 亿元，占全国新产品开发经费支出的 13.82%、6.64%（见图 5-18）。

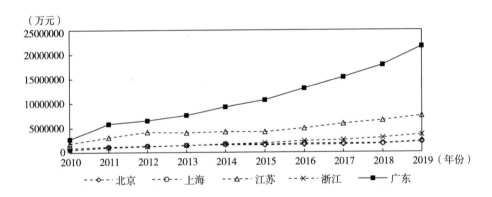

图 5-18　2010~2019 年中国部分省份高技术产业新产品开发经费支出

资料来源：高新技术企业认定管理工作网（http：//www. innocom. gov. cn）。

科技是推动国民经济发展的重要力量，我国致力于推动高技术产业的发展，其科技经费支出不断增加，以期促进产业结构调整和经济发展方式转变。2019 年中国新产品开发销售收入为 212060 亿元，其中新产品出口额为 39269 亿元。2010~2019 年，广东省高技术产业新产品销售收入从 60464339.9 万元增长到 220050838.4 万元，平均增长率达到 13.8%，一直保持在全国首位（见

图 5-19)。

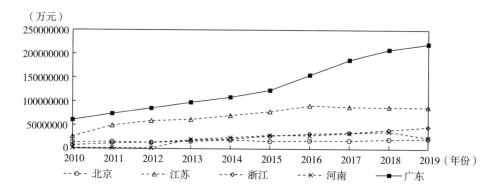

图 5-19　2010~2019 年中国部分省份高技术产业新产品销售收入
资料来源：高新技术企业认定管理工作网（http：//www.innocom.gov.cn）。

中国出口高新技术产品的省份主要是广东、江苏、上海、北京等地。这些省份是中国高新技术产业比较发达的地区，有着较为完善的产业链和科技创新体系，能够生产出高质量的高新技术产品，也积极开拓国际市场，推动高新技术产品的出口。广东是中国高新技术产业的重要基地之一，拥有众多科技企业和研发机构，比如华为、中兴通讯等。同时，广东的出口贸易也非常发达，为高新技术产品的出口提供了良好的基础。2010~2019 年，广东省高技术产业新产品出口额从 37372362.4 万元增长到 75366319.6 万元，平均增长率达到 7.3%，一直高居全国榜首（见图 5-20）。

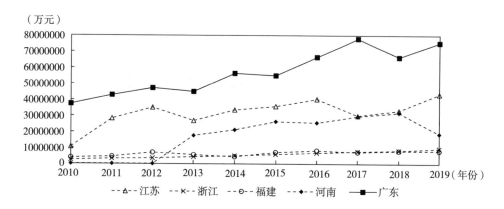

图 5-20　2010~2019 年中国部分省份高技术产业新产品出口额
资料来源：高新技术企业认定管理工作网（http：//www.innocom.gov.cn）。

可见，针对高新技术产品的出口需求，广东省积极推动企业创新、优化产品结构、拓展国际市场，加强与国外企业的合作，提高产品的质量和竞争力，推动了高新技术产品的出口。同时，政府也加大了对高新技术产业的扶持力度，提供了一系列优惠政策和支持措施，为高新技术产品的出口提供了良好的政策环境。

四、高技术产业专利

高技术产业的发展通常是以专利为核心支撑的，2010~2019 年，广东省高技术产业发明专利申请数从 19458 件增长到 74083 件，平均增长率达到 14.3%，一直高居全国榜首。而且，在 2015 年之后，高技术产业发明专利申请数的增长率明显高于以前（见图 5-21）。

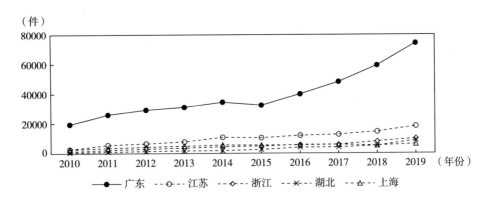

图 5-21　2010~2019 年中国部分省份高技术产业发明专利申请数

资料来源：高新技术企业认定管理工作网（http：//www.innocom.gov.cn）。

第三节　高技术产业技术获取与技术改造

改革开放 40 多年的实践充分证明，广东省通过引进发达国家的先进设备与技术，迅速提高生产效率、提高质量水平，加快缩小与先进国家之间的技术差距，并通过消化、吸收和自主创新，实现跟跑、并跑甚至领跑，在一些领域实现了技术赶超和技术输出。大规模的技术引进，使得我国的整体技术水平实现了质的飞跃，在促进产业结构不断优化和推动高技术产业迅猛发展的同时，培养了大量的科技人才，工业创新能力得到迅速提升。①

技术引进经费支出指企业在报告年度用于购买国外技术的费用支出，包括产品设计、工艺流程、图纸、配方、专利等技术资料的费用支出，以及购买关键设备、仪器、样机和样件等的费用支出。广东省工业经济的发展受益于改革开放政策的推动，广东从未停止对外开放的步伐，不断促进外来资金和新技术的引进，促使内外技术加速融合，以推动本地产业升级，加快转型步伐。

从 2010~2019 年中国各省份高技术产业技术引进经费支出的变化趋势来看，2010~2019 年，广东省高技术产业的技术引进经费支出从 78986 万元增长到 756215.8 万元，平均增长率达到 25.3%。2014 年之前，广东省技术引进经费支出落后于江苏，平均增长率为 7.5%；2014 年之后，广东省开始以 37.1% 的平均增长率快速增长，从而以较大的优势超过了其他省份的技术引进经费支出（见图 5-22）。

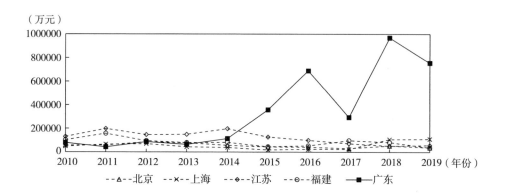

图 5-22　2010~2019 年中国部分省份高技术产业技术引进经费支出

资料来源：高新技术企业认定管理工作网（http://www.innocom.gov.cn）。

技术改造作为企业生产力提升的重要手段，具有广泛的应用前景和深远的影响。在科技进步的推动下，企业需要不断采用先进技术、先进工艺和先进设备来替代落后的技术和设备，以提高生产效率和产品质量。同时，技术改造也可以促进产品更新换代，满足市场需求，提高企业竞争力。例如，电子企业可以采用更加先进的印刷电路板（PCB）工艺，以实现产品的高密度布局和高精度加工。此外，企业还可以引进更加智能化的生产线，通过自动化和智能化的流程控制来提

---

① 广东省情调研. 改革开放 40 年技术引进对产业升级创新的历史变迁［EB/OL］.（2019-02-18）. https：//www.163.com/dy/article/E89R5P6U0514RH91.html.

高生产效率，减少人工操作失误，降低生产成本。通过持续不断地技术改造，企业可以保持市场竞争力，促进产业升级，实现可持续发展。

根据 2010~2019 年中国各省份高技术产业技术改造经费支出的变化趋势来看，2010~2019 年，广东省高技术产业的技术改造经费支出从 322450.9 万元增长到 2169100 万元，平均增长率达到 20.9%。其中，从 2017 年开始平均增长率高达 44.4%，同时超过江苏省和福建省，高居全国第一（见图 5-23）。这种变化主要得益于 2017 年广东省开始执行《广东省人民政府关于印发广东省降低制造业企业成本支持实体经济发展若干政策措施的通知》（粤府〔2017〕90 号），着力加强技术改造，推动工业企业开展数字化、网络化、智能化和绿色化技术改造，培育新的发展动能，加快产业优化升级。

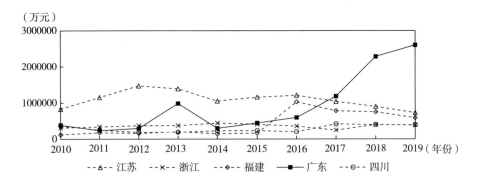

图 5-23　2010~2019 年中国部分省份高技术产业技术改造经费支出

资料来源：高新技术企业认定管理工作网（http：//www. innocom. gov. cn）。

消化吸收经费支出指本企业在报告年度对国外引进项目进行消化吸收所支付的经费，包括人员培训费、测绘费、参加消化吸收人员的工资、工装、工艺开发费、必备的配套设备费、翻版费等。引进技术的目的在于促进本地区技术水平的提高，技术引进后是否能够及时有效地消化吸收与再创新，从而形成有地区特色的技术成果，是决定技术引进是否能够有效地推动本地区技术水平迅速提高的重要途径。但引进绝不是简单的"拿来"，如果不能以己之长消化、吸收外来"先进成果"，形成自己的新特色，就永远不可能后来居上。

2010~2019 年，广东省高技术产业的消化吸收经费支出从 12319.2 万元下降到 5876.1 万元，平均下降率达到 7.1%（见图 5-24）。根据方秀文（2009）的研究，2001~2007 年广东省大中型工业企业的技术引进经费与消化吸收经费的比例在 1∶0.402 的水平上徘徊。① 而国际成功经验表明，每引进 1 美元，需要 7 ~ 8 美元的资金才能完全消化吸收。

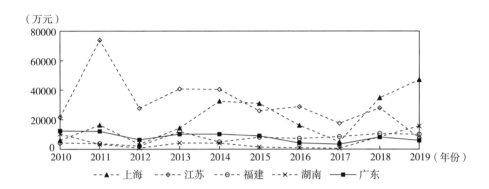

图 5-24　2010~2019 年中国各省份高技术产业消化吸收经费支出

资料来源：高新技术企业认定管理工作网（http：//www.innocom.gov.cn）。

综上可知，广东省高技术产业的技术引进经费支出排在全国各省份的前列，技术改造经费支出也在近几年位居第一，但是在技术消化吸收方面的支出却不如江苏、上海，并且被湖南赶超了，直接影响到了广东工业创新能力的形成与提高。

第四节　广东工业技术创新的组织形式与制度环境

2006 年，党中央、国务院在进入 21 世纪后召开的第一次全国科学技术大会上，发出了加强自主创新、建设创新型国家的总动员。一向敢于创新、善于创新、乐于创新的广东，也在此时不失时机地谋划、实施了新一轮的战略转型：加快建设创新型广东。2005 年，广东省出台了《关于提高自主创新能力提升产业竞争力的决定》，该决定提出了广东省提高自主创新能力的中远期奋斗目标：到 2020 年全省区域自主创新能力和产业竞争力达到中等发达国家水平，基本建成创新型广东，且为广东省如何实施自主创新战略、构建创新型广东提出了一系列指导性、针对性、操作性非常强的政策措施和指导意见。

① 方秀文．广东技术引进消化吸收再创新的现状及发展思路研究［J］．科技管理研究，2009，29（11）：95-98+102.

一、工业技术创新的主要组织形式

（一）国家级科技平台

为了积极应对全球经济一体化与日益激烈的科技竞争，我国于 2006 年发布了《国家中长期科学和技术发展规划纲要（2006—2020 年）》，提出要大幅增加科技投入，加强科技基础条件平台建设。2017 年发布的《"十三五"国家科技创新基地与条件保障能力建设专项规划》（国科发基〔2017〕322 号）指出，科技创新基地、国家重大科技基础设施，以及科技基础条件保障能力建设是提升国家创新能力的重要载体。可见，我国的一系列科技创新平台（以下简称科技平台）作为推进国家科技创新能力建设的重要抓手，已成为提高国家综合竞争力的重要力量。

我国主要科技平台总体权重得分（五类科技平台权重得分的加总）为 3626，各地区权重占比范围在 0.1% 和 28.5%。以排名前 10% 和前 50% 的节点作为两个分界点，可将不同地区分为三个梯队。第一梯队包括北京、上海和江苏，权重得分分别为 1035、382 和 244，占比分别为 28.5%、10.5% 和 6.7%，三者权重得分合计为 1661，占总体的 45.8%。第二梯队包括广东、湖北、四川、陕西、山东、辽宁、天津、浙江、湖南、安徽、吉林和黑龙江，权重得分均在 67～191，权重得分合计为 1516，占总体的 41.8%（见图 5-25）。[①]

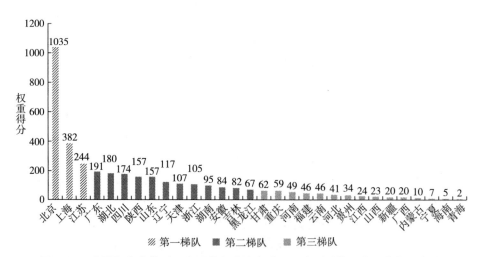

图 5-25 中国部分省份（不含西藏和港澳台地区）主要科技平台总体权重得分
资料来源：科技部、国家发展改革委、中科院官方网站以及相关文献。

[①] 邸月宝，赵立新．我国主要科技创新平台分类特征及总体分布［J］．今日科苑，2020（2）：18-24.

（二）科技创新中心

科技创新中心是推动科技创新与科研成果转化、促进产业发展和转型升级的重要平台。不同于学术机构和企业，技术创新中心的工作重点不在于追求学术声誉和经营利润，而在于解决某一产业领域内存在的关键技术问题，并为企业提供技术创新与成果转化服务。

2023 年，广东省发布了《关于新时代广东高质量发展的若干意见》，要求加快建设粤港澳大湾区国际科技创新中心，推进大湾区综合性国家科学中心建设，构建以广深港、广珠澳科技创新走廊为主轴，其他城市协同支撑的创新格局。目前，大湾区在科技创新方面已经取得了显著成就：拥有 50 家国家级重点实验室，反映了该区在研究卓越性和技术进步方面的能力；拥有 20 多家世界 500 强企业，表明该区具备了强大的经济基础和创新能力；高新技术企业的数量超过 6 万家，体现了该区对创新和科技产业的支持及其发展态势。此外，拥有 10 所 QS 世界排名前 500 的高校，逾 200 位院士参与到了该区域的前沿研究项目之中，这进一步推动了科技前沿领域的发展。另外，2021 年该区专利授权量超 78 万件，年增长率达 40%。这些数据充分展示了粤港澳大湾区在科技创新方面的巨大潜力和坚实基础。

在教育方面，粤港澳大湾区教育国际化水平、教育开放性、教育体系完备程度达到新高度。香港亚洲教育枢纽的地位渐趋稳定，高等教育国际化水平位居世界前列。近几年，香港大学、香港中文大学、香港浸会大学、香港科技大学、香港理工大学、香港城市大学等逾 40 所高校或其分校在大湾区涌现。

在科技产业方面，香港将生物科技、人工智能、智慧城市及金融科技列为具有优势的四大发展范畴，澳门稳步推进以中医药研发制造为切入点的大健康产业、现代金融、高新技术、会展商贸和文化体育等战略性新兴产业。目前，粤港澳大湾区已形成了高度成熟的风投市场。

大湾区拥有良好的科创基础，可以代表国家参与全球性的科创竞争，可以肩负起角逐新技术、新产业全球策源地的战略使命。根据世界知识产权组织（WIPO）的相关报告，深圳和香港的 PCT 申请 5 年滚动数量连续三年排在全球第二位，仅次于东京都市圈；"深圳—香港—广州"科技集群在全球创新指数排名中连续三年位居第二，仅次于"东京—横滨"科技集群。①

（三）产学研合作平台

2020 年，广东省企业的研究机构数为 3.87 万个，较上年增加 0.64 万个；科研与技术开发机构数为 185 个；高等学校科研机构为 1715 个，工业企业研究机

---

① 广东高质量发展重磅文件发布！以科技创新支撑大湾区发展，目标"国际科创中心"［EB/OL］.（2023-06-06）. https：//baijiahao. baidu. com/s？ id＝1767918273030983785&wfr＝spider&for＝pc.

构为 25891 个，较上年增加 2475 个（见表 5-1）。

表 5-1　2018~2020 年广东省科研平台建设情况

指标	2018 年	2019 年	2020 年
研究机构数（万个）	2.55	3.23	3.87
科学研究与技术开发机构（个）	182	187	185
高等学校科研机构（个）	1549	1781	1715
工业企业研究机构（个）	—	23416	25891

资料来源：广东省统计局。

从高校研发投入情况来看，2020 年广东省高校 R&D 活动人员为 8.34 万人，较上年增加 1.49 万人；R&D 经费内部支出为 185.78 亿元，同比增长 21.33%；R&D 活动项目数为 9.14 万项（见表 5-2）。

表 5-2　2019~2020 年广东省高等院校科技活动情况

指标	2019 年	2020 年
R&D 活动人员（万人）	6.85	8.34
R&D 经费内部支出（亿元）	153.12	185.78
R&D 活动项目数（万项）	8.81	9.14

资料来源：广东省统计局。

（四）企业研发机构

近年来，企业研发投入成为全省研发投入的主体，2018 年，全省研发经费支出中，企业研发经费支出达 2411.40 亿元，占总经费支出的 89.16%。华为、中兴、美的、格力、腾讯、广汽集团等企业每年投入大量的经费用于研发活动。工业企业研发机构快速增加，2018 年规模以上工业企业中设立研发机构的企业占 38.37%，远高于 2013 年的 6.54%，规模以上工业企业中开展 R&D 活动的企业占比也由 2013 年的 13.80% 增加至 2018 年的 32.80%（见图 5-26）。企业研发机构数的快速增长为企业研发活动的开展提供了较好的物质基础。

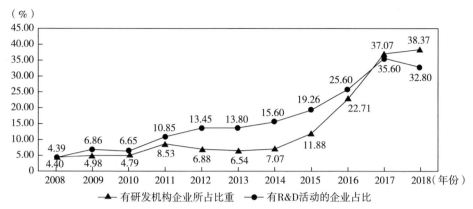

图 5-26 2008~2018 年广东省规模以上工业企业研发活动情况

资料来源：广东省统计局。

（五）新型研发机构

新型研发机构①作为较早在广东萌芽的一种科技新业态，从诞生至今，经历了多年的发展，探索出了一条具有区域特色的自主创新之路。

广东新型研发机构的培育发展一直处于全国领先地位。1996 年 12 月，深圳市政府与清华大学签署合作共建协议，联合共建深圳清华大学研究院，这是全国最早建立的新型研发机构。2015 年，广东省先后出台了《关于加快科技创新的若干政策意见》《关于支持新型研发机构发展的试行办法》，率先在全国范围内开展省级新型研发机构的认定工作。2016 年，国家修订后的《广东省自主创新促进条例》出台，以立法的形式要求各级人民政府应给予新型研发机构多方面的扶持政策。2017 年，《广东省科学技术厅关于新型研发机构管理的暂行办法》出台，这是全国首个有关省级新型研发机构建设发展的规范性文件，明确了新型研发机构的主要功能与管理部门职责，细化了省级新型研发机构的申报条件，进一步规范了新型研发机构的管理，促进了新型研发机构的健康发展。

2019 年 1 月，广东省人民政府出台《关于进一步促进科技创新的若干政策措施》，在突破新型研发机构体制机制障碍方面提出了多项创新型举措。同年 9 月，《广东省自主创新促进条例》修订通过，以立法形式要求地市加快推进新型研发机构建设。

随后，新型研发机构建设在全国各地兴起，上海、江苏、河北等省市陆续开

---

① 新型研发机构是聚焦科技创新需求，主要从事科学研究、技术创新和研发服务，投资主体多元化、管理制度现代化、运行机制市场化、用人机制灵活化的独立法人机构，可依法注册为科技类民办非企业单位（社会服务机构）、事业单位或企业。

展新型研发机构的培育与建设工作，并得到了中央政府的高度关注。2019 年，科技部印发《关于促进新型研发机构发展的指导意见》。2021 年，国家修订后的《中华人民共和国科学技术进步法》出台，明确支持新型研发机构实施现代化的建设发展模式。

经过多年的发展，广东省新型研发机构建设在数量规模、技术水平、服务功能等方面均取得了较大的发展，截至 2022 年 3 月，共有省级新型研发机构 277 家，其中珠三角地区共有 221 家，约占总数的 80%，粤东西北地区共有 56 家，约占总数的 20%。研发人员达到 2.5 万人以上，机构研发总投入达 101.6 亿元。新型研发机构成果转化收入持续增加，2021 年达到 408 亿元，可持续发展能力不断强化。研发机构的研究领域涵盖了先进装备制造、新材料、新一代电子信息、生物医药等战略性新兴产业，对广东省解决制约产业发展的关键核心技术问题、提升产业的核心竞争力、推进经济社会发展发挥了重要作用，为广东建设科技创新强省和促进粤港澳大湾区国际科技创新中心建设提供了强有力的支撑。[①]

（六）高新区：区域创新的核心抓手

广东高新区的发展始终与我国波澜壮阔的改革开放同频共振。1985 年，深圳诞生了我国第一个科技园——深圳科技工业园。自此，全国各地掀起了建设高新技术产业园区的热潮。1991 年，在国务院批准的第一批国家高新区名单中，广东就有 6 家高新区位列其中。经过三十多年的发展，广东成功完成了"十二五"粤东西北国家高新区"零"的突破和高新区地市全覆盖的历史任务。[②]

广东不断优化高新区发展格局，支撑区域协同创新发展能力不断提升。"十三五"期间，全省新增汕头、湛江、茂名 3 家国家高新区，实现粤东、粤西地区"零"的突破，国家高新区数量达 14 家，位居全国第二。加快推动国家高新区地市全覆盖行动，阳江、韶关、梅州、揭阳、云浮、潮州、汕尾等申报国家高新区，国家高新区全覆盖进入最后总攻阶段。新一轮省级高新区建设有序推进，新认定广州琶洲、东莞滨海湾等省级高新区 17 家，全省省级以上高新区数量达 40 家，发展梯队更加合理完善。

广东高新区在支撑全省经济持续发展中发挥了显著的作用。根据科技部火炬中心发布的国家高新区评价结果显示，"十三五"期间广东国家高新区排名整体保持了持续上升的趋势，表现出较好的发展势头，珠三角国家高新区全部进入

---

① 刘威，陈雪，刘佐菁. 广东省新型研发机构科技成果转化现状及对策研究［J］. 上海商业，2023（4）：36-38.

② 苏瑞波，刘毅，周振江. 在新征程续写高质量发展新篇章——广东省高新区"十三五"回顾及"十四五"展望［J］. 广东科技，2021，30（4）：14-18.

100强，进入30强的有5家，成为全国30强高新区最多的省份。截至2019年底，全省高新区建成超千亿元级产业集群6个，百亿元级产业集群17个，工业增加值率达23.93%。截至2020年底，广东高新区以占全省0.7%的土地面积，实现地区生产总值（GDP）1.78万亿元，占全省GDP的16%；实现工业增加值8984亿元，占全省规模以上工业增加值的27.1%；实现出口额9464亿元，占全省出口总额的21.8%。

广东高新区不断增强创新要素集聚功能，构建贯穿基础与应用基础研究、新兴产业技术研究的全链条研发体系，自主创新能力持续提升。2019年，全省高新区研究与试验发展（R&D）经费内部支出2223.8亿元，占高新区GDP的比重达12.44%。一是不断强化战略科技力量。全省10家省实验室均有在高新区布局，广州再生医学与健康实验室、深圳鹏城实验室、东莞松山湖材料实验室按照国际先进、国内一流的标准组建。深圳国家基因库、东莞散裂中子源、大亚湾中微子实验室等重大科技基础设施集中布局在广东珠三角高新区。全省251家新型研发机构有近一半落户在高新区内。二是不断提升科技企业集聚度。2020年，全省高新区高新技术企业存量达13981家，约占全省的1/4；高新区纳入火炬统计的企业中约2/3是高新技术企业，独角兽、瞪羚企业等高成长性科技企业渐成气候，大企业创新创业生态圈逐步完善。三是不断优化创新创业生态。截至2019年底，全省高新区拥有科技企业孵化器、众创空间、科技企业加速器、大学科技园等孵化载体971家，其中国家级孵化器105家，实现了国家高新区国家级孵化器全覆盖。科技金融深度融合，国家高新区内创业风险投资机构达265个。

二、创新环境不断优化

创新环境这一领域主要反映驱动创新能力发展所必备的人力、财力等基础条件的支撑情况，以及政策环境对创新的引导和扶持力度，包括每万人拥有高等学校在校学生人数、人均地区生产总值、科技拨款占财政拨款的比重、享受加计扣除减免税企业所占比重、每万人拥有企业数等指标。

创新环境指数逐步提升。2018年广东创新环境指数为324.56，从2008年起持续快速增长，其中享受加计扣除减免税企业所占比重提升幅度最大，2018年达575.75；其次是每万人拥有企业数，为422.75；增长幅度最小的是每万人拥有高等学校在校生人数，2018年仅为141.98（见表5-3）。

表5-3 2008年以来主要年份创新环境指数

指标	2008年	2010年	2013年	2016年	2017年	2018年
每万人拥有高等学校在校学生人数	100	111.48	131.67	141.21	141.48	141.98

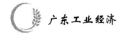

指标	2008 年	2010 年	2013 年	2016 年	2017 年	2018 年
人均地区生产总值	100	120.29	160.94	200.77	221.02	241.47
科技拨款占财政拨款的比重	100	113.47	124.64	198.71	196.92	240.85
享受加计扣除减免税企业所占比重	100	100.00	92.75	207.93	374.38	575.75
每万人拥有企业数	100	115.16	165.76	311.32	366.67	422.75
创新环境-指数平均值100	100	112.08	135.152	211.988	260.094	324.56

资料来源：广东省统计局。

创新的总体经济环境方面，广东省的经济实力快速增长。经济实力是创新的基础，过去十年里广东经济实现快速增长，2018 年广东实现地区生产总值 99945.22 亿元，地区生产总值连续 30 年居全国首位，2008~2018 年广东人均地区生产总值迅速上升，2018 年达到最大值 8.81 万元/人。经济的增长离不开企业的发展，广东不断优化营商环境，市场主体活力充沛。2018 年，广东共拥有企业 492.10 万家，每日新增企业数达 2679 家。

创新的人才环境方面，人才集聚效益开始显现。近年来广东大力推动人才强省战略，实施高水平大学建设计划，为广东实施创新驱动发展战略提供了强大的人才支撑。截至 2018 年底，广东共拥有高等院校 153 所，高等院校在校生人数达 196.32 万人，高级职称人数达 2.71 万人，博士后招收人数达 2913 人，人才队伍日益壮大。

创新的制度环境方面，政府政策支持力度不断增强。2009~2021 年，全省财政科技拨款额占比在波动中增长，2019 年达到最大值。2019 年，全省财政科技拨款额为 1168.79 亿元，占比达 6.76%（见图 5-27）。

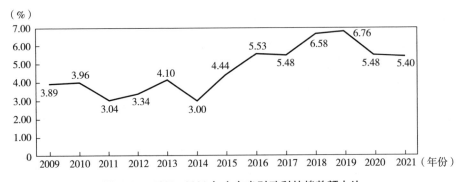

图 5-27　2009~2021 年广东省财政科技拨款额占比

资料来源：广东省统计局。

此外，各级政府通过减税降费等政策积极搭建创新平台，扶持科技型企业，优化创新环境。2018 年广东规模以上工业企业中，15.55% 的企业享受加计扣除减免税政策，户均减免税额达 280.01 万元。

三、广东工业技术创新政策的发展演变

（一）厚植根基，培养技术人才

中华人民共和国成立初期，广东省科技工作的主要任务是贯彻党的"团结、教育、改造"政策，组建科技团队，接收与改建科研机构，安置科技人员。1958 年，随着国家科学规划委员会和国家技术委员会的合并，国家科学技术委员会应运而生，广东省科学工作委员会随即改名为广东省科学技术委员会，此后广东各地区（市）、县科委相继成立。广东克服重重困难，培养了一批科技骨干人才。到 1977 年，广东全民所有制单位拥有自然科学技术人员约 18 万人，约为 1949 年的 36 倍。这些科技人才在广东经济腾飞中扮演着不可或缺的角色，他们的成就在各个行业内产生着广泛的影响。[1]

（二）迎来春天，技术创新有序发展

1978 年，全国科学大会召开，中国科学技术迎来了春天。这一时期，广东科技工作表现出独特特点：一方面启动了科技体制改革，促使科研机构和科技人员融入经济建设主战场；另一方面大量引进国外技术和设备，提高了产业技术水平，但自主研发能力仍显薄弱。20 世纪 80 年代初，广东省积极推动科技与经济的深度结合，进行了重要的体制改革。

为了加快科技与经济的融合，广东省科研机构开始推行对外技术转让有偿合同制和对内课题承包制，逐步实现了经济自立。这些改革措施使科研机构能够将研究成果与市场需求相结合，通过技术转移和技术服务为社会经济发展提供支持。同时，广东省还采取了全额拨款、部分拨款等经费改革措施，以加快科技资源的调动和转化，进一步激发科技创新活力。

此外，广东省的科技发展还出现了"星期六工程师"现象。这一现象意味着许多科技人员利用周末时间参与产业项目，促进了产学研的结合。他们在实践中不断积累经验，推动了智力和技术的跨界流动，为产业升级和创新注入了新动力。

广东省在科技发展中面临的挑战包括自主创新能力的提升和技术转移机制的完善。尽管引进国外技术和设备有助于提高产业水平，但自主研发能力薄弱仍然

① 风雨兼程 60 年——广东科技辉煌历程［EB/OL］.（2009-09-28）. https：//www.most.gov.cn/ztzl/kjzg60/dfkj60/gd/hhlc/200909/t20090928_73429.html.

制约着创新的发展。为此，广东省应加强对科技人才的培养和引进，加大科研经费的投入，并继续完善科技评价体系，激发科技人员的创新活力。自1981年广东省提出"科研成果和专利可以卖"以来，积极培育技术市场并逐步建立健全管理体制。广东省科委、广州市科委通过各种形式促进技术市场的发展，比如举办科技成果交流会、技术交易会等。1986年，广东省人大常委会通过了《广东省技术市场管理规定》，这是全国第一部关于技术市场管理的地方性法规，标志着广东省技术市场开始走上有序发展之路。

广东省在约10年的时间内投入了超100亿美元的资金，并引进了约130万台技术设备。通过对这些技术设备的消化、吸收和创新研究，广东省取得了显著的科技成果。此外，这一系列举措还使得广东省的技术水平大幅提升，并使其科技综合能力在1986年的评估中位居全国第9位。然而，在继续推进科技发展的过程中，广东省需要进一步加强对科技人才的培养和引进，提升自主创新能力，以保持技术领先地位。

（三）开枝散叶，形成技术创新体系

2005年，中共中央、国务院将自主创新确立为国家发展战略的核心，在此背景下，自主创新成为"科教兴粤"战略在新时期的主旋律。同年9月，广东省委、省政府召开了全省提高自主创新能力工作会议，会后出台实施了《中共广东省委、广东省人民政府关于提高自主创新能力提升产业竞争力的决定》。2007年，广东省发布了《广东省中长期科学和技术发展规划纲要（2006—2020年）》《广东省"十一五"科技发展规划》。此外，2005年9月广东省政府与教育部联合签署了《关于提高自主创新能力，加快广东经济社会发展合作协议》。

在此基础上，广东省积极推动省部合作，加强产学研合作，建立了24个省部产学研创新联盟。2006~2008年，从全国100多所重点建设大学和科研院所选派了1244名省部企业科技特派员进驻广东1000多家科技型企业开展工作，并取得了显著成效。这三年间，研发出具有自主知识产权的新产品6000多个，实现产值7000多亿元，新增利税近千亿元。

此外，2006年1月广东省政府与国家自然科学基金委员会签订了《国家自然科学基金委员会—广东省人民政府关于共同设立自然科学"联合基金"的框架协议》，为地方开展基础性研究提供资金支持。2009年1月，广东省政府与中国科学院签署了《广东省人民政府与中国科学院全面战略合作协议》，并通过了《广东省人民政府与中国科学院全面战略合作规划纲要》，为广东的创新型发展提供强大的科技支持和智力支持。

自2007年底起，广东省开始实施"大科技、大开放"战略，倡导"三不分"原则，推动广东成为创新型省份。这一举措激发了全省对自主创新的热情，并为创新发展提供了制度支持。2008 年 9 月，广东省发布了《广东省建设创新型广东行动纲要》，同年 12 月，国务院审议通过了《珠江三角洲地区改革发展规划纲要（2009—2012 年）》，该规划纲要提出珠三角要率先在国内建成创新型区域。2009 年 7 月，广东省科技厅发布了《〈珠江三角洲地区改革发展规划纲要〉科技与自主创新专项实施方案（2009—2012 年）》，并全面贯彻了该规划纲要。随后，2011 年 11 月广东省颁布了《广东省自主创新促进条例》，这是全国第一部地方性自主创新法规。

根据科技部 2009 年 3 月发布的《中国区域创新能力报告》，2008 年，广东省的区域创新能力综合指标居全国第二，科技进步对经济增长的贡献率超过 50%。高新技术产品产值比上年增长 19.0%，突破 2 万亿元大关，达到 22677.27 亿元，约占全省工业总产值的 30%。高新技术产品出口额达到 1486.18 亿美元，同比增长 11.5%，占全省出口额的 36.8%，居全国首位。截至 2008 年底，广东省累计专利申请量和授权量分别达到 631816 件和 371447 件，有效专利数量达 177144 件，均居全国首位。广东省 PCT 国际专利申请量占全国总量的 53%，连续七年保持全国第一。另外，2009 年，广东省科技人员作为“973”首席科学家承担国家重点基础研究发展计划项目 11 项，全国排名从前几年的 10 名以后，一举跃升至第三名。

综上可知，广东省在自主创新和科技发展方面取得了显著的成就，在全国范围内具有重要的影响力。广东省已成为全国技术成果和人才的聚集地，也是成果产业化和科技创业的重要基地。广东省通过发布相关政策文件，为自主创新提供了制度支持。同时，广东省注重高新技术产品的产出和出口，在专利申请和授权方面也取得了显著的成绩。广东省科技人员在国家重点基础研究发展计划项目中的表现也受到了认可。可见，广东省已成为全国自主创新和科技发展的领军者之一。

（四）进入新时代，布局全球科技创新重要策源地

在“十二五”期间，广东成立了广东省科学院，打造了高端平台，推动创新驱动发展。这为广东提供了更高水平的基础和应用研究平台。省政府拨付了 50 亿元人民币的专项资金，支持高水平大学的建设，其中包括 7 所大学和 18 个重点学科。这有助于推动高水平科学工程大学的建设，如华南理工大学、广东工业大学、南方科技大学、佛山科技学院和东莞理工学院。人才发展战略的实施有助于建立国家人才管理改革试点区，率先实施“海外人才绿卡制度”，加强高层次人才引进。财政补贴的使用鼓励企业建立研发准备金。同期，企业成为创新的中坚力量，研发投入占社会总投资的 95% 以上。科研机构的迅速增长为企业进行

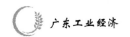

独立研发和新产品开发提供了重要平台。①

在"十三五"期间，广东抓住了建设粤港澳大湾区国际科技创新中心的历史机遇，坚决实施创新驱动发展战略。广东省委、省政府高度重视突破关键技术和基础研究，旨在消除制约技术进步的瓶颈。例如，自2018年以来，广东省推出省级重点研发计划，并在关键核心技术领域取得了一系列突破，不断巩固高科技产业的支撑。2018年，广东率先发布了《关于加强基础与应用基础研究的若干意见》，成立广东省基础研究和应用基础研究基金委员会，深化实施中国国家自然科学基金广东联合基金重点项目，使省内基础研究能力大幅提升。2019年，广东牵头并参与了"中国科学十大进展"中的三项，并取得了历史性突破。此外，还建立了企业捐助支持基础研究和应用基础研究的"广东模式"。②

在"十四五"期间，广东科技工作的主要思路是以技术自立自强为战略支撑，坚持"四个面向"，完善创新体系，发展粤港澳大湾区国际科技创新中心。广东省委、省政府将聚焦强化战略技术地位，构建具有国家使命和广东特色的"科技王牌军"，侧重基础研究、关键核心技术突破、战略技术地位布局、创新资源优化、治理能力提升，推动产业链和创新链深度融合，加速建设科技创新强省，打造重要的全球技术创新源泉。

拓展阅读

广东科技成果类大事

年份	事件	具体内容	影响力
1974	广东科学家首次证实了青蒿素治疗恶性疟疾的疗效	李国桥证实了青蒿素治疗恶性疟疾的速效低毒作用，相关成果获1979年国家发明奖二等奖	对疟疾防治药物的研究具有革命性发现，对脑型疟的救治处于世界领先水平
1999	深圳朗科公司成功研发出世界第一款闪存盘——"U盘"	研发出全球第一款USB闪存盘，获得国家知识产权局正式授权，填补了中国计算机存储领域的空白	引起整个存储界的极大震动，影响深远
2002	广东岭澳核电站首期工程一号机组投产	国内首个自主完成的百万千瓦级核电站，技术水平达国内领先水平，获2002年度广东省科学技术奖特等奖	标志着我国在核电站建设领域取得重要进展

---

① "十二五"时期广东科技创新步伐加快［EB/OL］．（2016-09-05）．http：//stats. gd. gov. cn/tjfx/content/post_1435383. html.

② 南方日报网络版. 省科技厅厅长龚国平解读新时期广东科技创新工作：打造体现国家使命、广东特色的"科技王牌军"［EB/OL］．（2021-01-26）．https：//www. gd. gov. cn/gdywdt/zwzt/2021gdlh/zxbd/content/post_3184312. html.

年份	事件	具体内容	影响力
2003	广东科学家成功构建出我国首例女性虚拟人数据集	我国首例女性虚拟人数据集构建成功,中国成为第三个拥有本国虚拟人数据库的国家,建立了有知识产权的虚拟人数字平台	为软件开发和国际合作与竞争奠定了基础
	广东SARS防治研究	在SARS疫情期间取得高水平研究成果,指导了SARS的防治,创造了全球最低病死率、最高存活率的显著成效	达到国际领先水平,获得多项科技奖励
2006	广东科学家成功破解庞加莱猜想	破解庞加莱猜想,对物理学和工程学将产生深远影响	解决了世界数学界关注的重大难题,引起了广泛关注
2008	深圳比亚迪推出世界首台量产的双模电动车	推出F3DM双模电动汽车,采用先进技术解决了能源、安全、充电和产业化问题	电动汽车产业迈向实用化,具有重要意义
2010	广东科学家参与并完成《中国植物志》编研	荣获国家自然科学奖一等奖,是全面描述和记录中国维管植物的重要成果	对植物科学领域具有重大贡献,受到广泛认可
2012	广东大亚湾中微子实验首次发现中微子的第三种振荡模式	发现中微子第三种振荡模式,被评为2012年十大科学突破之一	在国际物理界引起重大反响,被认为是中微子物理领域的里程碑
2013	国家超级计算广州中心业务主机"天河二号"正式投入运行	2013年6月,国防科学技术大学研制出"天河二号"。2015年,在全球超级计算机500强排行榜中,天河二号获得"六连冠",打破超算领域世界纪录	成为世界顶尖超级计算机,引领超算领域发展
2016	深圳国家基因库正式开业	唯一获批筹建的国家基因库,综合能力位居世界第一,填补了我国长期缺少国家级基因数据中心的空白	弥补科技领域空白,提升国际竞争力
2017	中国散裂中子源(CSNS)首次打靶成功	标志着中国成为第四个拥有"超级显微镜"的国家,CSNS投入正式运行,公开面向所有用户开放	提升科学研究水平,加强国际科研合作
	华为研发的5G标准领跑全球	华为研发的新波形、新编码等基础性技术标准被采纳为全球5G统一标准,获得逾25份商业合同,规模排名全球首位	引领全球5G技术发展,提高国际影响力
	广汽集团自主研发世界一流的汽车发动机	实现汽油机的高效燃烧,技术达到国际先进水平,获得广东省科学技术奖一等奖	提升汽车制造水平,增强国际竞争力

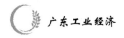
续表

年份	事件	具体内容	影响力
2018	中海油湛江分公司攻克南海高温高压钻完井关键技术	使我国成为全球第二个具备独立开发海上高温高压油气能力的国家，获得国家科技进步奖一等奖	提高海洋石油开发能力，推动油气产业发展
	特高压±800kV直流输电工程获国家科技进步奖特等奖	技术达到37项世界第一，是解决我国能源资源与电力负荷逆向分布问题、实施国家"西电东送"战略的核心技术	推动能源领域技术创新，促进电力跨区域大范围输送
	科学家培育出世界首例被敲入亨廷顿舞蹈病基因的猪	利用基因编辑技术成功培育出可模拟人类神经退行性疾病的基因敲入猪，科研成果将对人类产生深远影响	为神经退行性疾病的研究提供重要模型，推动医学进步
	"全自动干细胞诱导培养设备"研制成功	首台"全自动干细胞诱导培养设备"产生，对再生医学及其相关的细胞治疗领域产生重大影响	推动再生医学技术发展，助力细胞治疗领域进步
	港珠澳大桥建成通车	港珠澳大桥是在"一国两制"框架下，粤港澳三地首次合作建设的超大型跨海交通工程，促进了粤港澳大湾区的融合与发展	促进粤港澳大湾区经济发展，增强地区交通联系

资料来源：笔者整理而成。

课后思考题

1. 广东省工业技术创新能力应从哪几个方面进行分析？有哪些主要表现？

2. 广东省高技术产业的技术创新过程有哪些主要特征？

3. 广东省工业技术创新有哪些组织形式？组织形式的变化过程有哪些特点？

第六章 广东省工业劳动力市场的发展历程、现状及其与产业结构协调发展

劳动力是工业发展的重要投入要素。随着广东工业经济发展历程的演变，工业劳动力市场的发展也呈现出不同的阶段性特点。当前，产业技术的变革和产业转型升级的推进，对广东工业劳动力市场的发展提出了新的挑战。

第一节 广东省工业劳动力市场的发展历程

广东省的工业劳动力规模十分庞大，广东省作为中国最重要的制造业基地之一，据估计，2021 年，广东省的工业劳动力总数超过 2567 万人，占全省总就业人数的 36.3%。[1] 工业劳动力覆盖的行业十分多样化，涵盖了电子信息、家电、纺织服装、玩具、家具、汽车制造、化工、建材、金属制品等多个行业。广东省的工业劳动力主要来源于以下三个方面：一是农民工。广东省吸引了大量来自农村地区的农民工。这些农民工通常在制造业和建筑业等工业部门中从事体力劳动。二是技术工人。随着工业技术的进步，广东省对熟练工人和技术工人的需求也在增加。这些工人通常具备一定的技术技能和工作经验，从事具体的生产工作或操作特定的设备。三是高素质人才。随着工业的现代化和智能化发展，广东省工业劳动力市场对技术和技能的要求也在不断提高。除了一些基本的生产技能外，对于掌握先进制造技术、自动化设备操作和维护、质量管理等方面的技术人才需求较大。广东省政府和相关机构重视培训和技能提升，通过各种培训项目和职业教育机构提供技能培训和职业技术教育，以满足工业劳动力市场的需求。

---

[1] 广东省人力资源和社会保障厅.2021 年度广东省人力资源和社会保障事业发展统计公报 [EB/OL]. （2023-10-01）.http：//hrss.gd.gov.cn/attachment/0/511/511121/3975371.pdf.

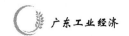

一、广东省工业劳动力市场发展的重要阶段

广东省工业劳动力市场的发展历史可以追溯到中国改革开放之初。以下是广东省工业劳动力市场发展所历经的重要阶段：

（一）初期发展阶段（20 世纪 80 年代）

改革开放政策的实施为中国经济的快速发展奠定了基础。广东省在改革开放初期成为中国对外开放的前沿地区之一。政府采取了一系列措施，鼓励外商投资和引进先进的生产技术及管理经验。广东省的核心城市，尤其是广州和深圳，在这一时期扮演了重要的角色。广州作为广东省的省会城市，具备良好的交通和物流优势，成为广东省重要的工业中心。而深圳则以特区政策为基础，在经济特区的发展中吸引了大量外资。广东省通过引进大量外资，推动了工业的发展。许多国内外企业落户广东省，这些企业带来了先进的生产技术、管理经验和市场机会，为广东省工业劳动力市场的发展创造了条件。为了满足工业发展的需求，广东省在改革开放初期建立了许多工业园区。这些工业园区提供了现代化的工厂、设施和服务，吸引了大量的制造企业入驻。深圳经济特区、广州经济技术开发区等成为广东省工业劳动力市场的热点区域。广东省工业劳动力需求的急剧增加吸引了大量的农民工和外来务工人员。这为广东省的经济发展奠定了坚实的基础，也使广东省成为中国重要的工业制造基地之一。

（二）蓬勃发展阶段（20 世纪 90 年代至 21 世纪初）

中国于 2001 年正式加入 WTO，这标志着中国对外开放进一步加强。作为中国对外开放的前沿地区，广东省迎来了新的发展机遇。中国加入 WTO 对广东省的工业劳动力市场产生了深远影响。随着中国加入 WTO，广东省成为全球制造业中心之一，电子信息、纺织服装、玩具、家具、汽车制造等行业迅速崛起。这些行业的发展带动了广东省工业劳动力需求的持续增加。广东省的电子信息行业在这一时期蓬勃发展，成为广东省工业的重要支柱之一。而深圳市则成为中国最大的电子产品制造和出口中心之一，吸引了大量的电子信息企业和劳动力。除了电子信息行业，纺织服装、玩具、家具、汽车制造等传统制造业也在广东省迅速兴起。在这一时期，广东省开始出现大规模的外来务工潮，广东省成为农民工的主要就业地。由于广东省工业发展迅速，对劳动力需求量大，吸引了大量来自其他省份的农民工前往以寻找就业机会。[①] 这些外来务工人员主要从事体力劳动，为广东省的工业生产提供了重要支持。这一时期的发展为广东省工业的发展和经

---

① 孔令渊. 广东省劳动力市场发展及其探索 [J]. 中国劳动科学, 1996 (11): 19-23.

济的繁荣奠定了坚实的基础。

（三）成熟发展阶段（21世纪初至今）

随着中国经济结构调整和产业升级的推进，广东省对技术工人和高素质人才的需求不断增加。政府鼓励企业加大科技创新投入，提高自主研发能力。广东省积极引进和培养高层次人才，包括工程技术人员、研发人员、质量管理人员等，以推动技术进步和提高产业竞争力。随着经济的发展和劳动力市场的变化，广东省劳动力成本逐渐上升。工资水平和生活成本的增加，以及福利待遇的提高，使得广东省的劳动力成本相对上升，人口红利逐渐消退，劳动力供应相对减少，对工业劳动力市场产生了一定的影响。由于劳动力成本的上升和产业结构调整的需要，一些劳动密集型产业开始逐渐从广东省转移至中国的其他地区或海外。这种转移使得广东省的工业劳动力市场面临调整和挑战，需要寻找新的发展方向和产业转型的路径。为适应工业劳动力市场的调整，广东省加强了技能培训和人才引进工作。政府加大对职业教育和技能培训的投入，以提高劳动者的技能水平和就业竞争力。同时，广东省也鼓励引进高层次人才，吸引国内外优秀人才来广东工作和创业。此外，广东省积极推动产业升级。政府鼓励企业加大科技创新投入，以推动传统产业向高技术制造业和创新型制造业转型。广东省积极培育新兴产业，如新能源、生物医药、智能制造等产业，以为工业劳动力提供新的就业机会。总体来说，21世纪初至今，广东省的工业劳动力市场面临着技能需求增加、劳动力成本上升和产业结构调整等挑战。① 广东省积极推动产业升级、培训技术人才和引进高层次人才，以应对这些变化，促进工业劳动力市场的发展。

总体而言，广东省工业劳动力市场在过去几十年的发展历程里取得了巨大的成效。从传统制造业到创新型制造业，广东省一直在努力提升产业价值链和劳动力的技术水平。同时，广东省的工业劳动力市场也面临着新的机遇和挑战，如技能培训、转型升级、人才引进等。

二、广东省工业劳动力市场发展的特征

广东省工业劳动力市场具有独有的特征，其原因主要包括以下五个方面：一是地理位置优势：广东省位于中国南部沿海地区，毗邻中国香港和澳门地区，拥有便利的交通和物流网络。这使得广东省成为连接中国内地和国际市场的重要门户，吸引了大量外资，推动了工业的快速发展。二是改革开放政策：广东省在改革开放初期成为中国对外开放的前沿阵地，率先引进了外资和先进的技术。并

---

① 李存园. 工业4.0背景下广东省高职教育发展的掣肘与对策［J］. 职业教育研究，2018（1）：22-27.

且，政府采取了一系列的开放政策和优惠措施，吸引了大量外资企业进驻广东省，促进了工业的迅猛发展。三是产业转移和产业链配套：随着中国经济结构调整和产业升级，一些劳动密集型产业开始向中国其他地区或海外转移。广东省作为中国制造业中心之一，具备完善的产业链配套，吸引了大量工业劳动力前来就业。四是技术进步和智能化发展：随着工业的现代化和智能化发展，广东省工业劳动力市场对技术和技能的需求不断增加。企业迫切需要掌握先进制造技术的技术型人才，以提高生产效率和产品质量。五是人口红利和劳动力供给：广东省是中国人口最多的省份，拥有庞大的劳动力资源，满足了工业发展对劳动力的需求。这些因素共同作用，使得广东省工业劳动力市场呈现出规模庞大、行业多样化、技能需求多样化、流动性较高、对高素质人才的需求增加、劳动力成本和生活成本较高，以及政府对劳动力培训和人才引进的支持力度大等特点。

（一）人口规模庞大

广东省是中国人口最多的省份，2022 年，广东常住人口 12656.8 万人，占全国人口总量的 8.97%，常住人口数量继续保持全国第一位；广东户籍人口 10049.7 万人，增加 102.8 万人，增长 1.03%，成为全国常住人口与户籍人口同时达到过亿体量的省份。[①] 庞大的人口基数为广东省提供了充足的劳动力资源。广东省吸引了大量来自农村地区的农民工，而珠江三角洲地区则是广东省用工需求增长最快的地区。[②] 由于广东省经济发展迅速、用工需求大，许多农民工前往广东省寻找就业机会，他们在广东省的工业劳动力市场中起着重要的作用。广东省的工业劳动力供应链相对成熟，许多劳动力中介机构与企业建立了联系，为企业提供劳动力资源。这使得广东省能够更加高效地满足工业劳动力市场的需求。而庞大的劳动力资源不仅为广东省的工业劳动力市场提供了充足的劳动力支持，也为广东省的经济发展和工业生产提供了重要的基础和动力。

（二）行业多样化

广东省的工业劳动力市场涵盖了多个行业，这使得广东省的经济多元化并且具有多样化的产业结构。广东省在电子信息领域具有重要地位，涉及电子器件、通信设备、计算机及其配套设备、电子元器件等。广东省的电子信息行业发达，尤其以深圳市为代表，是中国最大的电子产品制造和出口中心之一。广东省在家电制造方面有较高的产能和产值，涉及电视、冰箱、空调、洗衣机、厨房电器

---

① 广东省统计局.2022 年广东常住人口继续稳居全国之首　稳定增长可期［EB/OL］.（2023-06-01）.http://stats.gd.gov.cn/tjkx185/content/post_4147054.html.

② 李若建.南中国地区劳动力市场状况与珠江三角洲劳动力市场的发展［J］.人口研究，1993（6）：13-18.

等。广东省拥有众多家电制造企业，这些企业产生了大量的工业劳动力需求。广东省的纺织服装行业也相当发达，拥有众多纺织企业和服装制造企业，涉及纺织原料供应、纺织品加工、服装设计与制造等环节。这些企业提供了大量的就业机会，吸引了许多工业劳动力进入该行业。广东省在玩具制造方面具有较高的产能和市场份额。广东省的玩具企业涵盖了从设计、制造到销售的全产业链，为全球提供大量的玩具产品。广东省的家具行业也相当发达，其家具企业在国内外市场上享有很高的知名度，吸引了大量工业劳动力从事家具制造和加工。广东省的汽车制造业也有一定的规模，涉及汽车整车生产、零部件制造和汽车配套产业。广东省有一些大型汽车制造企业和汽车零部件供应商，为该行业提供了大量的就业机会。广东省还涉及一些其他行业，如化工、建材、金属制品等行业。这些行业涉及化工产品生产、建筑材料加工和金属制品制造等，为广东省的工业劳动力提供了多样化的就业机会。不同行业对工业劳动力需求和技能的要求可能存在差异。随着技术和市场的发展，一些高技术和高附加值的行业可能对高素质人才的需求更为迫切，而劳动密集型行业可能对熟练工人的需求更大。因此，广东省工业劳动力市场的多样化行业特点增加了就业机会。

（三）劳动力技能需求多样化

随着工业的现代化和智能化发展，广东省工业企业对劳动力技术和技能的需求不断增加。随着制造业的发展，广东省工业劳动力对先进制造技术（CAD/CAM技术、数控技术、机器人技术等）的掌握和应用能力不断提升，以提高生产效率和产品质量。广东省的工业劳动力需要掌握自动化设备的操作和维护技能。随着工业生产自动化水平的提高，对能够熟练操作和维护自动化设备的技术工人的需求越来越大。广东省工业对质量管理的要求较高，能够进行产品质量检测、质量改进和质量管理的技术人员在工业劳动力市场中具有较大的需求。此外，广东省对新能源和清洁技术方面的专业人才需求也不断增加。这包括太阳能、风能、储能等新能源领域的技术人才，以及环保技术和设备的应用和管理人才。随着数据时代的到来，广东省工业劳动力市场对数据分析和人工智能领域的人才的需求也在增加。企业需要具备数据处理、分析和应用能力的人才，以支持决策和优化生产流程。人工智能领域的专业人才在广东省的工业劳动力市场中也备受关注。随着工业的复杂化和产业链的拓展，广东省工业劳动力需要具备跨领域的技能。例如，具备电子、机械、电气等多个领域的综合技术能力，能够在多个环节中进行协调和配合。当然，随着工业的发展和技术的更新换代，广东省的工业劳动力市场对不同领域的专业人才的需求也会不断变化。

（四）劳动力市场流动性较高

广东省的工业劳动力市场存在较高的流动性，这主要体现在两个方面：一方面，广东省吸引了大量来自农村地区的农民工。这些农民工通常在广东省的制造业、建筑业等工业部门从事体力劳动。他们为了寻找更好的就业机会和更高的收入，前往广东省，以改善生活状况。另一方面，广东省吸引了一些外来务工人员。这些外来务工人员来广东省寻找就业机会，以提高收入和改善生活状况。他们往往从事各种工作，涵盖不同的行业和岗位，包括制造业、建筑业、餐饮业、服务业等。他们的流动性较高，有时会根据工作需求或个人意愿，在不同城市或地区之间流动。这种劳动力的高流动性对广东省的工业劳动力市场中产生了一些影响。劳动力的流动性增加了就业机会的灵活性，使得企业能够根据需求调整劳动力规模和结构。同时，劳动力的流动性也带来了劳动力供应不稳定、劳动力流失、人员培训和管理等问题，这对企业的稳定运营提出了一定的挑战。为了应对劳动力流动性所带来的挑战，广东省的政府和企业采取了一系列措施，包括加强对农民工的管理和服务、提供培训机会、完善社会保障体系等，以促进就业和提升劳动力素质。广东省作为我国经济运行市场化程度和经济发展水平较高的地区之一，应加快统筹城乡就业的步伐，① 推动劳动力流动的便利化和管理的规范化，以确保劳动力市场的平稳运行。

（五）高素质人才需求增加

随着广东省产业升级和创新发展的推进，工业劳动力市场对高素质人才的需求不断增加。首先，广东省工业领域对工程技术人员的需求不断增加。这些人才在工业项目的规划、设计、施工和管理等方面发挥着关键作用。对工程技术人员的需求涵盖多个领域，包括机械工程、电子工程、自动化工程、电气工程等，他们在推动工业技术进步和生产效率提升方面具有重要作用。其次，随着产业升级和创新发展的推进，广东省对研发人员的需求也在增加。这些人才负责新产品开发、新技术研究和创新项目等，能够推动企业的技术创新和产品升级。广东省鼓励企业加大研发投入，培养和引进高层次的研发人才，以提升产业的科技含量和竞争力。再次，广东省工业劳动力市场对质量管理人员的需求不断增加。这些人才负责建立和执行质量管理体系，进行质量控制和质量改进，确保产品和服务的质量符合标准和客户需求。质量管理人员在提高产品质量、降低缺陷率、提升客户满意度方面发挥着重要作用。最后，随着广东省产业结构的转型和创新发展的推进，广东省对创新管理人员的需求也在增加。这些人才负责组织和管理创新活动，能够推动企业创新能力和竞争力的提升。创新管理人员需要具备创新思维、项目管理、市场分析等综合能力，能够引导企

---

① 劳动保障部劳动科学研究所课题组. 战略研究：统筹城乡劳动力就业［J］. 中国劳动，2005（5）：7-11.

业进行创新和市场拓展。

（六）劳动力成本和生活成本较高

相对于其他省份，广东省工业劳动力的薪资水平较高。尤其是在一线城市，如广州、深圳等地，由于经济发达和人才需求旺盛，工资水平较高。高工资水平是吸引和留住优秀劳动力的重要因素之一。广东省一些城市的生活成本较高，劳动力为了应对高生活成本的压力，通常需要获得较高的薪资以维持正常的生活水平。广东省的经济发展较快，这在一定程度上使得一些发达地区的劳动力市场存在供需失衡的情况。当劳动力需求大于供给时，企业为了吸引和留住人才，会提供较高的薪资和福利待遇。这也导致了工业劳动力成本的上升。尽管高劳动力成本和高生活成本对企业吸引和留住劳动力构成了一定的挑战，但广东省仍然吸引了大量的工业劳动力。这是因为广东省具有较为发达的经济、完善的基础设施、丰富的就业机会和较好的职业发展前景。同时，广东省的政府也在努力优化营商环境，提供更多的政策支持，以应对劳动力成本上升的挑战。①

（七）政府对劳动力培训和人才引进的支持力度大

广东省政府不断加大对职业教育和技能培训的投入力度。通过建设职业技术学校、培训中心等教育机构，提供针对性的职业培训和技能培训，以提高劳动者的职业素质和技能水平。政府还通过资助和奖励机制，鼓励企业和个人参与职业教育和技能培训。广东省大力推动产学研的结合，加强企业与高等院校、科研机构之间的合作。通过共建实训基地、开展合作研发项目等方式，提升劳动力的实际操作能力和创新能力。这种产学研相结合的模式有助于将教育培训与实际需求相结合，提高劳动力的就业适应性和创新能力。广东省积极引进高层次人才，包括国内外优秀人才。政府提供优惠政策和便利条件，吸引人才来广东省工作和创业。同时，广东省加强与高校、科研机构的合作，通过引进人才项目、设立科研基地等方式，促进高层次人才的引进和培养。广东省注重建立健全人才评价和激励机制，为具有优秀技能和创新能力的工业劳动力提供更多的发展机会和晋升通道。通过评选优秀工人、技能大师等，激励劳动者提高自身技能和业绩水平。广东省积极推动国际人才交流和合作，通过引进国际专业人才、开展国际合作项目等方式，促进跨国人才流动和经验交流，提升广东省的人才水平和国际竞争力。以上措施为广东省的工业发展提供了强有力的支持。

---

① 刘世定，王汉生，孙立平，等. 政府对外来农民工的管理——"广东外来农民工考察"报告之三 [J]. 管理世界，1995（6）：187-197.

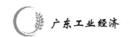

第二节　广东省工业劳动力市场的现状与面临的挑战

广东省作为中国改革开放的前沿阵地，拥有强大的制造业和工业基础，在广东工业经济快速发展的过程中，其劳动力市场也面临诸多挑战和机遇。本节将对广东省工业劳动力市场的现状以及面临的挑战进行较为全面的分析。

一、广东省工业劳动力市场的现状

（一）就业结构持续优化，新就业形态不断涌现

从1980~2020年广东三大产业从业人员构成比例的变革来看（见图6-1），高速发展的数字经济加速了就业结构调整，第二、第三产业从业人员占比在整体上呈现增长态势。其中，第二产业从业人员占比从1980年的17.1%增长到2020年的35.9%，这一数据的增长反映了广东在产业结构调整和经济发展方面的持续努力。第二产业从业人员的增加，表明了制造业、建筑业等实体经济的稳步发展和壮大。[1] 反观第一产业从业人员，从1980年占全部从业人数的70.7%，到2010年、2015年、2020年分别下降到总人数的24.4%、15.9%、10.9%，不难

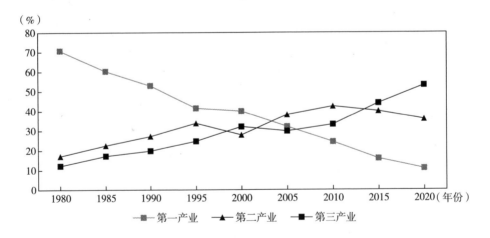

图6-1　1980~2020年广东三大产业从业人员构成比例

资料来源：相关年份《广东统计年鉴》。

---

① 广深第二产业从业人员持续增长，说明了什么？[EB/OL]．（2023-12-30）．https：//baijiahao. baidu. com/s? id=1769032332889503877&wfr=spider&for=pc.

分析出：随着数字经济的飞速发展，第一产业的工作逐渐被新就业形态所取代，从过去以传统制造业为主的阶段逐渐向高科技产业和服务业转变，广东的产业结构不断调整和优化。

（二）"人口红利"向"人才红利"转变

长期以来，人口红利一直是推动中国经济发展的一个重要因素。目前，中国的"人口红利"并没有消失，且"人才红利"正在形成，发展动力依旧强劲。① 广东省拥有庞大的人口基数，2000～2021 年广东常住人口数呈现稳定增长态势。其中，2021 年广东常住人口达 12684 万人，第二产业就业人口达 2565 万人，人力资源丰富仍然是广东的突出优势（见图 6-2）。更重要的是，2022 年广东省各级各类教育（不含非学历培训、不含技工学校）招生数达 755.37 万人，比上年增长 0.7%，其中高等教育（研究生教育、本专科教育）招生数达 155.11 万人，② 比上年增长 12.06%，③ 这些数据清晰地印证了广东人口总量与质量、人口

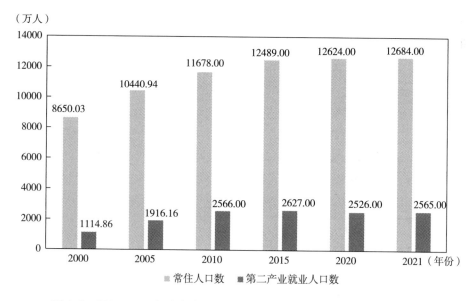

图 6-2　2000～2021 年广东常住人口数、第二产业就业人口数及净迁移率

资料来源：相关年份《广东统计年鉴》。

---

① 人民财评："人口红利"没有消失，"人才红利"正在形成 [EB/OL]. （2023-06-16）. baijiahao. baidu. com/s? id=17607751537470408808. wfr=spider&for=pc.

② 2022 年广东国民经济和社会发展统计公报 [EB/OL]. （2023-03-31）. http://stats. gd. gov. cn/attachment/0/517/517175/4146083. pdf.

③ 2021 年广东国民经济和社会发展统计公报 [EB/OL]. （2022-02-28）. http://stats. gd. gov. cn/attachment/0/483/483178/3836135. pdf.

与人才之间的关系，广东工业高素质人才的增长所带来的生产力的提高以及经济增长效应仍然可观。

（三）城乡居民收入差距进一步缩小

2022 年，全省居民人均可支配收入 47065 元，比上年增长 4.6%。人均可支配收入增长的同时，城乡居民收入差距进一步缩小。分城乡来看，城镇居民人均可支配收入 56905 元，增长 3.7%；农村居民人均可支配收入 23598 元，增长 5.8%。城乡居民收入比为 2.41∶1，较上年的 2.46∶1 进一步下降。在就业方面，2022 年全省就业市场基本保持稳定。截至 2022 年 12 月末，全省城镇新增就业人员 132.06 万人，就业困难人员实现就业 10.51 万人。①

（四）技能层次多样化

近年来，广东紧紧围绕粤港澳大湾区建设等重大战略，坚持制造业当家，大力加强技能人才培养，推动实施产业技能根基工程，建立以产业岗位标准为引领、以院校学生和教学资源为基础、以职业技能等级评价为纽带的"产教评"融合技能生态链，实现产业技能人才培养、使用、评价各方共建、共评、共治、共生发展，加快建设一支规模宏大的知识型、技能型、创新型制造业当家人才，不断推动广东技工与广东制造共同成长。广东省工业劳动力市场呈现出技能层次多样化的特点：一方面，高技能工人在广东先进制造业、高科技产业和研发领域发挥着关键作用。这些领域需要具备先进生产技术以及自动化和数字化工具操作能力的人才，以推动企业不断创新和升级。另一方面，传统制造业和基础产业则需要大量的低技能劳动力。这些劳动力在生产线上从事重复性工作，为工业的稳定运转提供了基础支持。目前，广东省技能人才总量达 1850 万人，其中，高技能人才 631 万人，占比 34.13%，为经济社会高质量发展提供了强有力的人才支撑。②

（五）社会保障事业不断取得新突破

就业是最大的民生，也是经济发展最基本的支撑。国务院印发的《"十四五"就业促进规划》提出，到 2025 年，实现就业形势总体平稳，城镇调查失业率控制在 5.5%以内。2022 年 6 月至 2023 年 6 月，广东城镇调查失业率整体控制在 5.5%及 5.5%以下。广东就业局势总体保持基本稳定，社会保障事业不断取得新突破，呈现出"三个稳"的态势：一是就业保持稳定，2023 年上半年城镇新

① 《2022 年广东省国民经济和社会发展统计公报》发布去年第二产业对经济贡献率超五成［EB/OL］.（2023-12-30）. http://www.gd.gov.cn/zwgk/sjfb/mssj/rjkzpsr/content/post_4147011.html.

② 一技之长　能动天下——2022 年世界技能大赛特别赛广东冠军选手闪耀南粤大地［EB/OL］.（2023-02-10）. http://www.clssn.com/2023/02/10/9914545.html.

增就业人数 678 万人，比去年同期增长 3.67%，城镇失业人员再就业人数 268 万人，比去年同期增长 7.20%。二是职工参保人数稳步增长，2023 年上半年城镇职工基本养老、失业、工伤保险参保人数分别为 51018 万人、23951 万人、29410 万人，同比分别增长 3.45%、2.78%、2.90%。三是重点群体就业总体稳定，2023 年上半年就业困难人员就业人数 87 万，比去年同期增长 2.35%，2023 年 6 月城镇调查失业率比去年同期下降 0.3 个百分点（见图 6-3）。

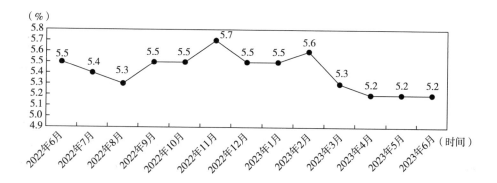

图 6-3　2022 年 6 月~2023 年 6 月广东城镇调查失业率

资料来源：广东省人力资源和社会保障厅。

二、广东省工业劳动力市场面临的挑战

（一）"机器换人"对劳动关系产生短期震荡

广东省是国内最早推进制造业生产自动化升级的地区之一。分行业来看，广东省的汽车制造业在"机器换人"方面走在最前列，其次是塑料化工、制药、电子电器、机械装备、金属加工等行业，服装、玩具、家具等行业进展缓慢。从调研情况来看，企业实施"机器换人"有助于提升生产效率和产品质量，对于制造业转型升级具有重要意义。先行企业一般采用积极稳妥的方式推进，通过转岗培训帮助员工适应新岗位，或以不再续签劳动合同的方式逐步淘汰富余员工，因而基本没有引发裁员潮和剧烈的劳资纠纷。① 从实施效果来看，"机器换人"对低技能劳动力的"替代效应"明显，多项调研或测算显示，绝大多数企业平

---

① 孙中伟，邓韵雪．"世界工厂"的"凤凰涅槃"——中国制造业"机器换人"的经济社会意义 [J]．学术论坛，2020，43（3）：1-8．

均每台工业机器人替代的人工数在 4~10 人。① 预计到 2025 年，工业机器人对我国劳动力的整体替代效应将不会低于 4.7%。② 随着企业生产智能化改造的推进和市场对产品质量的要求不断提升，原有的适应普通流水线的工人可能无法满足转型升级之后新的岗位需求，部分技能素质偏低、年龄偏大的工人将面临规模性失业风险。

（二）人口老龄化和劳动力供应不足

人口老龄化是社会发展的重要趋势，也是今后较长一段时期我国的基本国情。1982~2021 年，广东 65 岁及以上人口比重上升了 3.66 个百分点。其中，2010~2020 年增长了 1.78 个百分点，与上个十年相比，增长幅度提高了 1.04 个百分点，人口老龄化进程明显加快。另外，2021 年广东 65 岁及以上人口达 1157 万人（9.12%），老年人口规模创历史新高。据历年《广东统计年鉴》的相关数据，2011~2021 年，全省第二产业从业人员数量及其在三次产业中的占比呈下降态势，从 2011 年的 2611 万人（42.9%）下降到 2021 年的 2565 万人（36.3%），不难看出，人口老龄化在一定程度上使得广东工业劳动力的供给数量有所下降。

另外，广东工业的蓬勃发展导致了对各类专业人才的需求不断增加，然而，目前的人才供应却难以满足市场需求。一方面，高校毕业生数量虽然不断增加，但其专业背景与工业需求之间存在较大差距，且缺乏实践经验；另一方面，技工等蓝领人才短缺，导致一些基础工业岗位难以招聘到合适的人员。随着技术的不断进步，广东工业的生产方式正在发生深刻变革。然而，劳动者的职业技能却相对滞后，这导致许多工人难以适应新的生产模式。因此，提升职业技能成为当前亟须解决的问题。

（三）劳动条件、薪资和福利待遇水平不高

尽管工业的发展为广东带来了巨大的经济效益，但一些有关劳动条件和待遇的问题也日益凸显，影响了工人的工作积极性、生活质量以及社会稳定。第一，加班成为常态。随着工业生产的扩张，一些工人面临长时间的加班工作，影响了工作与生活的平衡，甚至会对健康造成负面影响。第二，工资低和收入不稳定。尽管广东省工业的生产效益显著，但仍有许多基层工人的工资较低，难以满足基本生活需求。此外，一些非正式劳动力可能面临收入不稳定的情

① 程虹，陈文津，李唐. 机器人在中国：现状、未来与影响——来自中国企业—劳动力匹配调查（CEES）的经验证据 [J]. 宏观质量研究，2018（3）：1-21.
② 汪华，詹绍康. 智能制造、劳动替代与无集体挤出——"机器换人"对工人就业影响的社会学研究 [J]. 安徽师范大学学报（人文社会科学版），2021，49（4）：85-94.

况。第三，缺乏社会保障。广东省的部分工业企业在提供社会保障方面存在不足，员工缺乏医疗保险、养老保险等基本保障，一旦发生意外或失业，可能面临较大的风险和困境。第四，部分工业企业可能存在工作环境恶劣、安全隐患较大的问题。这导致员工在工作中面临安全风险，同时会影响员工的身体健康和生产效率。第五，缺乏职业发展机会。尽管广东省的工业对劳动力的需求大，但一些基层工人缺乏职业晋升和发展的机会，这可能导致员工的职业发展受限，难以实现个人能力的充分发挥。第六，用工方式多样化带来的挑战。随着技术进步和生产模式的改变，一些工业企业开始采用灵活的用工方式，如聘用临时工、兼职工等。这虽然有助于适应市场需求，但也可能产生员工权益保障问题，导致职业稳定性降低。

第三节　广东省工业劳动力结构与产业结构协调发展

广东同时具备"经济强省""人口大省"两大特征。广东省产业结构目前正在不断优化，已从中华人民共和国成立之初的"一三二"转变为目前的"三二一"，呈现出"第二、第三产业"主导的局面。2022 年，全省经济总量逼近 13 万亿元关口，第二产业对经济的贡献率已超五成，其中工业增加值已多年位居全国榜首，① 规模以上工业企业实现营业收入 17.99 万亿元，工业行业门类齐全且大类行业基本实现全覆盖。② 当前，广东人口规模不断扩大，2021 年第七次全国人口普查报告显示，广东省人口总量达 1.26 亿人，全省 15~59 岁劳动年龄人口已达 8669.76 万人，规模庞大，居全国之首。③

产业结构升级的本质是生产要素不断优化配置的动态过程，尤其是对劳动力资源的合理配置。一方面，劳动力作为影响社会经济变化的关键资源，其配置方式影响着地区经济发展的整体效率和综合水平；另一方面，劳动力资源的合理配置关系到就业结构、空间流动、产业布局和充分就业等重大经济问题。④ 劳动力要素的合理配置，将有利于广东省内的人力资源充分发挥价值，推进区域融合和

①　《2022 年广东省国民经济和社会发展统计公报》发布去年第二产业对经济贡献率超五成 [EB/OL]. (2023-12-30). http://www.gd.gov.cn/gdywdt/zwzt/jfqyhl/cyyhsj/content/post_4145919.html.

②　广东省统计局. 2022 年广东规模以上工业效益简况 [EB/OL]. (2023-02-07). http://stats.gd.gov.cn/tjkx185/content/post_4091058.html.

③　王彩娜. 经济地理丨人口版图变迁 [EB/OL]. [2021-06-18]. https://mp.weixin.qq.com/s/L2eE9na6tDr0bNwC_KTLDQ.

④　李楠，黎紫纯. 粤港澳大湾区劳动力资源配置变化及特征 [J]. 广东经济，2022 (12)：44-51.

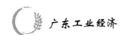

产业升级，促进经济的高质量发展。本节将讨论广东省工业劳动力市场产业结构和就业结构协调性的相关理论的发展，并从协调性角度分析广东省工业劳动力市场与产业结构协调发展的趋势及现状。

一、产业结构与就业结构协调发展的理论观点

当前，有关产业结构与就业结构的理论体系已趋于完善，学界对于这方面的研究不断深入，目前多数学者致力于探讨微观层面中不同地区或不同产业的产业结构与就业结构的关联性。

关于产业结构与就业结构协调发展问题的理论研究最早可追溯到英国经济学家提出的配第—克拉克定理。此后，Kuznets（1971）指出不同产业的就业结构存在差异，产业结构的不断调整势必会影响就业结构的变化。而后随着技术的进步，越来越多的学者开始考虑技术进步对于两者关系的影响。Zeira（1998）认为技术进步推进产业发展的同时会逐渐挤出低技能劳动力。而 Acemoglu、Autor（2011）则认为，随着技术的进步，新就业岗位会被创造，且岗位创造的影响大于挤出效应。以上国外有关产业结构与就业结构关联性的理论为我国的相关研究提供了一定的借鉴。

国内有关这方面的研究同样取得了一定的成果。多数学者通过实证分析进行探讨，最初从宏观层面对中国产业结构与就业结构的偏差进行研究。夏杰长（2000）在分析中国产业结构与就业结构的偏差后，提出产业结构是决定就业规模的重要参数，不同产业结构的就业结构与增量存在着较大差异。喻桂华、张春煜（2004）在此基础上分析了三大产业的产业结构与就业结构存在偏差的原因。而后随着两者关联性理论的进一步成熟，不少学者开始从微观层面进行分析，细致研究各省份（地区）或者某一特定产业的产业结构与就业结构，极大地丰富了该领域的研究。吉正敏等（2023）通过技术分析指出第三产业的就业结构与产业结构协调度较高，但仍滞后于产业结构的变化。孙早、侯玉琳（2019）发现工业发展中智能制造将会替代中等教育水平的劳动力，进而使得就业结构呈现出"两极化"的特征。

总之，产业结构与就业结构之间的关联性最初是由配第—克拉克定理所揭示的，并认为劳动力有从第一产业向第二、第三产业转移的趋势。[①] Kuznets（1973）进一步指出工业化发展进程中第二产业吸纳就业的能力会逐渐降低，第三产业的吸纳能力将逐渐增强。此后随着相关理论研究的进一步发展，国内

---

① Fisher A G B. Production, primary, secondary and tertiary [J]. The Economic Record, 1939, 15 (1): 24-38.

学者结合中国经济实际运行情况对相关方面展开了研究。其中，卞瀚鑫、李彬（2011）在研究三大产业的协调发展时，认为应该更加关注第二产业的投入与协调性。此外，中国社会科学院在分析世界各国的经济发展经验时发现，工业是引导经济快速发展的主导产业，对其他产业的发展具有较大的带动作用，保持工业稳定的增长、维持工业的比重基本稳定是中国建设工业强国的必由之路。①

二、广东省工业劳动力结构和产业结构协调发展的现状

近年来，广东省保持着中国重要制造业基地的地位，并不断推进工业劳动力结构变革升级，呈现出由传统制造业向服务型制造业转型的趋势。先进制造业、高技术制造业、新兴产业 GDP 占比逐年上升，反映了广东省工业转型升级的成果。与此同时，先进制造业、高技术制造业和新兴产业展现出了较强的劳动力吸纳能力，而传统制造业的就业人数占比则逐渐下降。

（一）广东省工业劳动力结构与产业结构的定义

工业劳动力结构指的是第二产业中各行业的就业人数占广东省总就业人数的比重。工业产业结构指的是第二产业中各行业增加值占广东省 GDP 的比重。根据统计年鉴的统计体系，工业分为采矿业，制造业，电力、热力、燃气及水生产和供应业以及建筑业四个行业。本节基于历年《广东统计年鉴》论述广东省工业劳动力结构和产业结构的协调性。

（二）广东省工业劳动力结构和产业结构的演变趋势

从整体上看，广东省工业劳动力结构和产业结构的演变趋势充分体现出了广东省作为我国重要的制造业基地的地位（见图 6-4）。广东制造业的劳动力占比和产值占比虽然有逐渐降低的趋势，但在工业中其占比依然遥遥领先。广东省工业劳动力主要集中在制造业领域，尤其是技术含量高的电气机械和器材制造业，呈现出了对高新技术产业的倾斜。

2021 年，广东省制造业就业人数最多，占比达 76.18%，明显超过其他行业（见图 6-5）。其中，电气机械和器材制造业的就业人数最多，高达 245.78 万人。铁路、船舶、航空航天和其他运输设备制造业与水生产和供应业也有较高的劳动力数量。

---

① 中国社会科学院工业经济研究所课题组，史丹，李晓华. 工业稳增长：国际经验、现实挑战与政策导向［J］. 中国工业经济，2022（2）：5-26.

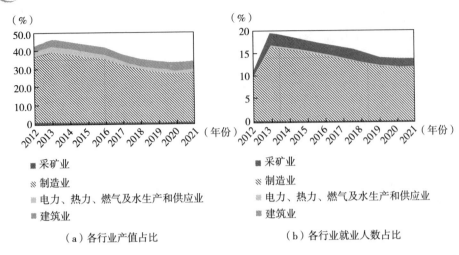

（a）各行业产值占比　　　　　　　（b）各行业就业人数占比

图 6-4　2012~2021 年广东省分行业产业结构、劳动力结构演变趋势

资料来源：根据 2012~2021 年《广东统计年鉴》数据绘制而成。

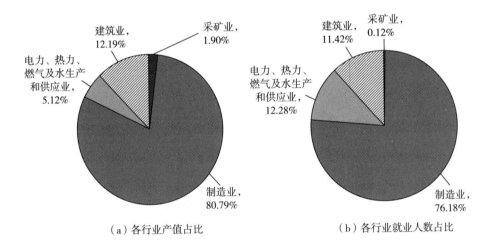

（a）各行业产值占比　　　　　　　（b）各行业就业人数占比

图 6-5　2021 年广东省第二产业分行业产值、就业人数占比

资料来源：根据 2012~2021 年《广东统计年鉴》数据绘制而成。

　　以制造业为主体的实体经济是广东的立省之本、强省之基。2022 年广东省实现 GDP 超 12.9 万亿元，工业特别是制造业发挥了关键作用。制造业是现代化产业体系的根基和核心，建设更具国际竞争力的现代化产业体系，关键是提升制造业的现代化水平和国际竞争力。广东要在建设更具国际竞争力的现代化产业体系上取得新突破，关键是在推动制造业的发展上取得新突破。^① 接下来，我们重点分析广东省制造业内部的劳动力资源配置情况。

2012~2021 年，先进制造业、高技术制造业、新兴产业产值持续增长，而传统制造业在 2012~2016 年基本保持平稳，之后开始呈现略微下降的趋势（见图 6-6）。^② 其中，先进制造业的产值增长得最快，十年间占比增长 5%，高技术制造业、新兴产业则基本稳定在 3% 左右。2012~2021 年，除传统制造业外，先进制造业、高技术制造业和新兴产业的就业人数都有所增长，但总增长率低于 GDP 增长率，且波动较大。

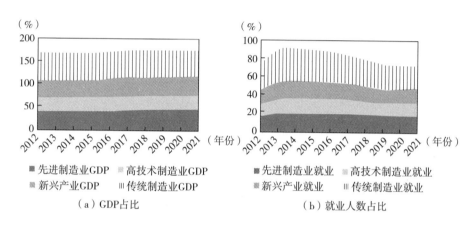

（a）GDP占比　　　　　　（b）就业人数占比

图 6-6　2012~2021 年先进制造业、高技术制造业、新兴产业、
传统制造业 GDP、就业人数占比

资料来源：根据 2012~2021 年《广东统计年鉴》数据绘制而成。

（三）广东省工业劳动力结构和产业结构的协调性分析

本节分别从就业弹性和结构偏离度两个视角来分析广东省工业劳动力结构和

---

① 田秋生. 推动制造业发展取得新突破 [J]. 经济研究信息，2023（8）：34-36.
② 参考王欢芳等（2023）、马学广等（2023），本节将先进制造业定义为以下行业：化学原料和化学制品制造业，医药制造业，化学纤维制造业，有色金属冶炼和压延加工业，专用设备制造业，汽车制造业，铁路、船舶、航空航天和其他运输设备制造业，计算机、通信和其他电子设备制造业，废弃资源综合利用业；参考《高技术产业（制造业）分类（2017）》，本节将化学原料和化学制品制造业，医药制造业，铁路、船舶、航空航天和其他运输设备制造业，计算机、通信和其他电子设备制造业，仪器仪表制造业定义为高技术制造业；参考《战略性新兴产业分类（2018）》，本节将石油加工、炼焦及核燃料加工业，化学原料和化学制品制造业，医药制造业，黑色金属冶炼和压延加工业，有色金属冶炼和压延加工业，通用设备制造业，铁路、船舶、航空航天和其他运输设备制造业，计算机、通信和其他电子设备制造业，废弃资源综合利用业定义为新兴产业。

产业结构的协调性,以揭示广东省制造业内部的劳动力资源配置效率。就业弹性是经济学中用来描述经济增长与就业增长之间的关系的一个指标。它表示当国内生产总值(或某个特定行业的产值)增长 1%时相应就业量变化的百分比。如表 6-1 所示,2013~2021 年广东省上述四个行业的就业弹性均为正,表明在总体上经济增长对四个行业的就业增长都有拉动作用。其中,传统制造业的就业弹性在 2013 年达到峰值,此后降幅明显。尽管就业弹性有所下滑,但经济增长对其就业仍然有持续的拉动作用,传统制造业仍在逐渐适应经济的变化和技术的更新。而先进制造业、高技术制造业和新兴产业的就业弹性的演变趋势趋同:持续地表现出经济增长对其所产生的拉动效果。

表 6-1　2013~2021 年广东省制造业就业弹性

年份	先进制造业	传统制造业	高技术制造业	新兴产业
2013	1.521341576	1.636241009	1.590784582	1.541278686
2014	0.956340019	0.933702516	0.955326075	0.969289004
2015	0.935021293	0.919412894	0.918292454	0.929030773
2016	0.921737393	0.907130778	0.920642454	0.924544579
2017	0.941758029	0.978197775	0.920149524	0.940696091
2018	0.95870284	0.940342085	0.950217046	0.955731872
2019	0.920519419	0.928459348	0.90237243	0.930964715
2020	1.018049216	0.952424333	1.033961242	1.027796697
2021	0.90147371	0.867182863	0.883795457	0.863825534

结构偏离度表现为当年行业产值占行业生产总值的比重除以该行业就业人数占总就业人数的比值减 1。结构偏离度的值接近于 0,说明该产业在产值和就业这两个方面相对均衡。结构偏离度的值为正,说明该产业的产值占比高于其就业占比,意味着该产业具有较高的生产力或生产效率,需要吸纳劳动力。结构偏离度的值为负,说明该产业的产值占比低于其就业占比,意味着该产业的生产效率较低或存在劳动力冗余,需要释放劳动力,并促使其向其他行业转移。

如表 6-2 所示,2012~2019 年先进制造业结构偏离度一直为正,这意味着该行业具有较高的生产效率,有潜力吸纳更多的劳动力。但从 2020 年开始,先进制造业的结构偏离度大幅下滑并在 2021 年呈现负值,表明该产业的生产效率可能遇到了挑战,存在劳动力过剩的情况。这一现象与新冠病毒感染疫情的影响密切相关,新冠病毒感染疫情导致全球供应链中断、需求锐减、生产停滞,进而影响到了先进制造业的生产和就业。新兴产业的结构偏离度一直为正,表明该行业对劳动力具有持续的吸纳作用。新冠病毒感染疫情期间,新兴产业同样面临着客户需求下降、投资缩减等问题,致使其对劳动力的吸纳作用有所降低。高技术制造业的结构偏离度绝对值较小,且波动较频繁,这表明高技术制造业的产值与就业的关系出现了轻微的不均衡现象。尤其是在 2020 年和 2021 年,新冠病毒感染疫情对高技术制造业产生了显著的冲击,带来了原材料短缺、订单减少以及研发活动受阻等问题,进一步拉低了其结构偏离度。2012 年以后,传统制造业的结构偏离度一直为负,这意味着该行业出现了较强的劳动力过剩现象,劳动力亟待向其他更有潜力的行业流动。

表 6-2 2012~2021 年广东省产业结构偏离度

年份	先进制造业	传统制造业	高技术制造业	新兴产业
2012	0.137242241	0.017953106	0.042487028	0.206204825
2013	0.158825488	−0.035566497	0.015900272	0.213197981
2014	0.118948944	−0.046175834	−0.018016916	0.155800704
2015	0.103510952	−0.043366447	−0.013922909	0.147204212
2016	0.104502064	−0.027089709	−0.011863454	0.144748193
2017	0.137780267	−0.035111071	0.041812953	0.18057022
2018	0.116056169	−0.035053757	0.031047337	0.161628942
2019	0.071222568	−0.081737515	0.009530403	0.102454867
2020	0.020145848	−0.065266761	−0.053400067	0.039931966
2021	−0.003779629	−0.051093947	−0.057110234	0.059802911

综上所述,广东省制造业的发展对就业增长具有较强的拉动作用,相关策略的选择不仅体现在其对于高新技术产业的倾斜上,更体现在其对于劳动力配置、产业升级和经济增长的均衡关系的考量上。

广东省作为我国的经济大省,其经济结构的变化往往预示着我国经济的整体趋势。过去十年,广东省持续推进产业结构调整,加大对高新技术产业的支持力度,同时努力优化传统制造业,使其更具竞争力。虽然先进制造业、高技术制造业和新兴产业的 GDP 占比逐年上升,但在劳动力配置方面还存在一些问题和挑战,如何更好地平衡经济增长与就业增长,在产业升级的同时保证劳动力的稳定就业,成为广东省当下所面临的重要议题。另外,面对全球经济的不确定性,广东省工业劳动力结构和产业结构的调整策略同样值得我们关注。未来,广东省应进一步深化产业结构和劳动力结构的调整，优化资源配置，提高经济的抗风险能力，为我国的经济发展提供更为稳健的支持。

三、广东省工业劳动力结构滞后于产业结构的时间测度

我国就业结构的变化往往滞后于制造业产业结构的发展。[1][2] 作为中国的经济重地，广东省制造业的发展速度和深度一直处于国内领先地位。但近年来有研究发现，广东省的工业劳动力结构似乎并未与其快速发展的产业结构保持同步。相较于制造业的现代化进程，工业劳动力的流动性和结构调整显得相对滞后。

上述结构偏离度和协调系数为我们提供了静态的分析视角。而实际上制造业和就业结构之间的关系是一个动态交互的过程，本节运用 Moore 指数法和灰色关联分析法，进一步了解广东省制造业内部的就业结构是否滞后于产业结构，并确定其滞后的时间跨度。

在分析广东省制造业内部的就业结构是否滞后于产业结构时，Moore 指数提供了一个有力的工具。通过比较不同年份的 Moore 指数，我们可以了解制造业子产业与就业群体的动态关系，判断就业结构的调整是否滞后于产业结构的变化。灰色关联分析是一种评估因素间关联程度的方法，特别适用于数据量小且数据间关联性不明显的情况。在对于广东省制造业与就业结构的动态交互分析中，灰色关联分析可以帮助我们确定各个子产业和与其相关的就业群体的关联程度。通过分析各个子产业的产值增长与相应的就业群体的增长之间的关联度，我们可以进一步判断制造业内部的就业结构调整是否滞后于产业结构的发展，并确定其滞后的时间跨度。

通过 Moore 指数法和灰色关联分析法，我们不仅可以从静态的角度看到广东省制造业产业结构与就业结构之间的偏离度和协调性，还可以深入了解其背后的动态交互过程，为广东省的产业和就业政策的制定提供更为全面和深入的参考。

结合广东省的相关数据，我们可以看出，广东省制造业内部的就业结构滞后于产业结构。表 6-3 中的数据显示，在某些年份（如 2013 年、2014 年）制造业的产值增长率明显高于其就业增长率。这意味着广东省的制造业在这些年份有较快的产值增长，但相应的就业结构的调整速度却没有跟上。从表 6-4 中可以发现，当滞后时长为 5 年时，制造业产业结构与就业结构的灰色关联度最高，达到

① 周健. 中国第三产业产业结构与就业结构的协调性及其滞后期研究 [J]. 兰州学刊, 2020（15）: 95-109.

② 吉正敏, 王鑫惠, 张雪青. 我国第三产业结构与就业结构协调发展研究 [J]. 经济研究导刊, 2023（10）: 1-5.

0.751939，这进一步验证了制造业的产业结构的发展比就业结构的调整要快 5 年。

表 6-3　2013~2019 年制造业产业结构与就业结构的 Moore 值

年份	2013	2014	2015	2016	2017	2018	2019	2020	2021
产业结构	0.0304	0.0343	0.0227	0.0335	0.0775	0.0409	0.0427	0.0328	0.0411
就业结构	0.1222	0.0285	0.0250	0.0310	0.0278	0.0345	0.0394	0.0580	0.0240

表 6-4　2013~2021 年广东省制造业产业结构与就业结构 Moore 值的灰色关联度

滞后时长 T	排名	灰色关联度
0	5	0.700148
1	4	0.702307
2	3	0.712231
3	6	0.693377
4	8	0.670639
5	1	0.751939
6	2	0.729741
7	7	0.681750

这种滞后性可能会对广东省的经济增长产生一定的影响。由于制造业劳动力的流动性不足，当产业结构发生变化时，劳动力市场可能不能迅速适应，进而导致资源配置不足。这也意味着广东省可能需要加大对劳动力的培训力度，提高劳动力的流动性和适应性，以确保其制造业的稳定和持续发展。

四、小结

综上所述，改革开放以来，广东省的产业结构和就业结构实现了调整升级，两者的协调性也在不断提高，目前三大产业的产业结构和就业结构都已优化升级为"三二一"格局，但是两者的调整步伐尚未一致。广东省是全国工业第一大省，制造业产业结构的调整对就业产生了较强的拉动作用。先进制造业、高技术制造业和新兴产业在大部分时间段内都展现了较高的生产效率和较强的劳动力吸纳能力，而传统制造业的劳动力冗余现象较严重。此外，制造业劳动力结构的变动滞后于产业结构的变动，经济市场上制造业内部劳动力流动性不足。

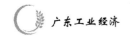

第四节　广东省工业劳动力市场的
发展机遇与政策建议

广东省工业劳动力市场吸引了大量的劳动力资源，但也面临各种挑战。本节将分析广东省工业劳动力市场的发展机遇，并且给出相应的有助于广东省工业劳动力市场发展的政策建议。

一、广东省工业劳动力市场的发展机遇

（一）科技创新带来新兴产业和岗位

近年来，伴随着新一轮科技革命和产业变革，新需求层出不穷，产业的动能转换、转型升级带来了分工精细化和职业的新旧更替，新职业如雨后春笋般涌现，如激光设备安装调试员、工业机器人系统运维员等。广东坐拥制造大省和用工大省"双重身份"，其现代制造业对新职业人才的需求十分旺盛。

（二）数字化转型与高端制造业需求增加

作为数字经济大省，广东省近年来全面推进数字经济强省建设，促进数字经济与实体经济深度融合，激发经济发展新活力，取得了显著成效。数据显示，2022 年广东省数字经济规模为 6.41 万亿元，增长 8.6%；占地区 GDP 的比重较上年提升 2.2 个百分点，由 2021 年的 47.5%扩大到 2022 年的 49.7%，总体规模连续六年居全国第一。① 广东之所以持续引领国内数字经济的发展，跟数字技术与实体经济深度融合密不可分。目前美擎平台在服务产业集群时主要有两种模式：一种是"链主模式"，已经在佛山打造了多个链主企业模式，以链主上下游协同为主线，带动链主与上游企业的库存、品质协同，与下游企业的设备管理协同；另一种则是以公共技术服务平台服务中小企业，培育"专精特新"企业，再进一步深化做数字化工厂、数字化车间，将这些企业培育成新的链主。

（三）人才流动促进的知识共享与技能提升

人才流动可以促使一个行业到另一个行业的跨领域技能转移，有助于创造新的工作机会，提高员工的职业发展机会，同时也有助于将不同行业的最佳实践融合在一起，促进工业创新。根据百度实时迁徙地图，截至 2023 年 8 月 26 日，广东省迁入人口占全国迁入人口总量的 13.17%，远超山东省（7.53%）成为全国

---

① 广东数字经济规模达 6 万亿：家电龙头助推数字技术与实体经济深度融合 ［EB/OL］. （2023-08-26）. https://www.163.com/dy/article/ID1PQFKE05199NHJ.html.

首选的人口流入省份。全国十大热门城市迁入地，广东占四席（广州、深圳、佛山、东莞）。"人多"，是经济逐步回暖的信号，各地区和城市的人才会聚，使得劳动力市场多元化，涵盖了不同背景、技能和专业领域的人才。广东省成为全国人口流入首位省份，并非仅仅是因为地理位置等方面的优势，更主要的是，政府为吸引外来人才和支持本地产业的发展，持续不断地推出具有针对性的引才政策，吸引了一大批的人才涌入广东，使得一流的企业得以在广东省持续发展。

（四）教育与培训工程提供了人才储备

在奋进新征程中，技能人才的培养和流动，成为粤港澳大湾区乘风破浪的重要引擎。2018 年 4 月，广东省委、省政府提出实施"粤菜师傅"工程，以美食打头阵，开启了提技能、促振兴的新篇章。随后，"广东技工"工程和"南粤家政"工程相继推出。这三项工程，激活了培养人才、促进就业的"一池春水"。截至目前，全省累计培训 855 万人次，直接带动就业创业 282 万人次，技工院校毕业生初次就业率达 98%……三项工程结出的累累硕果，为粤港澳融合发展再添新助力。[①] 广东充分发挥经济大省、制造业大省的优势，坚持把产教融合、校企合作作为技工教育的根本办学导向、基本办学制度来抓，融入技能人才培养全过程。目前，广东建成全国规模最大的技工教育体系，共有技工院校 148 所，在校生 65.2 万人，约占全国的 1/7。不仅面向先进制造业、战略性新兴产业、现代服务业建设 233 个省级重点专业和 50 个特色专业，还与华为、格力、西门子等 100多家世界 500 强企业及国内 800 多家大型企业开展深度合作，实现教学与企业岗位无缝对接，更加精准培养产业急需的人才，为推动高质量发展提供技能人才支撑。[②] 依托技工院校，具有广东特色的三项工程人才培养培训体系得以建立，推动了技能人才供给和产业需求精准对接，实现了产业发展与教育改革有机融合。作为产学结合的枢纽、技工的摇篮，技工院校发挥了重要作用。在大湾区建设的背景下，技工院校更是迎来高质量发展的新阶段。

（五）瞄准"碳达峰碳中和"，打好"蓝天保卫战"

环保和绿色产业在全球范围内受到越来越多的关注。近年来，广东把污染防治攻坚战放在全省大局的突出位置，推动全省生态环境质量和生态环境保护工作继续走在全国前列。在碳达峰碳中和发展目标指引下，广东绿色低碳制造业的

① 广东省人才资源研究会 . 技能人才"粤"融通，前路"粤"宽广［EB/OL］.（2022-10-14）. ht-tps：//mp. weixin. qq. com/s?—biz = MzA3MjM3MTkwNA = = &mid = 2650673263&idx = 3&sn = 953ce1bcfc436 c1a25e7a9beb7d3e504&chksm = 8715ebc0b06262d6e3db37e321930e2a9c7b37bbf26a5547fefdfdee43b758cc51c5e 00d3060&scene = 27.

② 一技之长　能动天下——2022 年世界技能大赛特别赛广东冠军选手闪耀南粤大地［EB/OL］.（2023-02-10）. http：//www. clssn. com/2023/02/10/9914545. html.

"含金量"也在逐步提高。截至目前，广东已累计创建 304 家国家级绿色工厂、11 家绿色工业园区、59 家绿色供应链管理企业，绿色制造名单总数居全国首位。一批绿色职业如雨后春笋般不断涌现，如综合能源服务员、冶金热能工程技术人员、环境卫生工程技术人员等，不断拓展着新的就业和发展空间。

另外，推动新能源汽车产业高质量发展，是广东全面贯彻落实党的二十大精神，突出制造业当家，高水平谋划现代产业体系建设的战略举措。放眼全球，智能网联新能源汽车大潮澎湃；环顾国内，诸多省份和城市都展现出打造中国"新能源汽车之都"的雄心壮志。面对群雄逐鹿，广东厚积薄发、"换挡"提速，形成广深双核引领、大湾区城市群产业链集聚的新能源汽车产业发展格局，一个世界级新能源汽车产业集群已初露峥嵘。脉脉高聘人才智库数据显示，中国新能源汽车行业人才招聘需求三年持续增长，2021 年人才招聘需求同比翻 5 倍，2022 年也翻了近 3 倍，2023 年人才招聘需求达到了 24% 的增幅。为适应新能源汽车产业高速发展带来的复合型人才需求，2023 年广东省超过 40 所高职院校开设新能源汽车专业，在专业设置上也呈现出更贴近产业应用需求的交叉学科特征。[1]

（六）"银发经济"带动工业发展

老龄化是我国未来一段时期的基本国情，"银发"经济迎来广阔发展空间，是关乎近 3 亿老年人的生活品质和民生福祉的关键领域。面向万亿规模的"银发"经济新赛道，广州起而行之，全面发力。广州黄埔区发布《广州开发区（黄埔区）促进银发经济高质量发展若干措施》，为社会老龄化提供更多优质的解决方案，探索"银发"经济发展的"广州模式"，打造康养产业腾飞的"黄埔样本"。目前，广州黄埔区集聚银发经济企业或机构超 575 家，2023 年产业规模超过 500 亿元。[2] 凭借强大的制造业基础和优良的营商环境，广东在发展智慧康养（适老）装备产业方面取得先发之势。

二、广东省工业劳动力市场发展的政策建议

（一）增强教育与生育配套政策支持，提升行业技术型人力资本存量

首先，优化教育资源配置。政府可通过提高"蓝领"工人工资水平，增强职业院校优质教育资源供给能力，引导更多学生选择职业院校，提高技术人才供给水平，为工业行业输送批量的高质量技术型人才。其次，优化完善生育保险政策。政府部门应在现有生育保险政策的基础上，提高育龄妇女生育保障水平，确

---

① 新能源汽车人才"飞驰"招聘需求同比增长 24%［EB/OL］.（2023-03-30）. https://it.gmw.cn/2023-03/30/content_36466654. htm.

② 张德威. 迎千亿银发蓝海，政策红利如何助力黄埔抢占先机［N］. 南方都市报，2024-03-30.

保工业行业技能人才供给基本盘稳定。最后,强化生育补助政策支持。政府部门应结合工业行业劳动力变化趋势,精准、科学实施生育福利政策和生育补助政策,扩大新生人口规模,对冲人口老龄化对劳动力供给的影响,进而增加技术型人力资本存量,纾解工业行业技能人才短缺现状。

(二) 始终坚持产教融合、校企合作

产教融合、校企合作是我国职业教育发展所需坚持的重要原则,是职业教育人才培养的主要模式,也是培养高素质劳动者的基本方式。做好产教融合、校企协同发展,不仅需要遵循教育规律,而且要严格结合市场规律,在遵循这些规律的基础上制定出合适的实施路径。在推进产教融合、校企协同发展时,学校需要成立专门的工作小组,指导具体工作的开展。学校校长、书记等主要领导要做好组织筹划工作,制定相应的方针,围绕产教融合、校企合作,做好前期调研,走访了解哪些专业的人才是目前市场需求量比较大的,然后组织相关教师探讨教学方案,制定出具有针对性的教学策略,并适当提升这些课程在整体教学计划中的比重。同时,要和相关企业开展合作,结合市场需求和教学计划展开充分沟通,尽量满足企业的人才需求;要立足于原有的教学模式,探讨能够兼顾学校、企业、学生的产教融合、校企协同发展的新模式;要在多方论证的基础上,总结相关经验,制定出科学的实施策略。[①]

(三) 加强工业企业劳动力技能培养,提升企业内部员工技能水平

一方面,建立工业专业技术人才培养体系。企业应建立员工技能培训体系,结合工业行业市场需求和工业企业自身特点,对员工实施针对性、系统性、适应性技能培训。另一方面,加大工业企业员工技能培训投入。对于员工技能方面的投资不仅可以产生良好的经济效益,还可以产生重要的社会效益,这是企业创新、经济发展的关键驱动要素之一。所以工业企业可通过加大员工技能培训投入的方式,使企业员工技能水平在短期内得以提高,从而助力企业长远发展。

(四) 提高工业行业技术人才福利水平,减少技能人才流失

改善工作条件和待遇是确保员工健康、提高员工工作满意度以及促进企业可持续发展的重要举措。首先,各工业企业应保障技能人才薪酬水平和同行业薪酬水平保持一致,并随着企业的发展壮大和国家物价水平的上涨而提高薪酬水平。其次,增加工业行业激励性工资,如奖金、物资等方面的奖励。最后,提高福利性工资,在国家硬性福利方面,工业企业应提高技术型人才的福利水平,确保不低于同行业水平;在企业软福利方面,工业企业应适当增加技术性职工生活方面

---

① 积极探索产教融合 促校企协同发展 [EB/OL]. (2022-08-16). https://reader.gmw.cn/2022-08/16/content_35957788.htm.

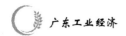

的福利，减少工业技术人才流失。

（五）健全社会保障制度

社会保障是保障和改善民生、维护社会公平、增进人民福祉的基本制度保障。党的十八大以来，党中央把社会保障体系建设摆上更加突出的位置，推动我国社会保障体系建设进入快车道。对于广东而言，需进一步完善多层次社会保障体系，加快推进失业保险制度改革，以化解"机器换人"给劳动力市场带来的风险。在这一方面，北欧国家的劳动力市场政策可以为广东提供有益的借鉴，这些国家的一个政策共性在于对失业者提供短期的失业保险和再培训机会，而非加大企业的解雇成本。在这种政策下，社会对劳动者所面临的失业风险进行了分担，同时保持了劳动力市场的流动性和活力。

课后思考题

1. 请简要描述广东省工业劳动力市场在不同阶段的发展特点。
2. 请总结广东省工业劳动力市场的发展现状。
3. 请简要阐述广东省制造业内部劳动力结构和产业结构的协调性。

第七章 区域合作与广东工业经济的发展

区域合作是生产力社会化和地区分工发展的必然结果，是经济社会发展的内在要求，是实现经济高质量发展的重要途径，也是促进经济持续健康发展的重要举措。广东省很早就开始重视区域合作，通过体制机制创新、建设基础设施、举办经贸洽谈会、签署跨地区合作协议等方式努力推动多层次区域经济合作的开展，区域合作的层次从单一生产要素互补递进发展到多层次和全方位的合作，合作的区域也从珠三角内部不断向外扩展。本章系统梳理了广东不同空间维度区域合作的演变进程与战略部署，从经济产业发展角度分析了广东区域合作成效，并就如何把握粤港澳大湾区建设机遇、推进广东工业经济发展提出了思路。

第一节 广东区域合作的演变与发展

通过制定一系列的协议、备忘录、行动计划、合作安排等，广东区域合作取得了良好的成效，特别是粤港澳大湾区内部各区域之间的合作，更是为粤港澳大湾区的发展注入了增长活力，有效推动了粤港澳大湾区的建设。同时，广东省区域合作也为广东省工业经济的发展注入了动力，未来应以粤港澳大湾区合作为抓手，进一步深化区域开放合作，有效推动广东工业经济的发展。

接下来，按照区域合作空间范围从小到大的顺序，分别就广东省内区域合作、粤港澳大湾区合作、泛珠三角区域合作对广东区域合作的演变发展进行分析。

一、广东省内区域合作历程

早在 2005 年，《珠江三角洲城镇群协调发展规划（2004—2020）》就提出了推进产业发展一体化，建立现代产业示范区。一是协调优化区域产业布局。明确区域内产业发展定位、发展重点和空间布局，打造广州—佛山—肇庆、深圳—东莞—惠州和珠海—中山—江门三大经济圈，核心城市要充分发挥带动作用，整合、集聚区域内优势资源，构建特色突出、集约发展、错位发展、梯度发展、优势互补的区域产业格局。鼓励相邻的地级市共同开发建设物流园区、工业园区或科技园区。统一各主体功能区区内产业准入标准，鼓励发展投资强度大、科技含量高、经济效益好、资源消耗低、环保生态型的项目。充分发挥行业协会等中介组织的作用，促进区域内各类市场资源的整合。二是加强区域创新合作，共建珠江三角洲创新圈。建立多层次的区域创新合作平台，例如：建立产业公共技术和服务平台，推进科技资源共享；建立珠江三角洲创新研发联盟，推动重大科技协同攻关；建立珠江三角洲创新产业联盟，提升创新价值链，占领标准制高点。在珠江三角洲率先实现技术创新与产业发展的无缝对接，把创新成果及时转化为现实生产力和产业竞争力。

2008 年，国家发展和改革委员会发布《珠江三角洲地区改革发展规划纲要（2008—2020 年）》，提出推进珠江三角洲地区加快发展，有利于辐射和带动环珠江三角洲和泛珠江三角洲区域的经济发展，促进形成优势互补、良性互动的区域经济发展新格局。一是构建开放型的区域创新体系。加强区域合作与国际合作，完善区域创新布局，加强创新能力建设，构建开放融合、布局合理、支撑有力的区域创新体系。深化粤港澳科技合作，建立联合创新区，支持联合开展科技攻关和共建创新平台。实施企业国际合作创新试点，鼓励企业设立境外研发机构，积极承接跨国公司研发中心转移。二是推进珠江三角洲区域经济一体化。珠江三角洲地区九市要打破行政体制障碍，遵循政府推动、市场主导，资源共享、优势互补，协调发展、互利共赢的原则，创新合作机制，优化资源配置。要制定珠江三角洲地区一体化发展规划。探索建立有利于促进一体化发展的行政管理体制、财政体制和考核奖惩机制。在省政府的统一领导和协调下，建立有关城市之间、部门之间、企业之间及社会广泛参与的多层次合作机制。统筹跨行政区的产业发展规划，构建错位发展、互补互促的区域产业发展格局，推进产业协同发展。三是健全珠江三角洲地区对粤东、粤西、粤北地区的挂钩帮扶机制，创新帮扶方式，促进产业和劳动力"双转移"，重点扶持主导产业集聚发展的产业转移示范园区，形成产业集群，在有条件的产业转移园区设立封闭管理的海关特殊监管区域或保税监管场所。

2005 年，广东省人民政府制定了《关于我省山区及东西两翼与珠江三角洲联手推进产业转移的意见（试行）》，鼓励珠江三角洲地区的产业向山区及东西两翼转移，旨在以产业转移促进区域协调和合作发展。2008 年，广东省进一步提出"腾笼换鸟"构想，通过发布并实施《中共广东省委 广东省人民政府关于推进产业转移和劳动力转移的决定》这一政策，大力实施"双转移"战略，进而建设了一批产业转移园，建立起了对口帮扶机制。一是加强产业转移规划的引导作用。由省经贸委牵头会同省发展改革委等有关部门制定全省产业转移的区域布局总体规划和指导意见，引导和推动产业有序转移和集中发展，围绕延伸产业链，推动上下游产业配套发展，形成特色鲜明、配套完善的产业集群。二是建立劳动力转移合作机制，东西两翼和粤北山区要根据珠三角地区的用工需要，着力培养和输出具有较高技能和素质的适用型劳动力。健全珠三角地区与东西两翼和粤北山区的对口劳务帮扶机制，由对口双方签订帮扶协议，明确目标任务和帮扶责任。2019 年，广东省委、省政府正式印发《关于构建"一核一带一区"区域发展新格局促进全省区域协调发展的意见》，加快构建由珠三角核心区、沿海经济带、北部生态发展区构成的"一核一带一区"区域发展新格局。2023 年，《关于推动产业有序转移促进区域协调发展的若干措施》出台，明确提出通过深化对口帮扶协作、打造一批新的产业转移合作园区、推动制造业有序转移和探索双向"飞地经济"模式等方式，以深化产业转移为核心，进一步推进区域合作与协调发展。其中，双向"飞地经济"模式引人关注，对于推进区域合作与协调发展大有可为。传统的"飞地经济"主要是发达地区向经济欠发达地区"飞"。近几年则出现了欠发达地区前往发达地区建设产业孵化器，就近利用发达地区的人才、技术和资本进行技术研发，并在后方进行大规模制造的模式，即"反向飞地"模式。

二、粤港澳大湾区合作历程

粤港澳地区地缘相近、人缘相亲，区域内联系十分紧密。自改革开放以来，粤港澳三地的合作交流逐步加强，形成了三地优势互补、互相促进的局面。粤港澳大湾区包括香港特别行政区、澳门特别行政区和广东省的广州市、深圳市、珠海市、佛山市、惠州市、东莞市、中山市、江门市、肇庆市（以下简称珠三角九市），总面积 5.6 万平方千米，截至 2021 年，大湾区人口总量已经达到 8670 万人，[①] 是我国开放程度最高、经济活力最强的区域之一，在国家发展大局中具有重要战略地位。

粤港澳三地政府从区域视野入手，优化整合区域内的资源，合作开展区域空间发展战略规划研究。三地通过建立粤港、粤澳城市规划专责小组，从 2006 年 3 月起共同组织和推进《大珠江三角洲城镇群协调发展规划研究》，打破行政边界，深入剖析粤港澳三地存在的问题以及面临的机遇和挑战，提出粤港澳地区的共同发展目标以及产业、交通、生态等方面的协调对策，为粤港澳三地的深入合

---

① 粤港澳大湾区门户网站，向世界进发：以中国的方式冲刺一流湾区［EB/OL］.（2023-01-06）. http：//www.cnbayarea.org.cn/news/focus/content/post_1035542.html.

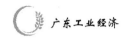

作提供了方向性指导。

粤港澳大湾区的规划历程最早可追溯至 2008 年国家发展和改革委员会发布的《珠江三角洲地区改革发展规划纲要（2008—2020 年）》，该纲要提出推进与港澳更密切的合作，打造世界级城市群。2009 年，由香港特别行政区发展局、澳门特别行政区运输工务司以及广东省住房和城乡建设厅联合发布的《大珠江三角洲城市群协调发展规划研究》提出，未来将构建"一湾三区"① 集聚、"三轴四层"② 拓展、"三域多中心"③ 发展的空间格局。2010 年，广东省人民政府和香港特别行政区政府经协商一致，制定了《粤港合作框架协议》，提出完善创新合作机制，进一步建立互利共赢的区域合作关系，有效整合存量资源，创新发展增量资源，推动区域经济一体化。在现代服务业合作方面，支持香港发展高端服务业，促进香港现代服务业进入广东以拓展发展空间；通过引进和合作，加快广东现代服务业的发展，提升服务业水平，支持粤港金融机构跨境互设分支机构；深化粤港产业链分工合作，形成错位发展、优势互补、协作配套的现代服务业体系。在制造业合作方面，提出发挥各自优势，联手承接国际高端产业转移，提高创新能力，推动传统制造业转型升级，培育发展战略性新兴产业，构建具有核心竞争力的世界先进制造业基地。支持港资企业拓展国内市场，逐步建立国内营销和物流体系，形成内销品牌。推动香港科研资源与广东高新园区、专业镇、平台基地等建立协作机制，在广东设立孵化基地，促使香港研发成果在广东实现产业化。规划建设"深港创新圈"，联合承接国际先进制造业、高新技术企业研发转移，开展技术研发，推进珠江三角洲地区区域科技合作和国际合作，支持广州、深圳建设国家创新型城市，进而扩展建成以"香港—深圳—广州"为主轴的区域创新格局。

为落实《珠江三角洲地区改革发展规划纲要（2008—2020 年）》《横琴总体发展规划》《内地与澳门关于建立更紧密经贸关系的安排》及其补充协议，2011年广东省人民政府和澳门特别行政区政府签署了《粤澳合作框架协议》。在产业合作方面，提出打造粤澳产业升级发展新平台，依托澳门国际商贸服务平台，对接广东产业转型升级和"走出去"战略，集聚国内外优质资源，提升大珠江三角洲区域与欧盟、东盟等地区的合作水平；加快对横琴的开发，探索合作新模式，推动珠海、澳门协同发展，对接跨境基础设施，推动区域要素便捷流动，加

---

① "一湾三区"指珠江口湾区和广佛、港深、澳珠三大都市区。

② "三轴四层"指穗深港发展轴、穗珠澳发展轴、沿海发展轴，以及以珠江口湾区为核心层、大珠三角外围地区为集聚—扩散层、环珠三角地区为直接腹地层、泛珠三角地区为腹地层的四层次发展空间。

③ "三域多中心"指港深莞惠、广佛肇和澳珠中江三个次区域，以及区域内各类功能中心。

强社会公共服务体系衔接和服务资源共享，建设宜居、便利和管理服务水平先进的优质生活圈。在横琴文化创意、科技研发和高新技术等功能区，共同建设粤港澳合作产业园区，面积约 5 平方千米。

随着粤港澳三地合作关系的不断深化，"大湾区"概念逐步进入公众视野。2015 年，"粤港澳大湾区"这一概念首次出现在国家发展改革委、外交部和商务部联合发布的文件——《推动共建丝绸之路经济带和 21 世纪海上丝绸之路的愿景与行动》之中，并迅速受到党中央的高度关注。2017 年，《政府工作报告》明确提出，研究制定粤港澳大湾区城市群发展规划，发挥港澳独特优势，提升在国家经济发展和对外开放中的地位与功能。从此，粤港澳大湾区建设问题被迅速提上三地政府的工作日程。

2017 年 7 月，国家发展和改革委员会、广东省人民政府、香港特别行政区政府、澳门特别行政区政府经协商一致，共同制定了《深化粤港澳合作推进大湾区建设框架协议》，标志着粤港澳大湾区作为新的跨区域合作典范，迎来新的发展机遇。该协议明确了粤港澳大湾区合作发展的重点：一是充分发挥大湾区不同城市的产业优势，建设产业合作发展平台，通过培育战略性新兴产业集群，共同构建高端引领、协同发展、特色突出、绿色低碳的开放型创新型产业体系。二是以深圳前海、广州南沙、珠海横琴等合作区的建设为基础，推进多领域跨区域合作平台建设。三是充分发挥港澳地区的独特优势，培育国际合作新优势。不断深化与共建"一带一路"国家和地区在基础设施互联互通、经贸、金融、生态环保以及人文交流等领域的广泛合作，并不断推动大湾区在国家高水平参与国际合作中发挥示范带头作用。

2019 年，《粤港澳大湾区发展规划纲要》出台，进一步明确了粤港澳大湾区在新的历史发展条件下，应以创新驱动发展战略为引领，通过促进要素有效流动和配置、推进创新合作平台建设、完善区域创新体系等方式，充分释放粤港澳大湾区的科技创新潜力和产业发展优势，不断取得创新发展的新突破。不断推进区域协调发展，在充分发挥各地区比较优势的基础上，以培育壮大战略性新兴产业为重点，推进新兴产业集群发展。通过持续打造具有全球竞争力的营商环境、提升市场一体化水平、携手扩大对外开放等方式，加快培育粤港澳大湾区国际合作和竞争发展的新优势。

2021 年 9 月，中共中央、国务院相继发布了《横琴粤澳深度合作区建设总体方案》《全面深化前海深港现代服务业合作区改革开放方案》，为支持澳门经济适度多元发展、推动港深更高水平的合作提供了动力。2022 年 6 月，《广州南沙深化面向世界的粤港澳全面合作总体方案》正式发布，为加快推动粤港澳全面合作，打造成为立足湾区、协同港澳、面向世界的重大战略性平台注入新动能。

2023年2月，人民银行会同银保监会、证监会、外汇局、广东省人民政府联合印发的《关于金融支持横琴粤澳深度合作区建设的意见》《关于金融支持前海深港现代服务业合作区全面深化改革开放的意见》提出了涉及金融市场互联互通、现代金融产业发展、促进跨境贸易和投融资便利化、加强金融监管合作等的三十条金融改革创新举措，为进一步推进我国金融开放创新，深化内地与港澳金融合作，以及建设粤港澳大湾区重大合作平台提供了坚实的金融支撑。2023年12月，经国务院批复，国家发展改革委印发了《横琴粤澳深度合作区总体发展规划》《前海深港现代服务业合作区总体发展规划》，两份规划的印发与实施使得合作区建设进入全面实施、加快推进的新阶段。

三、泛珠三角区域合作历程

泛珠三角区域包括福建、江西、湖南、广东、广西、海南、四川、贵州、云南九个省份（以下称内地九省区）和香港、澳门特别行政区（以下简称"9+2"各方），拥有全国约1/5的国土面积、1/3的人口和1/3以上的经济总量，是我国经济最具活力和发展潜力的地区之一，在国家区域发展总体格局中具有重要地位。泛珠三角区域横跨我国东中西部，推进该区域省际交界地区发展是服务于区域协调发展战略的重要举措。在我国以行政区管理经济为主的背景下，省际交界地区处于矛盾的集中地，也是区域合作的前沿阵地和桥头堡，贯彻实施区域协调发展战略，需要各个行政区大力推进，也需要跨行政区联合推动。泛珠三角区域不同地区之间工业发展水平存在巨大差距，研究泛珠省际交界地区的合作，可以更好地实施区域协调发展战略，缩小地区产业发展差距，促进相对落后地区的发展。

泛珠三角区域合作，最早可以追溯到2003年，时任中共中央政治局委员、广东省委书记的张德江首次公开提出了"泛珠三角经济区"的构想，并得到了广泛赞同。2004年，泛珠三角区域合作正式开启。此后，广东省不断深化与周边省区的合作。

例如，2010年12月，广东、海南两省签署了《广东·海南战略合作框架协议》，粤琼两省遵循优势互补、互利共赢，先行先试、重点突破，平等协商、合理对接，市场主导、政府推动四项原则，按照科学发展观和中央关于加强区域合作发展的总体要求，从经济社会发展全局的高度谋划两省合作发展新思路，共同构建合作与发展新格局，携手打造相邻省份区域合作的典范。2012年7月，广东、云南两省共同签署了《广东·云南战略合作框架协议》，粤滇在推动发挥各自比较优势、密切经贸往来、加强合作交流方面迈出了重要一步。此外，广东积极推进与广西建立跨省区的粤桂合作特别试验区，并通过《关于建设粤桂合作特别试验区的指导意见》《关于进一步深化合作的会谈纪要》《粤桂合作特别试验区总体发展规划（2013-2030 年）》等多个文件，不断明确特别试验区的发展规划和相关政策安排。2014 年 3 月，粤黔两省共同签署了《广东省人民政府、贵州省人民政府深化合作框架协议》，深化了与贵州的一系列合作。

随着泛珠三角区域合作的不断推进及其影响力日益增强，2016 年 3 月，国务院发布了《关于深化泛珠三角区域合作的指导意见》，正式将泛珠三角区域合作上升为国家战略，提出要充分发挥各方比较优势，促进内地九省区要素自由流动、资源高效配置和市场深度融合，建设统一开放、竞争有序的现代市场体系，加强与港澳的务实合作，在内地与香港、澳门《关于建立更紧密经贸关系的安排》及其补充协议框架下，充分发挥内地九省区与港澳山水相连、经济联系密切的优势，深化各领域合作，不断拓展港澳发展新空间，提升泛珠三角区域的开放型经济发展水平。

《关于深化泛珠三角区域合作的指导意见》发布后，泛珠三角区域新一轮的产业合作拉开了序幕。2016 年 9 月，粤川两省签署了《深化粤川合作框架协议》，进一步深化两省多领域多层次的合作与交流，把粤川合作提高到一个新水平。泛珠三角区域有关省共同编制并实施了《泛珠三角区域合作发展规划纲要（2006—2020 年）》《琼州海峡经济带和南北两岸发展规划》等跨省区域合作规划，深入贯彻实施了《赣闽粤原中央苏区振兴发展规划》《北部湾城市群发展规划》等，加强粤琼、粤桂、粤湘、粤赣、粤闽合作，着力建设粤桂黔高铁经济带、珠江—西江经济带、粤桂合作特别试验区、闽粤经济合作区等跨省区域合作平台。2021 年 9 月，泛珠三角区域合作行政首长联席会议召开期间，广东、福建、江西、湖南、广西、海南、四川、贵州、云南九省区签署《泛珠三角区域内地九省区"跨省通办"合作框架协议》，标志着泛珠三角区域政务服务合作迈上新的台阶。

第二节　广东区域合作取得的成效

广东省区域合作从珠三角内部逐步发展到泛珠三角区域，从概念构想、制度安排发展到机制设计，加之一系列促进区域合作的政策方针的实施，取得了显著的成效。2000 年以来，相关部门相继发布了《珠江三角洲城镇群协调发展规划（2004—2020）》《珠江三角洲地区改革发展规划纲要（2008—2020 年）》《粤港澳大湾区发展规划纲要》《横琴粤澳深度合作区总体发展规划》《前海深港现代服务业合作区总体发展规划》等相关规划，签署了《粤港合作框架协议》《粤澳合作框架协议》《深化粤港澳合作推进大湾区建设框架协议》《泛珠三角区域合作框架协议》《广东·海南战略合作框架协议》《广东·云南战略合作框架协议》《广东省人民政府、贵州省人民政府深化合作框架协议》《深化粤川合作框架协议》《泛珠三角区域内地九省区"跨省通办"合作框架协议》等有关文件，并根据这些制度安排建立了多项具体的合作机制，促使泛珠三角区域合作取得了丰硕的成果，进而也带动了广东工业经济的发展。

一、工业发展取得显著成效

2022 年，广东省工业增加值达到 47723.04 亿元，位居全国首位，稳固了其"工业第一大省"的地位，工业增加值占全省 GDP 比重为 37%，制造业在国民经济体系中持续发挥着显著的支撑作用。广东省工业增加值从 2000 年的 4518.65 亿元增加到 2022 年的 47723.04 亿元，年均增速高达 11.3%。其中，规模以上工业增加值从 2000 年的 3422.60 亿元增长到 2022 年的 37260.57 亿元，年均增速达 11.5%；工业企业单位数从 2000 年的 380231 家增加到 2022 年的 732757 家，其中规模以上工业企业数量增加了超 5 万家。从具体区域来看，珠三角规模以上工业增加值从 2000 年的 2723.72 亿元增加到 2022 年的 32444.89 亿元，增长了 10.9 倍；东翼规模以上工业增加值从 2000 年的 156.58 亿元增加到 2022 年的 1620.60 亿元，增长了 1464.02 亿元；西翼规模以上工业增加值从 2000 年的 199.79 亿元增加到 2022 年的 1594.31 亿元，增长了 1394.52 亿元，低于东翼约 70 亿元；粤北山区规模以上工业增加值从 2000 年的 134.43 亿元增加到 2022 年的 1600.76 亿元，增长了 1466.33 亿元，与东翼相当。①

在"十四五"期间，广东省加快了制造业的发展步伐，致力于从规模和质量两个方面同时推进，以实现制造业的高质量发展。2022 年先进制造业和高技术制造业的投资增速明显加快，这两个领域的增加值占规模以上工业增加值的比重分别达到 55.0% 和 31.6%，增速远超规模以上工业增加值的同比增长率。截至 2023 年，广东已成功打造出 8 个超万亿元级、3 个五千亿至万亿元级、7 个一千亿至五千亿元级以及 2 个百亿元级的"8372"战略性产业集群发展格局。② 在这些战略性产业集群中，有 20 个实现了增加值同比增长 5.2%，并占据了 GDP 四成的比重，而 7 个大型产业集聚区的规模以上工业增加值达到 5446 亿元，同比增长 6.4%。这一系列数据明确显示出了广东在先进制造业和高技术制造业领域

---

① 资料来源：《广东省统计年鉴 2023》。
② 广东"当家"产业，突破 16 万亿元！［EB/OL］．（2023-06-07）．https：//gdca.miit.gov.cn/xwdt/xydt/art/2023/art_fbcbfb02b8874a4b8545859ae8637099.html.

的领先优势和实力。①

　　截至 2022 年底，粤港澳大湾区的整体经济规模已超过 13 万亿元。据 2023 年《财富》全球 500 强的排名显示：来自粤港澳大湾区的公司数量达到了 25 个，其中深圳 10 家、广州 6 家、香港 6 家、佛山 2 家、东莞 1 家，涵盖金融、科技、车辆制造、医疗保健、家用电器、地产开发等多个领域。从区域特征来看，各地上榜企业呈现出明显的特点：深圳以高科技闻名，榜单中的 5 家中国高技术企业有 3 家源自深圳，包括华为、腾讯和中国电子信息。广州则以国有企业为主，代表性企业包括广汽集团、广州建筑、广药集团、广州工控和广新集团等，其中广新集团成为广东省首家入选《财富》500 强的省属国有企业，而广州工控则是入榜企业中最年轻的一家。此外，新能源汽车已成为大湾区高质量制造业的代表。比亚迪以崭露头角的表现，上升 224 位，排第 212 位，而广汽集团的排名也提升了 21 位，上升至第 165 位。这些数据清晰地展示出了大湾区不同领域的企业的崛起和蓬勃发展。②

　　2022 年，粤港澳大湾区共涌现出 65 家独角兽企业，较去年增长 30%，其中新晋企业 23 家，占全国的 22.4%。③ 广东地区连续六年在创新综合能力方面位居全国之首，"深圳—香港—广州科技集群"连续 3 年居全球创新指数第二，全省研发投入强度达 3.26%，而在研发人员数量、高新技术企业数量、发明专利有效量、PCT 国际专利申请量等主要科技指标上也都保持着全国领先地位。此外，广东省系统地建设了 27 家高水平创新研究院，吸引并会聚了一批领军人才和顶尖科学家。大湾区已建成省级新型研发机构 200 多家，约占全省的 80%，成为高水平科技创新平台的主力军。截至 2022 年底，广东全省高新技术企业数量超过 6.9 万家，其中超过九成位于大湾区。目前共有 14 家国家级高新技术产业开发区，其中 9 家位于大湾区。大湾区还建立了 184 家国家级孵化器和 272 家国家备案的众创空间；此外，还有 22 家省级以上大学科技园，其中包括 6 家国家级大学科技园。孵化和培育企业的成效显著，累计孵化企业达到 6.11 万家，培育毕业企业达到 2.56 万家。聚焦新一代信息通信、先进电池材料、高端医疗器械、智能装备、智能移动终端和超高清视频等细分优势领域，大湾区成功培育出了一批充满竞争力的先进制造业集群，为逐步发展成为国际一流湾区和世界级城市群奠定

　　① 全国领先！20 个战略性产业集群增加值占广东 GDP 比重达四成［EB/OL］．（2024-02-05）．https：//www. cinn. cn/p/282368. html.

　　② 25 家大湾区企业入榜《财富》世界 500 强：立讯精密首次上榜，格力跌出榜单［EB/OL］．（2023-08-03）．https：//finance. eastmoney. com/a/202308032802073644. html.

　　③ 大湾区国际科技创新中心建设扎实推进——写在 2023 大湾区科学论坛即将开幕之际［EB/OL］．（2023-05-19）．https：//baijiahao. baidu. com/s？id=1766276591254097407&wfr=spider&for=pc.

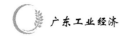

了坚实的基础。

二、工业经济集聚效应明显

2023 年，广东省规模以上工业企业超过 7.1 万家，高新技术企业超过 7.5 万家，两者均位居全国首位。广东省规模以上工业增加值超过了 4 万亿元，增长率为 4.4%，工业投资已连续 36 个月保持两位数增长。[①]

深圳、广州、佛山、东莞等主要工业城市的产业集群的发展对地区工业发展产生了显著的影响。2022 年，这些城市的规模以上工业增加值均突破 4000 亿元，是广东其余城市的 2 倍以上，展现出了其在制造业领域具有明显优势。具体来看，深圳的规模以上工业增加值最高，达到 10106.69 亿元；佛山位居第二，达到 5603.21 亿元；东莞位居第三，达到 4959.6 亿元；广州位居第四，达到 4912.19 亿元。然而，各市的规模以上工业对 GDP 的拉动作用却各有不同。尽管广州的规模以上工业增加值较高，但其对 GDP 的贡献仅为 17.03%，产业结构正迅速朝着由工业主导向服务业主导的转型方向发展。相比之下，广东省内的"工业重镇"——佛山和东莞的规模以上工业增加值占 GDP 的比重均超过了 44%，制造业仍然是地区经济发展的主要支柱产业。佛山市规模以上制造业增加值达到 5524.13 亿元，同比增长 1.3%，[②] 佛山已建成装备制造、泛家居 2 个产值超万亿产业集群；2021 年，东莞规模以上先进制造业增加值达 2683.3 亿元，规模以上高新制造业增加值达 1963.0 亿元。[③]

各城市产业集群的发展各具特色。广州、深圳两大核心城市的核心产业是第三产业，广州通过新兴技术与传统优势产业的融合，保持稳定增长，深圳的金融业和高新技术产业发展突出，依靠四大支柱产业驱动城市经济发展，东莞与佛山作为传统制造业中心，产业重心逐步转向先进制造业，并且东莞的创新步伐明显加快，而珠海、惠州、中山、江门、肇庆等城市目前仍以传统制造业为主。据亿翰 PDS 园区产业通的相关数据显示，广东省共有近 100 万家制造业企业，深圳、东莞位居第一梯队，分割了四成的份额。其中，东莞以稳固的工业生产基础坐拥近 22 万家制造业企业，成为广东省制造业企业最多的地级市，是名副其实的制造名城；持续坚持"工业立市""制造强市"战略的深圳紧随

① 2024 年 1 月 23 日广东省省长王伟中在广东省第十四届人民代表大会第二次会议上作政府工作报告 [EB/OL]. (2024-01-27). https://www.hangxunbao.com/z/43113602.html.

② 佛山市人民政府：佛山 2022 年经济运行简报发布，全市地区生产总值 12698.39 亿元 [EB/OL]. (2023-01-28). http://fsdr.foshan.gov.cn/fsfgj/fhj/jcck/jjyx/content/post_5522878.html.

③ 东莞市统计数据公共服务平台 [EB/OL]. (2023-8-23). https://www.dgtongji.cn/#/head/homepage?year=2022.

其后，拥有近 21 万家制造业企业；广州、佛山、中山位居第二梯队，各自的制造类企业分别为 17 万家、13 万家、10 万家，占比分别为 16%、12%、9%；其余城市制造类企业均少于 3.5 万，累计数量占比约为 21%，城市间梯次排列，呈"雁阵模式"。①

粤港澳大湾区的 66 家独角兽企业主要集中在深圳和广州，分别有 36 家和 23 家，占大湾区总量的比重接近 90%，在全国城市中分别居第 3 位和第 5 位。此外，香港、珠海、东莞分别拥有 2 家独角兽企业。2022 年，大湾区新增的独角兽企业分布在 3 个城市，其中深圳 14 家、广州 7 家、珠海 1 家。这些独角兽企业分布在 30 个不同的领域中，其中集成电路、新零售、智慧物流、自动驾驶和网红爆品这 5 个领域的企业集聚程度最高。2022 年，集成电路领域因受到资本的热捧，年度新增独角兽企业高达 5 家。②

工业百强区、百强县主要集中在珠三角地区，广东省共有工业百强区 22 个，工业百强县 2 个。值得注意的是，广东省在工业百强区榜单中占据前六名，前 50 名中有 17 个属于广东省。在先进制造业百强市榜单中，广东有 10 个城市入围，珠三角地区的 9 个城市均榜上有名。具体排名方面，深圳位居第一，广州位居第三，在全国处于领先地位。而佛山和东莞则分别排在第 18 位和第 19 位。此外，在 45 个国家级先进制造业集群中，广东占据了 7 个席位。③

但也应该意识到，广东与制造业强省之间仍存在一定差距。在广东约 1600 万家市场主体中，中小微企业占据了绝大多数。截至 2022 年底，广东制造业领域的单项冠军达到 132 家，名列全国第四，在进入世界 500 强的 8 家制造业企业中，有 5 家排在 200 名以后。此外，制造业的高质量发展容易受到城乡区域发展不平衡现象的影响。据《2022 年广东省制造业 500 强企业研究报告》公布的广东制造业 500 强名单显示，珠三角地区入选企业占到近 80%，清远、肇庆、汕头、茂名等地市入选企业少于 10 家，有些地市甚至没有企业入选。这反映了珠三角地区与粤东、粤西、粤北地区之间在制造业发展水平方面的差距有扩大趋势，需要通过加强区域合作，促进产业集群对粤东西北地区的知识溢出和产业扩散，缩小区域产业发展差距。

① 数据视角看制造强省广东，先进制造业分布几何？［EB/OL］.（2023-8-23）. https：//view. in-ews. qq. com/k/20230823A078U300? no-redirect＝1&web_ channel＝wap&openApp＝false.

② 南方日报：一文读懂｜大湾区独角兽企业总量三年翻番，呈现五大特征［EB/OL］.（2023-06-23）. https：//www. sohu. com/a/689766851_100116740.

③ 前瞻经济学人：这座经济大省的野心：坐稳"工业第一大省"［EB/OL］.（2022-12-13）. https：//baijiahao. baidu. com/s? id＝1752080744612892949&wfr＝spider&for＝pc.

三、产业转移卓有成效

广东工业经济取得的成绩得益于广东省对于"前店后厂""腾笼换鸟""飞地经济"等模式的先行先试。改革开放之初，来自港澳地区的制造业向珠三角地区转移，开启了"前店后厂"的新模式，这一举措为珠三角地区快速崛起进而成为"世界工厂"注入了动力。2008年，广东前瞻性地提出了"腾笼换鸟"的概念，开启了高质量发展的新探索，率先推动产业的转型升级。一部分产业转移到了广东省境内的非珠三角地区，催生了"飞地经济"模式。还有很多企业从珠三角地区逐步向中西部地区转移，受益地区主要包括泛珠三角地区的湖南、江西、四川、广西、贵州等省份。这标志着珠三角地区从"雁形模式"的受益者逐渐转变为国内产业梯度转移的引领者。

2011年，随着"深汕特别合作区"在汕尾市设立，"产业飞地"正式揭开序幕。2021年1月，汕尾创新岛在深圳南山科技园正式成立，这标志着深圳研发、汕尾生产的双向飞地模式正式启动。创新岛借助深圳的人才、技术和科研设备等资源优势，以"科创飞地"的形式，紧密围绕汕尾本地企业的创新需求，通过孵化引进创新资源和产业项目，研发、孵化和培育一批重要的科技创新成果。同时，汕尾结合自身的资源、劳动力、生态环境和政策优势，通过政策激励等措施，推动科技成果在汕尾转化应用，吸引更多优质产业项目入驻。创新岛的孵化功能与产业承接能力相辅相成，为汕尾的转型升级提供了机遇，也为深圳科技创新中心拓展了新空间。

为了进一步发挥产业转移和产业合作平台在产业发展中的作用，广东省积极倡导珠三角地区的3个地市城市以及粤东、粤西、粤北的12个地市，各自创建一个承接产业转移的平台。同时，鼓励各地的对口合作双方共同打造市级产业转移合作园区，并培育一系列具有本地特色的县域产业园。为加强主要平台的实力，省级和市级政府需要统筹调配资源。省级层面应优先向主要平台分配资金和要素资源。同时，各地政府也应当重点向主要的产业转移与合作平台投入财力、物力和人力等资源，以确保其稳健发展。

此外，广东省统筹安排一定规模的专项资金和要素资源，对于满足要求的服务平台及重要的工业迁移计划应给予个性化的援助，全力支持那些具有巨大潜能、具备良好发展基础且具有良好增长前景的区域，并根据各地实际建设成效，实行以奖代补政策，重点关注工作积极性高、有显著成果的地市。

据初步估计，截至2022年底，深圳已在河源、汕尾等省内地区共建产业园区12个，总投资超过1200亿元，涉及200多个重大产业项目。在广东省委、省政府的指导支持下，深圳充分利用其在制造业、科技创新、商业运营、人力资源及管理等方面所拥有的优势，并依据自身资源与相对竞争优势，主动尝试推行"总部—制造地""研究开发—生产线""生产—服务"等多种协作方式，携手创建产业转移工业园。特别是通过高水平规划建设深汕智造城、深汕湾机器人小镇，着力把深汕合作区打造成为现代化产业新城。

与此同时，泛珠三角地区的产业转移也取得了一系列成果。中国国际经济交流中心课题组发布的《泛珠三角区域省际交界地区合作发展研究报告》指出，从 2004 年至今，泛珠三角区域省际间产业协同发展水平显著提升。现今的环境相较于初始阶段已有明显的改善：交通设施建设速度加快；环境保护工作取得重大成果；社会服务领域的互动也得到了稳定的推动。九个省份已经签署了一系列相关协定以加快平稳发展的步伐；各种类型的区域合作为新经济的发展提供了动力并且正在形成新的增长点；多个跨省试验园区已成功建成。同时，相关部门也在不断地改进体制上的支持措施以便更好地实现这些目标。

四、产业分工体系逐步形成

在经济社会合作领域，粤港澳三地正逐步从"垂直分工"的合作体系向"水平分工"的合作体系进行转变。通过持续创新合作模式，进一步改善各行业的分工程序，以便粤港澳三个地区能在工业生产、日常活动及生态环境等方面更深入地展开协同工作，并以此来调节社会的、经济的发展进程，提高生产资源的有效利用率，从而构建起全球最具发展前景且潜力巨大的新型经济发展区。在产业分工方面，随着粤港澳大湾区的合作领域由"传统的制造和服务"逐渐扩展到"先进的制造和服务"，其产业合作模式也从"垂直型分工"的"前店后厂"模式，向更加紧密的"横向型分工"的"共享市场"模式不断推进。这使得粤港澳三方能够在各自特定的专业领域中充分发挥自己的优势，联合创建独具特色且相互补充的完整的产业链结构，进而构建具有国际竞争力的新兴产业创新生态系统。尤其是在服务行业这一块，粤港澳三方的水平分工协作能力表现得尤为突出。例如在金融业方面，香港主要专注于提供以资产管理、衍生品交易为主要内容的国际化的金融服务，而广东省则重点关注股票、债券投资等金融业务。再比如，在海运业方面，香港拥有覆盖全世界的货运网路，而广东省则有能连通中国内地广大地区的运输网路。这种分工合作模式使得各地区能够充分发挥各自的优势，共同提升整体产业竞争力。

国际上的大湾区，如纽约湾区、旧金山湾区、东京湾区等，涌现出一种重要的区域产业分工模式，即建立了一套具有明显产业分化且呈雁阵分布特征的产业系统，充分利用各区域的核心竞争力并发挥其作用。在这个雁阵结构里，核心城市承担引领科技创新、产业升级及高品质资源流转的关键任务，成为湾区与其他国家和地区的产业合作和科技创新合作的枢纽，也成为高等级产业和总部的集聚地，主要掌控产业链中高附加值的部分；而外围地区则扮演着承接核心区产业转移、提供配套设施的角色，与核心城市形成紧密的创新链、产业链和价值链联系。核心地区的高端产业与外围地区的辅助产业之间形成互补发展的趋势，技术的溢出作用和反向促进效果显著。未来粤港澳大湾区可以充分借鉴国际上大湾区的分工模式，明确各城市的定位和角色。例如，香港、澳门、广州和深圳等核心城市可以进一步发挥其在金融、科技、文化等方面的优势，引领湾区经济的发展方向；而珠海、佛山、惠州等外围城市则可以积极承接核心城市的产业转移，发展特色产业，提升城市的产业层次和竞争力。

五、区域协同创新模式探索走在前列

随着粤港澳大湾区的持续发展，粤港澳三地的合作正逐步迈入新阶段，由以往的要素互补、招商引资阶段转向产学研一体化协同发展的阶段。在粤港澳大湾区所包括的城市中，由于各自独特且具有潜力的经济发展条件与前景，广州、深圳、香港、澳门展现出了强大的整体经济实力。其中，香港拥有多所世界级名校，其基础教育和研究力量尤为突出，同时其成熟的服务业可为产业发展提供金融和法律支持；与之不同的是，广东省具备更为完善的产业链体系。在构建粤港澳大湾区创新系统的过程中，充分利用香港在科研和服务行业中的显著优势，结合深圳、广州等地的企业创新活力，将会产生极大的创新动力。这种跨地区合作将促进科研成果的转化和应用，推动大湾区整体创新实力和竞争力达到新的高度。

同时，随着大湾区的持续发展，一系列具有重要意义的创新性合作平台不断涌现，成为推动区域协同创新的"试验田"和引领力量。2021年9月，《横琴粤澳深度合作区建设总体方案》《全面深化前海深港现代服务业合作区改革开放方案》相继发布，为珠海横琴和深圳前海的发展赋予了新的使命。依托前海、横琴两个合作区，以广深港、广珠澳科技创新走廊为主干的区域创新格局初步形成，为大湾区的创新发展注入了新的动力。广州实验室已正式挂牌并开始运作，惠州加速器驱动嬗变装置正式开工建设，"鹏城云脑Ⅱ"重大科学设施正式上线运行，散裂中子源等大科学装置运行顺利，为粤港澳大湾区超220项科研实验提供服务，这些实验涵盖了超导材料、新型储氢材料等多个领域；广州南沙吸引了500多家生命健康和人工智能企业入驻，深圳精准推进生物医药、新能源汽车、集成电路等8条重点产业链，佛山建成26个国家级特色产业基地……粤港澳大湾区正在加速打造成为全球科技创新的高地和新兴产业重要策源地。据世界知识产权组织发布的全球创新指数报告的相关数据显示，"深圳—香港—广州科技集群"已经连续两年居全球创新指数第二，这一成绩甚至超过了美国硅谷所在的圣何塞—旧金山地区。

粤港澳大湾区建设使港澳台青年拥有了更畅通的渠道和更广阔的舞台。越来越多有志向的港澳台青年纷纷前往珠三角，追逐梦想，成为大湾区融合与活力的生动注解。近年来，广州已建成 52 个港澳台青年创新创业基地，吸引了 1400 多个港澳台创业项目、600 多个团队、3000 多名青年落户，包括粤港澳大湾区（广东）创新创业孵化基地、南沙粤港澳（国际）青年创新工场、广州科学城粤港澳青年创新创业基地、羊城创意产业园 4 家粤港青年创新创业基地。根据 2023 年发布的《广州市天河区深化支持港澳青年创新创业高质量发展实施方法》，被评定为国家级、省级、市级港澳青年创新创业孵化载体的天河区行政区域内的创新创业孵化载体，分别给予每家 80 万元、30 万元、20 万元一次性配套建设支持。2022 年，深圳市对粤港澳青年创新创业工场（福田）等 7 家市级港澳青年创新创业基地进行了认定，并向每家基地提供了 50 万元的一次性奖励，用于孵化服务、共享设备、场地租赁等。2023 年 3 月，深圳市人力资源和社会保障局与香港城市大学达成合作，这标志着深圳在港设立的首个就业创业"反向飞地"正式开始运作。这一创新举措为有意到深圳就业创业发展的香港青年提供了全方位的服务支持，包括场地保障、项目展示、资金支持、人才培养以及成果转化等。香港城市大学创新创业中心（深圳）在短短三个月内吸引了近 40 家创业团队入驻。在横琴营业的澳资企业超 4700 家，横琴澳门青年创业谷、粤澳跨境金融合作示范区等平台的集聚效应逐渐显现。

六、区域一体化进程深入推进

在大湾区范围内，其立体交通网络正逐渐密集，覆盖 11 个城市并深入内陆地区。目前，粤港澳大湾区的铁路运营里程已接近 2500 千米，其中高铁的里程数达到 1430 千米，在建里程达到 975 千米。随着大湾区轨道交通的不断发展，大湾区"一小时生活圈"已初步构建完成。港铁东铁线过海段的开通不仅极大地便利了香港市民的出行，还为香港"北部都会区"的建设以及广州和香港两地基础设施的互联互通提供了坚实的交通支撑。现在，从深圳罗湖到香港金钟这两个核心商业区，最快只需 44 分钟，充分展示了大湾区交通的便捷与高效。

此外，在规则衔接方面也取得了一系列成效。在教育、医疗、社会保障等民生领域，粤港澳大湾区也取得了不少新的进展：内地与澳门驾驶证互认换领协议已正式生效；3100 多名港澳专业人士取得内地注册执业资格；粤港澳大湾区内地城市试点实施往来港澳人才签注政策；通过"港澳药械通"，越来越多在港澳上市的药品和医疗器械获准在大湾区内地的医疗机构使用；广东省已设立 237 个

"湾区专窗",港澳居民在粤参保达34.67万人次;同时,粤港澳大湾区金融市场互联互通得到有序推进,为投资和融资提供了更加便利的环境。粤港澳大湾区首批"跨境理财通"试点业务正式落地,促进了大湾区金融市场的互联互通。截至2023年末,粤港澳三地共67家银行、6.92万名投资者参与"跨境理财通"试点,累计办理相关资金汇划128.1亿元。① 其中,参与"跨境理财通"的个人投资者超6万人,跨境汇划金额超67亿元,实现大湾区城市全覆盖。年底举行的2023粤港澳大湾区全球招商大会共达成投资贸易项目859个,总金额超2.24万亿元。② 在资本市场建设方面,大湾区积极推动深圳证券交易所创业板注册制改革,广州期货交易所获批设立并上线工业硅、碳酸锂期货交易品种,进一步增强了与港澳的金融协同。在跨境资金流动方面,相继实施了"横琴金融30条""前海金融30条",其中包含近40项全国或广东首创的金融政策,为粤港澳大湾区的金融创新和高质量发展注入了新的活力。

第三节 以粤港澳大湾区合作推动广东工业经济发展

一、优化区域协调合作机制,推动各地区实现协同发展

为了消除因地域划分所导致的障碍,需要遵循市场的资源分配规则并借助创新性的地区协作模式来实现这一目标。在推进区域协同发展的进程中,应进一步规范香港、澳门、广州和深圳等核心城市之间的合作方式,确保这些合作是基于优势互补的原则进行的,建立平等互惠的合作关系;另外,通过设立惩罚性制度安排,有效约束违反合作原则的行为,提升合作关系的稳定性和可持续性。

一是为了促进区域间的协同发展,需要优化顶层设计,强化共建区域协调治理机制。在推动粤港澳大湾区建设的过程中,可以借鉴国际区域协调的成功实践,降低行政区边界限制的影响。通过设立粤港澳大湾区规划领导小组和建设委员会等跨区域的协调机构,全面研究并积极推动大湾区建设的目标、原则、思路和重大举措,保证各项工作高效、有序地推进,实现区域间的深度融合和协同发展。在三地政府间的合作基础上,可以探索成立粤港澳大湾区联合会。在遵循

---

① 大湾区"跨境理财通"试点累办资金汇划128.1亿元 [EB/OL]. (2024-01-25). https://baijiahao.baidu.com/s? id=1789071634114832947&wfr=spider&for=pc.

② 湾区风劲潮涌正当时,粤港澳大湾区迎来新使命 | 2023中国经济年报 [EB/OL]. (2023-12-26). https://baijiahao.baidu.com/s? id=1786313049632717964&wfr=spider&for=pc.

"一国两制"原则的前提下，联合会应致力于协调大湾区内不同法律框架下的产业布局优化、人才培养和使用、技术开发与转化、资金跨境流动等核心问题。通过这一机制，推动大湾区经济社会的融合发展，实现更高水平的区域合作与共赢。

二是建立区域重大项目的沟通协调机制。针对涉及粤港澳大湾区共同利益的重要项目，如空港、海港、跨地区轨道交通和过江通道等，务必在保障地区利益均衡的前提下，以最大化区域利益为目标，摒弃狭隘的行政区域经济思维。通过建立有效的沟通协调机制，促进跨地区合作和协同推进，确保项目高效实施以及区域整体发展。

三是确立区域合作的惩罚机制。以《粤港澳大湾区发展规划纲要》为指导，明确各级城市在大湾区区域合作中的具体责任，并将粤港澳大湾区联合会确定为监督主体，加强对各城市区域合作的监督。对于未能充分发挥区域合作职责、未能履行职责，甚至参与恶性竞争的行为，应制定并执行相应的惩罚性制度，以确保区域合作的顺利开展。

四是加强电信、交通、金融等基础领域的一体化建设，确保城际轨道、航运物流、网络通信、信贷融资等关键环节的无缝对接，助力构建高效便捷的生产生活环境，进一步促进粤港澳大湾区的整体发展。借鉴国际大湾区的建设经验，城市群内部基础设施应当达到高度一体化，建立以城际轨道、高速公路、城市道路等交通主干线为核心的连贯交通网络，为出行提供极大的方便。国际大湾区不仅应在交通设施方面实现高度一体化，还应在通信、航运、金融等多个领域展开全方位、系统化的整合。这种深入的整合能够显著提升大湾区的整体运行效率和竞争力，为优化各类要素资源的配置提供坚实的基础。

二、促进区域创新体系一体化发展

推动粤港澳大湾区发展的关键驱动力在于促进区域创新体系的一体化发展。通过加强创新合作，能够优化大湾区的创新空间布局，进而提升整个区域的创新能力。

目前，粤港澳大湾区各城市之间的功能分工与合作仍存在模糊不清的问题，并且存在一定程度的同质化竞争。尽管香港、深圳等中心城市具备构建创新型城市的优越条件，但由于香港与广州、深圳等城市在产业链和创新链方面的定位存在分歧，在制度和文化融合方面也存在合作上的差异，尚未形成稳定高效的合作机制，导致邻近城市在资金、人才、科研平台和基础设施等关键资源上出现了激烈竞争的现象，进而对粤港澳大湾区的产业升级与优化构成了障碍。

在粤港澳大湾区中，创新链与产业链之间的融合尚显不足，存在断裂现象，大湾区内各城市在发展阶段、管理制度等方面存在差异，不仅阻碍了产业的协同发展，也限制了各生产类要素的自由流动与共享。创新资源存在较为明显的分散化和碎片化现象，缺乏有效的整合与利用，这导致了创新链的断裂。此外，大湾区内高校、科研机构、企业等创新主体尚未形成稳定的利益共同体，产学研之间的关联性不强，水平有待提高。这些因素共同影响了创新链与产业链的深度融合，进而影响了创新成果的转化效率和绩效的提升。

一是推动大湾区创新链与产业链的紧密融合。加强粤港澳大湾区创新链与产业链的融合需要坚持以产业化为主要方向，通过产业化创新培育和形成新的增长点，消除科技创新中的"孤岛现象"。同时，围绕创新链升级产业链，以创新驱动湾区产业的转型升级。陆大道（2018）在评估区域创新系统建设成效时，提出了效率、效益、节省、进步、创新五大基础准则。当前，粤港澳大湾区需要更加清晰地界定和优化香港、深圳、广州等核心城市在科技创新功能中的角色和协作关系，完善政府、企业、学术和研究机构等多元主体参与的协同创新模式。此外，需要打造以三地为主要支点的交叉梯度创新格局，提高整个大湾区创新系统的效率和效益。另外，必须完善人才、资金等关键要素的流动机制，确保关键要素在各城市之间高效流动，以促进创新链与产业链的精准对接，推动粤港澳大湾区科技创新与产业升级的协同发展。

二是强化区域创新网络建设，以优化创新分工布局，推动大湾区内各城市实现错位发展和优势互补。针对各城市实施差异化的创新政策，以激发其基于自身创新优势和功能定位的独特潜力，从而促使各城市充分发挥自身优势。中心城市应被打造成以创新驱动为核心的"创新枢纽型"城市，充分利用其优越的基础设施和门户优势，加强与全球创新中心的知识交流，发挥技术吸收和传播潜能，聚集优质创新资源，加大对大型可共享科研设施和实验设备的投入，积极开展基础前沿技术及关键核心技术攻关，并发挥其辐射带动作用，推动整个地区的创新发展。对于创新能力较弱的中小城市而言，除了要加强自身创新能力建设和吸引创新人才之外，还要积极融入区域创新网络，利用网络外部性效应提升自身创新能力。在推动创新要素集聚和创新动能循环的过程中，应逐步增强城市间不同经济主体的经济社会交流和联系，建立高校技术合作和知识转移网络，强化城际间公共科研平台和重大科技基础设施的共享和使用，健全知识溢出和共享的跨地区流通渠道。

三是持续优化大湾区协同创新机制。为进一步优化大湾区空间创新格局，加强港澳与广东地区在创新领域的合作，推动产学研一体化发展，提高科技成果转化率，必须不断完善大湾区的协同创新一体化体制机制。这需要制定科学合理的区域创新政策，采用更具针对性和适应性的创新政策工具。与传统的创新理论及政策相比，基于区域创新体系的政策设计更注重与创新有关的社会环境和制度因素。创新政策需要更全面、更广泛地关注整个创新周期及各环节之间的互动反馈，优化企业内部、企业间、行业间、机构间以及区域间的竞争合作关系，并重视区域间的竞争与协同，以推动整个创新生态系统的健康发展。为实现产业链与创新链的精准对接，需要制定关于整个湾区创新系统的协同创新机制与政策。在这一过程中，除了传统的发放企业研发补贴这一方式之外，还应积极探索更新颖、更有效的创新政策工具，以推动大湾区的创新发展和产业升级。

三、推动粤港澳大湾区优势产业协调发展

一是重点关注各城市特色优势产业的融合创新，特别是加强具有竞争力和结构优势的行业的科技创新和科技成果转化工作。这有助于提升创新优势与产业优势的融合程度，加强产业链上下游的区域协作，共同打造跨区域的先进制造业集群和高新技术产业集群。此外，要强化粤港澳大湾区在计算机通信电子、仪器仪表、通用设备和专用设备等领域的创新技术和产业优势，积极推动与全球创新网络的对接，提升自主创新能力，增强全产业链的创新和制造优势。特别是在关键领域，要实现创新与制造的密切结合，逐步提升特色产业的国际竞争力。

二是通过优化区域内的产业分工协作来引导区域的创新合作，形成功能明确、层次合理、各有侧重的区域创新协作网络。通过产业合作推动创新合作，鼓励港澳的高新技术产业和现代服务业与广东省的先进制造业相结合，建立粤港澳跨区域创新合作体系。香港和澳门在计算机、生物医药等领域具备国际领先水平，而珠三角地区的部分城市拥有扎实的产业基础和完善的产业链。因此，应通过优势互补，在基础研发和产业化领域实现合作，形成"港澳孵化+广东产业化"的协同发展格局。这种模式不仅能促使珠三角地区的制造业由中低端向中高端转型，还将推动香港和澳门经济结构的优化。

三是形成功能分工模式，传统的区域一体化政策旨在降低产品、服务、要素以及知识技术的流通成本，然而在数字经济时代，产业分工正在重新调整，这为区域一体化政策提供了新的选择。要鼓励企业将生产制造环节和新产品线转移到中小城市，以"总部+基地""研发+生产""生产+服务"等模式拓展产业链布局。通过设立异地分支机构的方式，将发达地区企业积累的技术和管理知识运用到分支机构所在地，形成企业内部的知识和技术传播通道，进而有利于在不同城市、不同地区之间实现功能互补，实现产业结构的协同升级。

课后思考题

1. 广东省不同时期区域合作的重点如何演变?

2. 阐述粤港澳大湾区建设的重要战略意义,并谈谈其为广东省产业转型升级所带来的机遇?

第八章　广东工业对外贸易发展

中华人民共和国成立七十多年来，广东对外贸易作为连接国内经济和世界经济的纽带，实现了历史性跨越，"引进来"和"走出去"齐头并进，区域经贸合作持续推进，成功实现了从封闭、半封闭到全面开放的伟大转折，形成了全方位、多层次、宽领域的开放新格局。党的十八大以来，我国稳步推进贸易强国建设，着力优化营商环境，加快实施自由贸易区战略，积极促进"一带一路"国际合作。广东也以更加开放的姿态、更加自信的步伐融入世界经济之中。

第一节　广东工业对外贸易的总体特征与历史演变

如果要问是什么铸就了今天的广东经济，答案非常明确：改革开放。没有改革开放，经济要素就无法充分汇聚和利用，持续的快速发展也就无从谈起。如果要问什么最能体现改革开放带来的巨大变化，有一种经济活动不可不提：贸易，特别是对外贸易。没有经济体制改革，商品和服务就无法顺畅流通，没有不断地扩大开放，对外经济往来也只能停滞不前。

一、广东工业对外贸易的总体特征

改革开放以来，广东紧抓全球贸易快速发展的历史机遇，工业对外贸易实现了跨越式发展，贸易结构持续优化，国际市场不断拓展，为我国经济社会的发展作出了重要贡献。

（一）规模快速扩大，总量持续保持全国第一

进出口规模不断迈上新台阶。改革开放前，我国经济总体上处于相对封闭状态，广东的货物贸易主要在国家的集中安排下根据计划要求进行，进出口始终在较低水平上徘徊。改革开放以来，随着外贸管理体制的改革和对外开放水平的提升，对外贸易迅速发展。2001 年，我国加入世界贸易组织，对外贸易进入新阶段。国家积极参与多边贸易体制下的经贸合作，规范对外贸易秩序，推进贸易便

利化,广东的贸易规模不断取得新突破。1978~2021 年,广东外贸进出口总值从 15.91 亿美元增长到 12795.67 亿美元,年均增长率为 16.8%。广东进出口总值占全国的比重从 7.7% 提高到 21.2%。数据跃升的背后,是广东从不起眼的临海省份成为全国经济的领头羊,是广东从世界经贸舞台的边缘快步走向中心。

从规模上来看,2021 年,广东外贸进出口额首次突破 8 万亿元,达到 8.27 万亿元,比上年增长 16.7%,增速由上年的下降转变为增长,上涨了 17.6 个百分点。其中,出口 5.05 万亿元,增长 16.2%,比上年提高了 16.0 个百分点;进口 3.22 万亿元,增长 17.4%,比上年提高 20.0 个百分点(见图 8-1)。广东在稳定外贸规模的同时,外贸结构继续优化升级,不仅总量上有了突破,质量方面也在逐步提升。

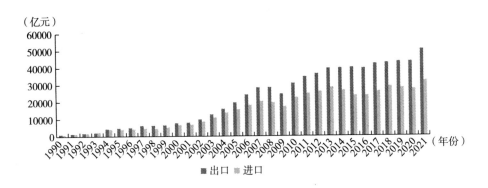

图 8-1 1990~2021 年广东进出口的演变

资料来源:根据相关年份《广东统计年鉴》数据计算得到。

从区域分布来看,广东的外贸出口额主要集中在珠三角地区。珠三角地区包括广州、深圳、珠海、佛山、东莞、中山、惠州、江门、肇庆地区,这些地区出口额远远高于东西两翼和北部生态发展区,造成了广东珠三角地区发达、东西两翼和北部发展生态区失衡的现状。2021 年,广东珠三角 9 市进出口总额达 78934.2 亿元,占全省进出口总额的 95.5%;粤东、粤西和粤北合计进出口额达 3746.1 亿元,分别比上年增长 12.9%、40.8% 和 8.6%(见图 8-2、图 8-3)。区域发展不平衡将会限制广东的外贸发展,不利于广东各区域经济交流和综合外贸实力的提升。

(二)结构逐步优化,效益稳步提升

出口商品结构优化升级。中华人民共和国成立初期,广东出口商品以农副产品等初级产品为主。之后,随着工业体系的逐步建立,轻工业和重工业产品出口

图 8-2　2017~2021 年各市出口总额

资料来源：根据相关年份《广东统计年鉴》数据计算得到。

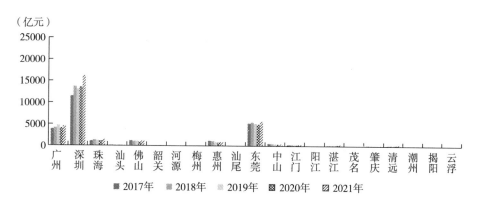

图 8-3　2017~2021 年各市进口总额

资料来源：根据相关年份《广东统计年鉴》数据计算得到。

比重逐渐上升。从总体上来看，改革开放前，广东货物贸易是以大量出口初级产品来换取工业制品。改革开放后，工业制品在商品出口中逐步占据绝对主导地位。2021 年，广东出口商品中工业制品所占比重为 98.6%，其中机械、电气设备、电视机及音响设备出口占比高达 53.7%（见表 8-1）。20 世纪 90 年代以来，随着制造业转型升级，工业制品出口主力也由轻纺产品等劳动密集型产品转向机电产品等资金技术密集型产品。2000~2021 年，广东机电产品出口从 499.8 亿美元增加到 5407.1 亿美元，占出口总额的比重从 54.4% 提升至 69.2%（见图 8-4）。2021 年，广东机电产品出口 34939.2 亿元，同比增长 17.4%，占全省出口总值的 69.1%。其中，自动数据处理设备及其零部件出口 3356.0 亿元，较上年同期增长 18.7%；集成电路出口 1901.2 亿元，增长 21.2%，占出口总值的 3.7%。从进口商品看，广东进口机电产品 21419.7 亿元，同比增长 13.2%，占全省进口总值的 66.6%（见图 8-5）。1999 年我国实施"科技兴贸"战略，鼓励具有自主知识产权及高附加值的高新技术产品出口，自此，高新技术产品出口实现快速发展。2000~2021 年，广东高新技术产品出口从 170.2 亿美元增加到 2655.3 亿美元，占出口总额的比重从 18.5% 提升至 34.0%。出口商品结构的优化有力地提升了货物贸易发展的质量和效益。

表 8-1　2021 年广东省进出口商品分类金额

类别	出口（万元）	进口（万元）	出口占比（%）	进口占比（%）
全省	505254647	321560971	100.0	100.0
第一类　活动物；动物产品	1405144	6148416	0.3	1.9
第二类　植物产品	960704	6752544	0.2	2.1
第三类　动、植物油脂及蜡	216611	869103	0.0	0.3
第四类　食品、烟草及制品	4179997	4924712	0.8	1.5
第五类　矿产品	3255295	18152131	0.6	5.6
第六类　化工产品	9479412	13196464	1.9	4.1
第七类　塑料、橡胶及其制品	19049304	15202274	3.8	4.7
第八类　皮革、毛皮及其制品	6092667	937891	1.2	0.3
第九类　木及木制品、草柳编结品	1252747	1574463	0.2	0.5
第十类　木浆、纸、纸板及制品	4973148	3252664	1.0	1.0
第十一类　纺织原料及纺织制品	28896337	3100379	5.7	1.0
第十二类　鞋帽伞杖、加工羽毛、人造花、人发制品	9957108	311729	2.0	0.1
第十三类　石材制品、陶瓷产品	10377259	2299651	2.1	0.7
第十四类　珠宝首饰、硬币	8448849	14681730	1.7	4.6
第十五类　贱金属及其制品	27677174	15201058	5.5	4.7
第十六类　机械、电气设备、电视及音响设备	271209619	192988308	53.7	60.0
第十七类　车辆、航空器、船舶及有关运输设备	15058282	4394933	3.0	1.4
第十八类　仪器、医疗器械	22196759	14537171	4.4	4.5
第十九类　杂项制品	49660181	1517913	9.8	0.5
第二十类　艺术品、收藏品及古物	81988	94376	0.0	0.0

资料来源：根据相关年份《广东统计年鉴》数据计算得到。

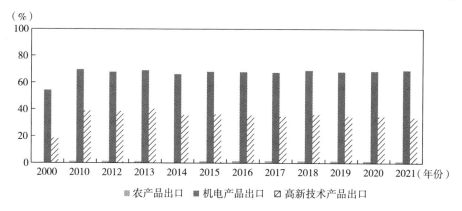

图 8-4　2000~2021 年广东出口结构

资料来源：根据相关年份《广东统计年鉴》数据计算得到。

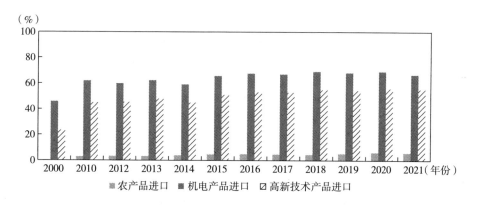

图 8-5　2000~2021 年广东进口结构

资料来源：根据相关年份《广东统计年鉴》数据计算得到。

贸易方式创新发展。20 世纪五六十年代，广东货物贸易的主要方式是通过签订政府间协定、进行记账结算的易货贸易。改革开放以来，广东充分利用劳动力等资源的比较优势，积极承接国际产业转移，大力发展来料加工、进料加工，有力促进了改革开放初期货物贸易的发展。一般贸易作为直接进出口的贸易方式，能更真实地体现我国外贸主体的实际获利、更直接地反映我国制造业发展水平。《广东统计年鉴》的数据显示，2000 年广东来料加工、进料加工的出口额占比分别为 28.9% 和 49.2%，进口额占比分别为 22.9% 和 40.2%。到 2021 年，广东来料加工、进料加工的出口额占比仅为 2.3% 和 26.6%，进口额占比为 2.8% 和 22.2%（见表 8-2）。而自从中国加入世界贸易组织以来，广东一般贸易出口额和进口额占比呈现逐步提升态势。2000 年,广东一般贸易进出口 382.9 亿美元,占进出口总额的比重为 22.5%。党的十八大以来,广东加快产业结构转型升级,不断提高在全球产业链中的地位,一般贸易占比迅速提升。2021 年,广东一般贸易进出口 6689.4 亿美元,占进出口总额的 52.3%。

表 8-2　按贸易方式分的进出口比例　　　　　　　　　单位:%

年份	2000		2010		2020		2021	
贸易方式	出口	进口	出口	进口	出口	进口	出口	进口
一般贸易	19.0	26.7	32.9	36.0	52.6	49.0	53.6	50.2
来料加工	28.9	22.9	11.3	10.0	2.2	2.5	2.3	2.8
进料加工	49.2	40.2	49.5	41.5	27.5	23.3	26.6	22.2
加工设备	—	2.0	—	0.2	—	0.1	—	0.0
外资设备	—	4.4	—	0.9	—	0.3	—	0.1
保税仓库	2.6	3.0	6.2	11.0	10.1	24.1	10.6	24.1
捐赠	0.0	0.0	0.0	0.0	0.0	0.0	0.0	0.0
其他	0.3	0.8	0.1	0.4	7.6	0.8	7.0	0.6

资料来源:根据相关年份《广东统计年鉴》数据计算得到。

(三) 贸易伙伴日益多元,市场布局更趋平衡

遍布全球的多元化贸易格局逐步形成。20 世纪五六十年代,广东对外贸易的主要伙伴是苏联、东欧等。改革开放初期,广东对外贸易伙伴相对集中,主要是欧盟、美国、日本等国家和地区。加入世界贸易组织后,广东不断开拓新市场,与新兴市场和发展中国家贸易持续较快增长,份额显著提升。2021 年,广东贸易伙伴数量发展到 231 个,新兴市场出口占比 26.1%,对欧盟、美国、日本和中国香港之外的贸易伙伴进出口占比达 57.4%。2021 年,广东的前五大贸易伙伴分别是东盟、中国香港、美国、欧盟以及中国台湾,与之进出口总额分别为 12413.2 亿元、11658.5 亿元、9723.7 亿元、9233.0 亿元、6352.3 亿元,该排名与 2020 年保持一致。2010~2021 年,广东对东盟货物进出口额占总额的比重由 10.3% 提高到 15.0%(见表 8-3)。此外,广东还着力深化与共建"一带一路"国家和地区的贸易合作,自"一带一路"倡议提出以来,广东对相关国家和地区的进出口总额从 2013 年的 1.11 万亿元提高至 2020 年的 1.76 万亿元。

表 8-3 2010 年和 2021 年广东同主要国家（地区）的进出口额占比 单位:%

年份	2010			2021		
国家（地区）	进出口	出口	进口	进出口	出口	进口
亚洲	65.2	55.3	78.7	61.7	50.8	78.8
中国香港	20.2	33.7	1.8	14.1	22.5	0.9
韩国	5.2	2.2	9.3	5.5	2.4	10.5
中国台湾	6.3	1.3	13.2	7.7	1.5	17.4
日本	8.7	4.8	14.0	5.6	3.6	8.7
马来西亚	2.7	1.2	4.7	3.5	2.2	5.7
泰国	2.2	1.1	3.6	2.4	1.8	3.3
印度	1.2	1.7	0.5	1.9	2.7	0.6
新加坡	2.2	1.9	2.7	1.5	1.4	1.7
菲律宾	1.1	0.7	1.8	1.6	1.4	1.8
印度尼西亚	1.2	1.0	1.5	1.9	1.8	2.0
阿联酋	0.7	1.1	0.1	1.0	1.2	0.5
沙特阿拉伯	0.5	0.6	0.4	0.8	1.0	0.6
东盟	10.3	6.9	14.9	15.0	12.2	19.5
非洲	2.3	2.7	1.9	3.4	4.0	2.4
南非	0.9	0.6	1.3	1.0	0.5	1.6
欧洲	13.3	16.4	9.1	15.0	18.8	8.9
德国	2.9	3.1	2.7	2.6	2.9	2.1
英国	1.6	2.4	0.5	1.7	2.5	0.5
荷兰	1.4	2.2	0.4	1.8	2.6	0.4
法国	1.3	1.4	1.1	1.3	1.5	1.1
意大利	1.0	1.2	0.6	1.1	1.3	0.7
俄罗斯	0.8	1.0	0.5	1.0	1.5	0.4
西班牙	0.9	0.9	0.8	0.8	1.1	0.4
波兰	0.3	0.5	0.0	0.7	1.1	0.1
比利时	0.6	0.7	0.4	0.6	0.7	0.4
瑞士	0.3	0.2	0.6	0.6	0.2	1.4
欧盟	11.8	14.7	7.9	11.2	14.2	6.4
拉丁美洲	3.8	4.5	2.9	4.8	5.9	3.2
墨西哥	0.7	0.9	0.4	1.6	2.2	0.5

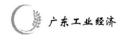

年份	2010			2021		
国家（地区）	进出口	出口	进口	进出口	出口	进口
巴西	0.9	1.2	0.5	1.3	1.2	1.4
智利	0.5	0.3	0.7	0.6	0.5	0.6
阿根廷	0.3	0.3	0.3	0.2	0.3	0.2
北美洲	13.6	19.7	5.1	12.9	18.6	4.1
加拿大	1.0	1.2	0.8	11.8	17.1	3.4
美国	12.5	18.5	4.4	1.2	1.5	0.7
大洋洲及其他	1.9	1.5	2.4	2.2	2.0	2.6
澳大利亚	1.5	1.3	1.8	1.8	1.7	2.0
新西兰	0.1	0.1	0.2	0.3	0.2	0.3

资料来源：根据相关年份《广东统计年鉴》数据计算得到。

二、广东工业对外贸易的历史演变

从历史的维度来看，广东之于世界贸易，不是新面孔的进入，而是"老主顾"的归来。

唐宋时期，广东的对外贸易就在全国占据重要地位。广州是与泉州并列的国际商港。到明朝时期，澳门成了广东外贸的中转港，借助西班牙开辟的国际贸易商路，成为当时亚洲首屈一指的商品贸易中心。然而，随着近代以来西方资本主义的兴起，世界贸易格局多次重塑，在历史的烟云中，广东的贸易地位逐渐为其他区域所取代。直到如今，广东再次成为世界贸易体系中不可或缺的重要一环。以珠三角为核心的沿海港口群初步建设成为亚太地区最高效的物流中心，再次成为经济社会发展的重要基础设施和对外交往的"大门户"。

这场回归，广东走了百年。加速这一进程的，正是始于1978年的改革开放。

1949～1978年，广东实行集外贸经营与管理于一体、政企不分、统负盈亏的外贸体制，由中央以指令性计划直接管理的专业性贸易公司进行进出口。这一时期，广东对外贸易规模较小，发展缓慢。1978年，广东外贸进出口总值15.91亿美元，占全国比重的7.7%。

改革开放之初，广东充分利用中央赋予的"特殊政策、灵活措施"，对外贸易先行一步，率先实施"外贸大包干"改革，进出口总额于1986年首次跃居全国首位。对于广东外贸来说，这仅仅是开始。对外贸易就像牵动广东经济发展的"狗尾巴"——看起来可有可无，却成为经济发展格局演变的关键。"三来一补"

加工贸易，天然为对外贸易而生。外商投资项目的涌入激活了市场，锻炼了产业工人队伍，积累了产业发展经验和基础设施。这既是广东经济腾飞最初的支点，也是广东重返世界贸易舞台的起点。

1995 年，广东外商投资企业进出口总额 532.1 亿美元，占全省进出口总额的51.2%，首次超过国有企业进出口总额，成为广东第一大进出口经营主体。"东西南北中，发财到广东"的强大引力，让"孔雀东南飞"最终成就了广东民营经济的快速崛起，对外贸易格局也再次改写。

2007 年，广东民营企业进出口总额 1157.66 亿美元，占全省的比重为18.3%，首次超过国企进出口总额。此后十年，广东民营经济继续迈进。格力、美的、华为、中兴通讯等一大批企业成长为世界性企业，深度参与世界贸易往来和产业分工。广东不再仅仅是世界贸易的被动承接者，而是主动参与者。

2018 年，广东民营企业进出口总额 5048.84 亿美元，占全省的比重为48.9%，首次超过外商投资企业，成为广东第一大进出口经营主体。2021 年，广东国有企业、民营企业和外商投资企业进出口总额比重分别为 5.1%、55.0%和38.2%（见图 8-6）。

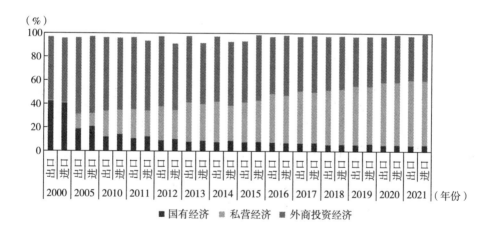

图 8-6 2000~2021 年广东不同所有制企业进出口所占的比重

资料来源：根据相关年份《广东统计年鉴》数据计算得到。

在公平竞争的市场环境中，经过数十年市场经济的锤炼，广东商品赢得了世界各国越来越多的认可，部分领域的广东企业已经可以和世界最具实力的企业在全球"掰腕子"。这种转变，还源自于广东产业结构上的不断优化。具有自主品牌和自主知识产权的机电产品、高新技术产品正在成为出口的生力军。

2018 年，广东计算机集成制造产品出口额达 36.18 亿美元，2012~2018 年年均增长 10.9%；生命科学技术产品出口 30.25 亿美元，年均增长 10.4%；航空航天技术产品出口 13.77 亿美元，年均增长 22.1%，比同期全省出口年均增速高 18.9 个百分点。

广东外贸今后将面临两个方面的挑战：一是中国出口的产品虽然已经走到产业链的上游，但还未能做到引导国际市场需求，需要打造更多国际性品牌；二是产品质量和技术层次还需要继续提升。在国际贸易中，"买什么"体现的是市场的宽度和深度，"卖什么"体现的则是产业的强度和高度。从卖加工环节，到卖成品、卖高新产品，再到卖高新技术，广东几乎在每个外贸发展的节点上都能领先一步。也正是在这个意义上，广东外贸的演变是广东经济乃至全国经济发展的缩影。

2022 年以来，广东主动提出打好外贸、外资、外包、外经、外智"五外联动"组合拳，以应对复杂多变的外贸形势、打造更高层级的广东开放型经济，效果逐渐显现。从广东企业组团出海抢单到广交会成为全球供需对接桥梁，广东着力稳住外贸规模，在这个基础上找准发力点。一边是高附加值产品出口成为"稳"规模的主要动力，出口产品结构由传统优势产业向高技术、高附加值产业转换的趋势更显著；另一边是跨境电商发力，支持外贸新业态发展，为外贸企业拓宽市场。

第一，优化产业结构，促进产业链供应链迈向中高端。

以南沙新区、前海蛇口、横琴新区组成的广东自贸试验区为抓手，广州、深圳、珠海三市发展外贸兼备产业与政策优势；东莞、佛山、惠州等传统制造业大市则不断向绿色与智能制造转型。

在科创实力与激励政策的加持下，深圳在广东整体外贸承压势头下韧性强劲。2022 年，深圳外贸进出口总值 3.67 万亿元，同比增长 3.7%。其中，出口 2.19 万亿元。实际上，深圳外贸变化之路折射的是产业变革之路。早在 20 世纪 90 年代后期，深圳就牢牢抓住电子信息产业快速发展的机遇，从原本以来料加工型电子信息产业向高新技术产业转型。凭借劳动密集型模式打下的制造业基础，向自主创新、技术密集型企业进阶。近年来，深圳提出大力发展 20 个以先进制造业为主体的战略性新兴产业集群，同时布局 8 大未来产业。以深圳为牵引，珠江东岸电子信息产业带正在快速形成，构成了独特的出口优势。

除了"科创之城"深圳，其他广东城市整体加速制造业转型升级，加快向高技术、高附加值产业转换与市场需求"里应外合"，既是对外贸承压的回应之一，也是城市高质量发展的内生动力。

第二，优化外贸布局，打造优势互补的城市群。

在外贸结构上，珠三角9市不断优化布局。在深圳等中心城市辐射带动下，粤港澳大湾区珠江西岸和东岸分别形成先进装备制造和电子信息产业带的错位布局，两大区域出口产品相似度（ESI）由2017年的58.9%下降为2022年的46.4%，同质化程度大幅降低、外贸产业布局更加优化。

珠海在珠江西岸重塑产业新空间，加快发展智造绿色产业园。2022年，珠海先进制造业增加值、高技术制造业增加值同比分别增长9.4%、9.5%，占规模以上工业增加值比重分别达58.9%、31.5%。2023年，陆续引进耀灵时代、纬景储能等一批优质项目，积极培育外贸出口的新增长点。

同在珠江西岸的佛山则夯实传统产业基础、不断发力新兴产业，装备制造业是佛山两大万亿级产业集群之一。依托完备的装备制造业产业链，佛山近年来更是重点培育发展新能源汽车、机器人、新型储能等新兴产业，转换动能，从这里生产的机械零部件与整件销往全球。珠江东西两岸城市群优势互补，能够有效提高广东"智"造优势。

第三，发力跨境电商，外贸新业态蓬勃发展。

近年来，随着"足不出户、买卖全球"成为新风尚，贸易方式从传统交易走到线上，以跨境电商等外贸新业态为抓手，能够有效拓宽外贸产品国际市场。2022年，广东跨境电商进出口值达6454亿元，规模在8年间扩大近43倍，年均增速高达72%，占全国总量的31%，位列首位。

广州跨境电商超级独角兽企业SHEIN，2023年以来推出"希有引力"百万卖家计划，在未来三年帮助中国在内的全球10000个商家，年销售额突破百万美元；同时从服装产业延伸带动更多产业升级，开展全国500城产业带出海计划，帮助全国各产业带借助跨境电商，拓展在全球市场上的销售与品牌提升。

外贸新业态也是其他珠三角城市稳住外贸韧性的有力抓手。虽然这两年珠海外贸进出口整体承压，2022年外贸进出口总值同比下降8.0%，但在工业立市、智造升级的大方向下，2023年珠海加工贸易、保税物流贸易及其他贸易的进出口均保持正增长。珠海市经海关跨境电商管理平台进出口也有突出亮点。

大事记

- 1978年，首批"三来一补"企业在广东诞生。
- 1979年，中共中央、国务院同意在深圳、珠海、汕头和厦门试办出口特区。
- 1980年，"外贸大包干"在广东率先落地实施。

● 1986 年，广东外贸进出口总额首次跃居全国第一。

● 1988 年，广东探索实施外贸承包经营责任制，极大激发了市场活力与创造力。

● 2016 年，广东一般贸易实现历史性跨越，进出口总额占全省比重达 43.6%，首次超过加工贸易占比。

● 2016 年，广东服务贸易总额达 1481.6 亿美元，首次跃居全国首位。

● 2018 年，广东外贸进出口首次突破 7 万亿元大关。

● 2022 年，广东跨境电商进出口值达 6454 亿元，规模在 8 年间扩大近 43 倍，年均增速高达 72%，占全国总量的 31%，位居首位。

第二节 广东工业对外贸易的结构特征

规模上升的同时，广东对外贸易的结构也在不断优化。2016 年，广东一般贸易进出口值自 1986 年来首次超过加工贸易进出口值，一般贸易进出口占全省外贸比重到 2021 年提升至 52.3%，相比于 2012 年的 33.4%，提升了近 20 个百分点。

从出口产品来看，出口产品技术含量不断提高，高新技术产品出口额从 2012 年的 1.39 万亿元增加至 2021 年的 1.72 万亿元，集成电路、新能源汽车、无人机等出口量 2021 年增速均达到两位数。

一、广东工业对外贸易高质量发展特征

广东外贸快速发展得益于三个方面：第一，广东一直以来都是改革开放的前沿阵地，也是先行先试的试验区；第二，40 多年来广东的实体经济快速发展，使得广东从作为进口替代到可以满足国际市场需求；第三，广东的产业转型升级和追求高质量发展。

尽管广东的进出口总量持续增长，且连续 36 年位居全国第一。但是，广东省进出口占全国的比重自 1998 年以来持续下降，从 1998 年的 40.0% 左右下降到 2021 年的 21.2% 左右。广东进出口占 GDP 的比重也从 1998 年的 125.6% 下降到 2021 年的 66.5%。外贸在经济增长中的驱动作用下降。促进广东外贸从总量扩张向高质量发展尤为紧迫。

（一）广东对外贸易高质量发展指标体系

2021 年 11 月 23 日，由国务院批复同意、商务部发布的《"十四五"对外贸

易高质量发展规划》提出优化货物贸易结构、创新发展服务贸易、加快发展贸易新业态、提升贸易数字化水平、推进内外贸一体化等十项重点任务，其中指出，在新形势下我国贸易实现质量变革、动力变革、效率变革是"十四五"期间协助我国实现"贸易大国"到"贸易强国"这一转变的关键性战略部署。马林静（2020）以新发展理念为导向，在我国经济高质量发展的目标和任务的框架下，将外贸高质量发展的广义内涵确定为以下五大基本面：具备更加优化的发展格局、实现更趋平衡的发展格局、具有持续发展的动力、实施更加开放的发展模式、秉持更加普惠的发展理念。在非广义视角下，外贸高质量发展的基本内涵为具备优质合理的外贸发展结构、外贸绩效水平高、外贸竞争力强、国际贸易地位高与贸易发展具有可持续性。由于广义的外贸高质量发展内涵较为抽象，不便于后文选取合适的、具体的指标进行测度，因此本部分就以非广义视角下外贸高质量发展的内涵作为本部分内涵界定的基础。具体来说，主要包括以下五个方面：

1. 更加优化的外贸发展结构

过去我国对外贸易在实现高速发展的路上，逐渐陷入了结构不平衡、贸易不充分的困局，经过贸易发展结构的不断调整，我国对外贸易已经实现了一定程度的结构优化。因此，具备更加优化的贸易结构是外贸高质量发展的核心要求，省级的贸易发展结构可体现为贸易商品结构可优化。过去我国进出口的主要商品是低附加值、技术含量较低的商品，但是此类商品出口不断增加逐渐出现疲软状态，不利于带动我国贸易收益与贸易条件的改善。因此，贸易商品结构优化主要体现在进出口产品不断向高附加值、高端技术的产品升级优化以及数字服务贸易不断发展成型，以实现商品结构升级。

2. 更高水平的外贸绩效

高质量发展注重的是效率的提升，外贸高质量发展的重点要求之一就是贸易效率的进一步提升。对外贸易作为中国经济增长的重要力量，其高质量发展不仅是要追求低成本、高收益，增加高附加值产品的输出，更要追求经济价值与社会价值。外贸效率的提升主要体现为更高水平的外贸绩效，主要是经济绩效与社会绩效。一方面，外贸带来的经济绩效体现在进出口贸易对国内经济增长的贡献率与外贸自身的活力水平上；另一方面，外贸带来的社会绩效体现在对国内技术进步的促进作用与对国内就业的吸引作用上。

3. 更强劲的外贸竞争力

国际竞争力的提升，关键在于实施更加开放的发展模式。改革开放40多年来，我国不断推进对外开放的广度和深度，深入国际分工体系与国际经贸体系中，在国际经贸规则中的地位不断上升，由曾经的"跟随者"变为如今的"引领者"。实践证明，不断扩大对外开放是中国外贸在过去几十年中实现高速增长的重要条件之一。然而，不管在货物贸易或者服务贸易方面，对外开放的路途并没有终点，必须建立更加开放的国外贸易市场和环境，才能更好地融入国际市场，降低贸易保护主义对我国外贸发展的影响。

4. 更高的国际贸易地位

一国的对外贸易是处于国际竞争中的经济活动，因此在国际市场中占据较高的国际竞争地位是我国拥有较强的外部指导力量从而提高外贸高质量发展的主要条件。从省级外贸高质量发展的角度来看，可从一省市的外贸进出口规模和货物贸易出口在世界贸易出口中的占比来衡量省市在国际市场中的地位。

5. 可持续发展

实现外贸高质量发展，必须转变粗放式的发展模式，以创新驱动培育外贸高质量发展新动能，同时打破资源环境的约束性，实现外贸可持续发展。打破资源环境的约束性是外贸发展资源可持续性的主要路径。对环境和资源的破坏一直是我国关注的一个重点，因此外贸高质量发展必须注重外贸为国民健康、自然环境带来的影响，考虑环境效益，积极贯彻外贸可持续发展战略，实现环境友好型的外贸发展。

基于马林静（2020）所构建的中国外贸高质量发展指标体系，从中提取适合省级外贸高质量发展的指标构建了外贸高质量发展指标体系（见表8-4），其中，为剔除贸易进口对 GDP 的影响，采用贸易净出口增量对 GDP 增长的贡献率代替原来的贸易出口增量对 GDP 增长的贡献率；为了剔除人口因素，采用人均贸易进出口额代替原来的贸易进出口规模。

表8-4　外贸高质量发展指标体系

维度层	指标层	单位	指标属性
贸易结构优化度	高新技术产品出口占总出口比重	%	正
	加工贸易占比	%	正
外贸绩效水平	贸易净出口增量对 GDP 增长的贡献率	%	正
	高新技术产品进口占总进口比重	%	正
外贸竞争力	高新技术产品贸易 TC 指数	—	正
	贸易 TC 指数	—	正
外贸规模地位	人均贸易进出口规模	美元/人	正
	货物贸易出口占世界总出口的比重	%	正
外贸可持续性	单位进出口能源消耗量	吨标准煤/万元	负

（二）广东对外贸易高质量发展指标测度

由于在上述关于外贸高质量发展的指标体系中，每项指标所涉及的层面都有所不同并且各省份之间存在统计口径不一致的现象，因此在数据收集过程中抛弃大部分指标数据严重缺失的年份，仅选取了 2001~2021 年我国 12 个省份的相关数据，包括广东、北京、上海、江苏、浙江、福建、天津、重庆、四川、湖北、海南、山东。各项指标的数据均来源各省份历年的统计年鉴与《国民经济和社会发展统计公报》，还包括《中国科技统计年鉴》《中国贸易外经统计年鉴》以及商务部与海关总署所公布的数据。

在外贸高质量发展测度指标体系中分别存在单位进出口能源消耗量的逆向指标，因此在进行因子分析前对以上逆向指标进行了正向化处理。此外，为了避免指标量纲所带来的影响，笔者对指标体系数据集进行了标准化处理。

本部分对 12 个省份的外贸高质量发展测度采用因子分析法，基于上文建立的指标体系与评价模型，在进行因子分析之前，首先对所有指标进行分项因子评价分析，检验其是否适合进行因子分析，其次对通过检验的指标进行因子分析，得出每一项分指标的因子得分。

1. KMO 检验与 Bartlett 球形检验

以广东省为例，对其关于外贸高质量发展的 9 个指标进行 KMO（Kaiser-Meyer-Olkinn）检验和 Bertlett 球形检验。KMO 检验和 Bertlett 球形检验用于检验和评价对象是否适合做因子分析，KMO 检验主要检验各指标变量之间是否存在较大的偏相关性，只有当 0.5<KMO<1 时，才能说明各指标变量之间存在偏相关性，即适合进行因子分析，当 0.7<KMO<1，说明该套指标进行因子分析得到的结果更优；而 Bertlett 球形检验用于检验指标变量间的相关矩阵是否为单位矩阵，当结果 P<0.05 时可拒绝"变量间相关举证为单位矩阵"的原假设，即评价对象各指标变量间存在较大的相关性，说明评价对象各指标适合进行因子分析。

2. 特征根及其贡献率

利用主成分分析法，可以得到各主成分的特征值及其对原始变量的方差累计贡献率。特征值指主成分对原始变量的影响力度指标，一般指取特征根大于 1 的主成分；而方差累计贡献率表示前 k 个主成分累计解释了原始变量的多少信息。为更好地解释各公共因子，利用最大方差法进行因子旋转，得到因子旋转载荷矩阵。将估计出的公共因子得分与广东省 2001~2021 年数据的原始变量代入，可得广东省外贸高质量发展水平的综合得分指数，并且利用同样的方法，分别得出其他 11 个省份的外贸高质量发展水平，汇总如图 8-7 所示。

总体而言，广东近年来外贸高质量发展水平快速提升。具体来看，自 2005

年开始持续 11 年超越其他 11 个省份，2016~2021 年有所回落。

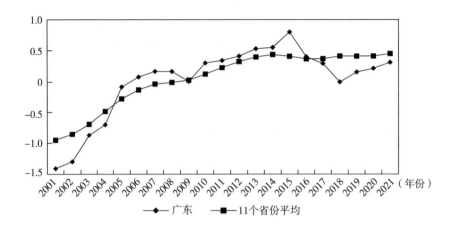

图 8-7　2001~2021 年广东与部分省份外贸高质量发展综合得分指数

资料来源：根据各省份历年的统计年鉴、《国民经济和社会发展统计公报》、《中国科技统计年鉴》、《中国贸易外经统计年鉴》以及商务部与海关总署所公布的数据计算所得。

二、广东工业出口技术复杂度演变特征

（一）出口技术复杂度的测算方法

Hausmann、Rodrik（2003）提出了"出口复杂度"的概念，认为一个国家的出口技术含量与其所处国家的生产技术水平之间存在着一定的联系，生产技术水平越高，出口技术复杂度就会越高；反之，如果一个国家没有技术上的优势，只是依靠劳动密集型的优势，那么这个国家的出口就会具有较低的技术复杂性。可见，出口技术复杂度这一指标能够在一定程度上反映出各经济体出口产品的技术含量及其附加值。Rodrik（2006）和 Hausman 等（2007）在此基础上对其进行了改进，将度量视角从单个国家扩展到了行业和国家双重视角，使我们能够更好地衡量一个经济体的出口技术复杂度，并将其运用到实证研究中。

Hausmann（2003）提出"出口技术复杂度"这一概念，它是反映一国（区域）产品技术进步程度的一项重要指标。他认为一个国家（地区）的出口产品的技术含量与当地人均国内生产总值有着密切的关系。根据李嘉图的比较优势理论，高收入国家拥有技术和知识的相对优势，能够生产并出口高技术复杂度产品。一国的经济发展水平越高，其出口技术复杂度水平就越高。根据以上经济特征，笔者选取具有一定代表性的 Hausmann 等（2007）关于出口技术复杂度的测

算方法，参考余泳泽等（2019）的研究，利用如下公式测算出产品 k 的出口技术复杂度：

$$PRODY_{kt} = \sum_c \frac{\dfrac{X_{ckt}}{X_{ct}}}{\sum_c \dfrac{X_{ckt}}{X_{ct}}} Y_{ct} \qquad (8-1)$$

其中，$PRODY_{kt}$ 为 t 时期产品 k 的技术复杂度，X_{ckt} 为 c 国 t 时期产品 k 的出口额，X_{ct} 为 c 国 t 时期制造业行业的总出口额，Y_{ct} 为 c 国 t 时期的人均 GDP。

根据多国数据计算出 t 时期产品 k 的技术复杂度 $PRODY_{kt}$ 可以进一步计算我国各省的出口技术复杂度：

$$EXPY_{it} = \sum_k \left(\frac{X_{ikt}}{X_{it}} \times PRODY_{kt} \right) \qquad (8-2)$$

其中，$EXPY_{it}$ 为 i 省 t 时期的制造业出口技术复杂度，X_{ikt} 为 i 省出口产品 k 的出口额，X_{it} 为 i 省的出口总额。

（二）出口技术复杂度的指标说明

本部分首先根据 40 个国家的出口产品数据测度每种产品的出口复杂度，再根据每种产品的出口复杂度和产品出口占地区出口的比重测度出全国 30 个省份（不含西藏和港澳台地区，本章同）的制造业出口技术复杂度。

国家制造业出口数据来自 UNcomtrade，国家的人均 GDP 来自世界银行。本书考察的国家有 40 个，[①] 这 40 个国家既包括发达国家，又包括发展中国家。选择这 40 个具有代表性的国家作为研究对象，主要是以发达国家与发展中国家在全球经济中的排名为依据，而且这 40 个国家都属于制造业的主要出口国，因此能够很好地度量出制造业产品的出口技术复杂度。

相关省份制造业出口数据来自国研网和国研网国际贸易研究及决策支持系统，相关省份人均 GDP 的数据来自国家统计局。笔者将制造业海关 HS2 位编码与国民经济分类匹配，然后将同一行业的产品进行归结，最后进行加总即可得到相关省份制造业行业层面的出口数据（见表 8-5）。

---

① 发达国家有 30 个，包括美国、加拿大、澳大利亚、日本、韩国、法国、德国、英国、意大利、西班牙、瑞典、奥地利、葡萄牙、比利时、卢森堡、保加利亚、塞浦路斯、捷克、丹麦、爱沙尼亚、芬兰、希腊、匈牙利、拉脱维亚、立陶宛、马耳他、荷兰、罗马尼亚、斯洛文尼、爱尔兰；发展中国家有 10 个，包括中国、巴西、印度、墨西哥、土耳其、印度尼西亚、俄罗斯、波兰、斯洛伐克、泰国。

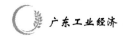

表 8-5 中国制造业行业与海关 HS 编码对照表

序号	行业名称	中国国家标准行业分类代码（2017）
1	农副食品加工业，食品制造业，酒、饮料和精制茶制造业，烟草制造业	13, 14, 15, 16
2	纺织业，纺织服装、服饰业、皮革、毛坯、羽毛及其制品和制鞋业	17, 18, 19
3	木材加工和木、竹、藤、棕、草制品业	20
4	家具制造业	21
5	造纸及纸制品业，印刷业，文教、美工、体育和娱乐用品制造业	22, 23, 24
6	石油、煤炭及其他燃料制造业	25
7	化工原料及化学制品制造业、化学纤维制造业	26, 28
8	医药制造业	27
9	橡胶和塑料制品业	29
10	非金属矿物制品业	30
11	黑色金属冶炼和压延加工业、有色金属冶炼和压延加工业、金属制品业	31, 32, 33
12	通用设备制造业、专用设备制造业	34, 35
13	汽车制造业	36
14	铁路、船舶、航空航天和其他运输设备制造业	37
15	电器机械和器材制造业、计算机、通信和其他电子设备制造业，仪器仪表制造业	38, 39, 40
16	其他制造业	41

资料来源：根据《国民经济行业分类》（GB/T 4754—2017）整理得到。

（三）出口技术复杂度的测算结果

根据上述计算方法，笔者测算出了 16 个行业的出口产品技术复杂度的平均值。总体而言，医药制造业，电器机械和器材制造业，计算机、通信和其他电子设备制造业，仪器仪表制造业，化工原料及化学制品制造业、化学纤维制造业，铁路、船舶、航空航天和其他运输设备制造业的出口产品技术复杂度较高；家具制造业，木材加工和木、竹、藤、棕、草制品业，石油、煤炭及其他燃料制造业的出口产品技术复杂度较低（见图 8-8）。

根据各产品出口技术复杂度可以计算出我国 30 个省份 2011~2021 年制造业出口技术复杂度，广东制造业出口技术复杂度平均水平及变化趋势如图 8-9 所示。总体而言，广东出口技术复杂度高于全国平均水平。从发展趋势看，广东出口技术复杂度从 2011 年的 25644 上升到 2021 年的 66751。2012~2021 年的平均增速为 10%，2016 年之后增速呈现下降趋势。

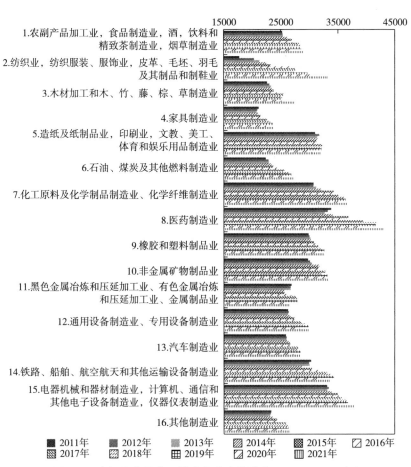

图 8-8 分行业产品出口技术复杂度的演变（2011~2021 年）

资料来源：根据 UNcomtrade 40 个国家制造业分行业出口数据、世界银行分国家的人均 GDP 数据计算得到。

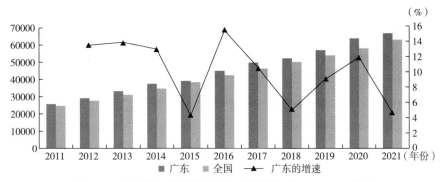

图 8-9 广东出口产品技术复杂度的演变（2011~2021 年）

资料来源：根据图 8-8 分行业产品出口技术复杂度数据，结合国研网相关省份制造业出口数据和《中国统计年鉴》相关省份人均 GDP 的数据计算得到。

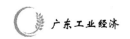
拓展阅读

材料一：广东做好中国外贸发展"顶梁柱""压舱石"

翻开广东 2022 年外贸"成绩单"，尽管面临多重超预期因素的冲击，但仍然稳中有进、不乏亮点。新的一年，广东外贸面临的困难挑战仍然较多，但有利因素也在加速累积。锚定全年外贸增长 3% 的目标，广东将进一步打好"五外联动"组合拳，以全省外贸之"进"来更好地支撑全国外贸之"稳"。

新业态新模式加速发展

2022 年，广东顶住多重超预期因素的冲击，外贸进出口总值 8.31 万亿元，实现了正增长。其中，出口 5.33 万亿元，增长 5.5%。

"世界外贸看中国，全国外贸看广东。广东外贸占全国外贸总值的 1/5，规模连续 37 年居全国首位，在全国外贸发展大局中发挥了'顶梁柱''压舱石'的作用。"海关总署广东分署主任、党委书记李魁文表示，在省委、省政府的坚强领导下，广东有力有效应对超预期因素冲击，以超常决心、超常措施攻坚克难、顶压前行，2022 年广东省外贸进出口在高基数基础上再创历史新高，质量稳步提升，展现出强大的韧性与活力。

沧海横流，方显英雄本色。面对内外挑战，民营企业发挥了"主力军"作用，去年全年实现进出口 4.78 万亿元，增长 2.5%，占比进一步提升至 57.6%。同期，国有企业进出口也快速发展，同比增长 13.3%，远高于广东整体增速。

千万市场主体主动出击，乘数字贸易风潮积极探索，新业态新模式加速发展。2022 年，广东新增韶关、汕尾、河源、阳江、清远、潮州、揭阳、云浮 8 个跨境电商综合试验区，实现跨境电商综试区在全省 21 个地级以上市的全覆盖。2022 年，广东跨境电商管理平台进出口翻倍增长。同期，广东市场采购贸易实现出口货值 1906.8 亿元，带动服饰、箱包、小家电、工艺品等上千种商品出口到 212 个国家及地区。

暨南大学经济学院教授、特区港澳经济研究所副所长谢宝剑认为，广东大力发展多种外贸新业态新模式，其中跨境电商呈现出主体不断壮大、产业集群快速发展的特点，市场采购贸易正在不断试点和完善，内外贸一体化综合平台优势明显，海外仓成为企业加速全球供应链布局的重要抓手。

谢宝剑建议，要通过构建开放型经济平台，优化平台的建设和服务，支持外贸新业态新模式的高质量发展；要持续提升通关便利化水平，围绕堵点、痛点精准服务，优化跨境物流网络和提升跨境物流效率；对外贸平台要改变过去事中事后监管模式，构建全链条监管模式，建立与外贸新业态新模式相适应的风险预警与防控体系；要鼓励各地优化对外贸新业态新模式的政策支持，探索形成规范、健康、激励配套的政策体系。

海关表示，在支持新业态新模式发展、培育外贸发展新动能方面，今年将进一步优化跨境电商退换货便利化改革，优化跨境电商出口系统功能，实现 B2B 出口海外仓"一地备案、全国通用"，支持广东建设跨境电商示范省。同时，扩大市场采购预包装食品出口试点范围，进一步简化优化市场采购小额小批量监管适用条件，持续推动监管智能化升级，助力拓展广东外贸增量。

新能源汽车出口增长空间可观

近日，中国各大车企纷纷交出亮眼"成绩单"，其中比亚迪成为全球新能源汽车销量冠军。2022 年，比亚迪新能源汽车出口超过 55 万辆，同比增长超过 3 倍。以比亚迪的新能源汽车为代表，新能源产品正为广东"制造业当家"和外贸高质量发展注入新动能。

"制造业历来是广东的优势，随着近年来制造业的转型升级，广东工业制品所占份额大幅上升，成为外贸稳增长的支柱。"谢宝剑说。

广东制造业主要出口商品增势良好，尤其是新能源产品出口实现高速增长。2022 年，全省出口电工器材、自动数据处理设备及其零部件、手机、集成电路分别同比增长 19%、6.2%、3% 和 8.8%。在新能源领域，电动载人汽车、太阳能电池、锂离子蓄电池分别增长 4.7 倍、45.3%、42.6%。

"广东省委、省政府提出，坚持实体经济为本、制造业当家，制造业的发展将为广东外贸稳规模优结构提供强有力支撑。"李魁文说。广东身兼制造业大省与外贸大省的双重身份，目前全省进出口以集成电路、计算机设备、手机、电工器材、家电等工业制品为主，占全省外贸的 95% 以上。

2022 年，广东制造业在内外承压的形势下，出口产品科技含量持续提升，工业制品出口拉动外贸增长 3.1 个百分点。李魁文表示，"广东制造"新旧动能同时发力，既立足于"稳"，电脑、手机、集成电路等高新技术产品出口增势稳定；又着眼于"进"，电动载人汽车、锂离子蓄电池、太阳能电池等战略性新兴产业出口集群发力助推外贸高质量发展。

2022 年，高新技术产品进出口占广东外贸的 38.8%。海关预计，今后高新技术产品进出口将继续推动广东产业结构转型升级，带动外贸向价值链高端攀升。同时，广东新能源汽车产量约占全国的 18%，但出口仅占全国的 5.4%，还有非常可观的出口增长空间。

提升内外循环质量和水平

当前，我国经济恢复基础尚不牢固，外部环境动荡不安，内需外需依然疲软，大宗商品价格回落，广东外贸面临的困难挑战仍然较多。但与此同时，不少

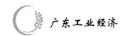

有利因素正加速累积。

随着新冠病毒感染疫情防控措施不断优化，经济社会发展活力日益回升。近期以来，广东千人外贸包车团赴香港参展，"广东制造"牵手"香港服务"揽获超60亿元订单，大大增加了外贸企业拓市场、接订单的渠道和信心。

日前，《区域全面经济伙伴关系协定》（RCEP）对印度尼西亚正式生效。出口印尼的商品除享有中国—东盟自贸区和RCEP两种协定税率的优势外，原产地区域累积范围进一步扩大，促进成员国之间产业链优势互补，推动成员国区域内生产成本最小化和贸易效率最优化，广东外贸企业迎来新利好。

展望新的一年，李魁文表示，虽然广东外贸面临的困难挑战仍然较多，但有利因素正在加速累积，一揽子稳经济政策措施效能持续释放，企业信心预期持续向好、粤港跨境通道加快恢复、龙头企业订单稳定、巴斯夫（广东）一体化项目等投产增量等，都将推动广东外贸实现高质量发展。

广东省委经济工作会议提出，要打好"五外联动"组合拳，推进外贸稳规模优结构、外资稳存量扩增量、外包提质增效、外经优化布局、外智全球引才，提升内外循环质量和水平，更好地服务和融入新发展格局。

"在外贸方面，要把广东制造业优势与全球市场需求、广东对外开放优势与全球服务贸易市场紧密结合起来，加大制度型开放力度。在外资方面，要以稳定和持续的政策增强外商敢投敢干的信心，通过延伸产业链增强外资扩大投资的空间以此增加增量投资。"谢宝剑说。

（选自《南方日报》，2023-01-19）

材料二：走在前列　广东这样起步——从经济第一大省广东看高质量发展稳与进

2023年底召开的中央经济工作会议在部署2024年做好经济工作的9项重点任务时提出，"经济大省要真正挑起大梁，为稳定全国经济作出更大贡献"。

一域观全国。近日，新华社记者深入我国经济第一大省广东调研。虽然赶上南下的寒潮，但随处可见的忙碌景象却展现出南粤大地的勃勃生机。

"在推进中国式现代化建设中走在前列"——沿着习近平总书记指引的方向，今日之广东正在高质量发展的宽广航道上勇立潮头、奋楫扬帆，奔赴"再造一个新广东"的美好未来，也为世界打开一扇读懂中国经济时与势的窗口。

乘风——在复杂经济周期里绽放"南粤红"

深冬寒风里，行走在羊城街头，火红的三角梅随处可见。正如风高浪急的国际环境、复杂经济周期下，广东经济依然暖流涌动。

广州南沙，中船龙穴造船基地。高耸的龙门吊之间，一艘艘正在建造的巨轮蓄势待发。广东拥有国家三大造船基地之一，造船业的红火正是广东经济复苏向好的生动写照。

"2023年订单数量已经翻番，新订单排到了2028年。"广船国际党委副书记张庆环说，中国已跃升世界最大船东国，"广东造"的LNG双燃料豪华客滚船、汽车运输船、大型箱船等在国际市场广受欢迎。

在全国经济版图上，广东的分量不言而喻。

96161.63亿元，这是2023年前三个季度广东实现的地区生产总值，超过全国经济总量的1/10。

2022年，广东经济总量接近13万亿元，已连续34年居全国首位。这一规模即便在全世界的经济体中也能排进前十名。

作为经济第一大省，广东自身发展基数大，每一个增长点都来之不易。2023年前三个季度4.5%的增速，与2022年同期2.3%的增幅相比翻了近一番。

不仅如此，广东拥有各类经营主体超过1700万户，占全国的1/10；外贸总额约占全国的1/5，已连续37年稳居全国首位；还是全国名副其实的工业、财政、养老金、科技创新第一省。

越是走在前列，对风险挑战的感受就越直接。

从全球看，在世界经济衰退、贸易投资疲弱背景下，作为开放前沿阵地的广东外贸依存度高达64%，面临比其他省份更大、更直接的冲击；

从自身看，广东经济"量"的增长已到平台期，"质"的突破还处在酝酿期，加上人口数量多、资源约束紧，提高发展平衡性和协调性的任务又重，经济发展继续抢得先机、赢得主动难度更大。

"一方面要看到，摆在广东经济、中国经济面前的问题是全球性的、周期性的，大多数经济体都面临增长动力不足的问题。"香港中文大学（深圳）前海国际事务研究院院长郑永年说，"另一方面也要意识到，广东继续走拼土地、拼价格、拼劳动力的老路行不通"。

面对复杂严峻的国内外形势，广东如何化危为机、行稳致远？

"贯彻新发展理念、推动高质量发展是广东的根本出路。"——2023年开年首月，广东召开的全省高质量发展大会给出了响亮回答。

一年来，乘高质量发展东风，南粤大地勃发崭新气象。

实施"百县千镇万村高质量发展工程"，是广东2023年推进高质量发展的头号工程。

2023年12月26日，伴随着汽笛长鸣，广州白云站首发列车C1893次从站台缓缓驶出，汕汕高铁首发列车 G9797 次也从汕头南站驶出；与此同时，深南高铁、广河高铁机场段两个新建项目正式开工。

多个重点铁路项目集中开通开工，对于补足广东城乡区域发展不平衡短板意义重大。时至今日，粤东粤西粤北 12 市，经济总量仍不到珠三角 9 市的 1/4。

在粤东，海上风电动能强劲；在粤西，海洋牧歌唱响深海；在粤北，山间"金果"次第飘香……借力"百千万工程"，粤东西北地区正不断将短板变成潜力板，拓展广东发展新空间。

潮涌珠江两岸阔，放眼南粤气象新。

横琴、前海、南沙三大平台建设顺利推进，粤港澳大湾区活力回归；鹏城实验室、广州实验室等运行良好，科技产业动能提升；内需潜力不断挖掘，文旅消费新业态不断涌现；绿美广东生态建设加快推进，农村居民收入增幅持续高于城镇居民，民生福祉不断增强。

2023 年，世界经济寒潮下，广东经济绽放出的"南粤红"，带来的是经济暖意，更是信心。

破浪——在新的生产函数中求解新动力

位于深圳南山的大沙河，曾经黑臭淤塞、避之不及，如今经过治理，波光桨影、满眼绿翠。

大沙河在变，周边的科创企业也在积聚增长的新动能。

"你能想象吗，一个指甲盖大小的超声探头上有两千多个阵元，每个阵元独立发射、接收超声波、互相协同。我们最新研发的超高端超声医疗器械，已经达到国际先进水平。"在位于深圳南山的公司总部，迈瑞医疗董事长李西廷兴奋地说。

光鲜新产品的背后，是对创新的坚持。

"我们走的是一条充满挑战的自主研发之路，每年的研发投入都要占到营业收入的 10%。"李西廷说，"面临国际巨头的激烈竞争，我们必须迎头赶上，每年不出十几个新产品，就无法保持高增长。"

旧去新来，乘风破浪。加快新旧动能转换，是中国经济发展必须破解的难题。

劳动力要素成本上升，土地要素依赖减弱，数据成为新的生产要素……生产函数的变化亟须新的动力支撑。

"在中国经济总量超百万亿元后，宏观经济的发展规律正在发生变化，新的生产函数下必须更多依靠技术创新、优化资源要素配置等发展生产力。"深圳前海管理局副局长王锦侠表示。

回望 2023 年，广东把实现新型工业化作为现代化建设的关键任务，结构性调整迈出坚实步伐，向着由大变强前进了一大步，局部领域呈现向上突破的姿态，加快形成新质生产力，走出一条高质量发展之路。

一是以生产方式再造提升传统产业"含智量"。

"牛仔裤过时了""牛仔裤款式少"，在快时尚迅速发展的当下，曾经很受欢迎的牛仔裤市场，变得不温不火。

数字化转型赋予传统产业新动能。在"牛仔之都"广州新塘，广嘉服装有限公司投资一千万元从瑞典进口智能吊挂系统设备，生产效率提高了30%。

公司总经理王永伦介绍，如今一条生产线一天就能生产15个款式，"小单快反"给大型跨境电商平台供货，年产牛仔裤百万条。"2024年底上万平方米的新厂房将投入使用，我们的车间将是难得的漂亮、绿色。"

没有夕阳产业，只有夕阳车间。

广东作为建设制造强国的排头兵，2022年制造业总产值突破16万亿元，全部制造业增加值4.4万亿元，占全国的1/8。依托厚实的制造业"家底"，传统产业在技术改造中焕发出新生机。

二是以循环经济再造提升广东制造"含绿量"。

2023年12月23日，国内首套百万吨级氢基竖炉项目在宝钢湛江钢铁有限公司成功点火投产，标志着我国钢铁行业向绿色低碳转型再迈新步伐。

"我们推进绿色化生产的决心非常强烈，全厂实施了2728项超低排放改造。以用水为例，如果使用鉴江水只需2元多一吨，但我们坚持以每吨30多元的成本进行废水处理。"宝钢湛江钢铁有限公司总经理韩仁义说，"虽然公司节能环保投资达到64亿元，但更绿色的高端产品助推企业利润将保持两位数增长"。

三是以产业集群再造提升未来发展"含金量"。

2023年11月下旬，总部位于深圳的比亚迪公司宣布，第600万辆新能源汽车下线。第一个"100万辆"用时13年，最近的第六个"100万辆"仅用时3个多月。

2023年前三季度，深圳新能源汽车产量增长125.8%。放眼广东，电动载人汽车出口增长了4.3倍。

在惠州，德赛电池、亿纬锂能等"链主"企业的涌现，带动形成千亿元规模的锂电池产业集群；在佛山，一个北滘镇就形成了智能家电、高端装备、机器人等多个产业集群，镇域经济规模超千亿元……广东正大力培育20个战略性产业集群、8个万亿元级产业集群。

2023年底最新数据显示，广东研究与试验发展经费投入强度已达3.42%，同比提高0.21个百分点；深圳、东莞、惠州、广州分别达5.81%、4.1%、3.44%、3.43%。广东规模以上工业企业达6.7万家，高新技术企业达6.9万家、

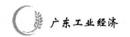

连续多年居全国首位。

建设现代化产业体系，是推进高质量发展的必然要求。中央经济工作会议将"以科技创新引领现代化产业体系建设"作为2024年重点任务之首。

这表明，只有牢牢抓住科技创新这个"牛鼻子"，以科技创新引领现代化产业体系建设，才能顺应全球科技革命和产业变革大势，不断增强应对外部风险能力，增强产业链韧性和安全。

走在前——在自强不息的精神中奋力攀登

新的征程，需要在高质量发展中勃发新气象，但这一过程不可能是鲜花掌声中的乐享其成。

步入2024年，中国经济运行仍面临不少风险挑战：全球经济依然低迷，保护主义、单边主义上升，国内有效需求不足、部分行业产能过剩、社会预期偏弱等问题凸显。

展望新的一年，日前召开的中共广东省委十三届四次全会暨省委经济工作会议指明了前行方向——坚定不移推动高质量发展，不断夯实广东现代化建设的"硬实力"。

踏破荆棘，必遇繁花。

始终保持战略定力，在更大力度的改革开放中激发破局的力量。

广东，是中国改革开放的排头兵、先行地、实验区。如今，一系列正在推进的改革举措为企业提供着不竭动力。

眼下，在惠州大亚湾开发区新兴产业园北区，工人们正在抢抓工期，推进惠州软件园、科创智造产业园主体工程施工。园区尚未投入使用，已有思傲拓科技、德莱仕等8家企业签订入驻意向协议，预计产值达20亿元。

"招商团队替我们想到了项目所有落地事项，基本上没操什么心。"思傲拓科技有限公司董事长邓卓明对大亚湾开发区"店小二"招商服务印象深刻。

营商环境犹如自然生态环境，企业家和企业如同"候鸟"，哪里环境适宜就"飞"向哪里。

持续优化营商环境，精准对接企业需求，"无事不扰、有求必应"，让"候鸟"乐于"筑巢"，正是中国经济永葆生机活力的密码。

"企业所得税率从25%降到15%，个人所得税负超过香港税负的部分予以免征，这对我们发挥所长、开拓粤港澳大湾区市场有极大帮助。"在前海执业的香港税务师郑康祥细数"获得感"。

普华永道中国发布的前海深港现代服务业合作区2023年度营商环境蓝皮书显示，目前前海基本实现"营商环境在2025年具备全球竞争力"的目标。

推动粤港澳大湾区建设向纵深推进，产业和科技加快融合发展，"百千万工程"实现良好开局，绿美广东生态建设扎实有力……广东持续奏响进军高质量发展的集结号，以更大魄力、在更高起点上推进改革开放，围绕落实"锚定一个目标，激活三大动力，奋力实现十大新突破"的"1310"部署，以"再造一个新广东"的意志和干劲奋力开拓、攻坚克难。

不久前，广东省政府网站公布了广州、深圳、珠江口西岸、汕潮揭、湛茂五大都市圈发展规划。规划期为2023~2030年，展望至2035年，五大都市圈将加快打造广东推进中国式现代化的动力源、增长极。

一系列政策举措有破有立、统筹推进：从完善反不正当竞争协同共治机制，到开展放宽市场准入试点，重点推动新业态新领域准入环境持续优化，打开了广东经济发展的新空间，为加快构建新发展格局贡献了智慧力量。

从深圳西海岸远眺，大铲湾码头桥吊繁忙作业，世界级跨海工程深中通道隐约可见，拔地而起的一座座高楼不断改写着天际线。

今天，得风气之先的广东正在拼搏奋斗中加快融入新发展格局，以高质量发展书写中国式现代化的广东答卷。

（选自"新华社客户端"，2024-01-01）

课后思考题

1. 结合以上两则材料分析广东外贸高质量发展的优势、劣势、机遇和挑战。
2. 从产业布局上看，广东各个城市如何优势互补以实现外贸高质量发展？

第九章　广东工业企业服务化转型

中国经济发展已由高速增长阶段转向高质量发展阶段，在全球产业链深度重构的背景下，我国制造业企业面临环境资源约束、全球需求疲软等问题。"十四五"规划明确指出，要加快推进制造强国、质量强国建设，促进先进制造业和现代服务业深度融合，发展服务型制造新模式，推动制造业优化升级。

从欧美发达国家的实践经验来看，各国均把制造业服务化作为促进先进制造业发展的重大战略。制造业服务化通过增加服务要素投入和服务要素产出，有助于提升制造业竞争力和在全球价值链体系中的分工地位，实现产业结构转型升级。作为我国制造业的传统大省，广东省要重新审视自己的竞争优势，通过服务化转型赋能制造业高质量发展，持续巩固和强化制造业在经济社会发展中的"顶梁柱"作用。

第一节　广东制造业服务化水平测度及特征分析

一、制造业服务化的概念

（一）制造业服务化的含义

制造业服务化（Servitization）一词最早由 Vandermerwe、Rada（1988）提出，他们认为服务化过程中制造业企业从仅提供服务向提供"物品+服务+支持+知识+自我服务"的"产品服务包"转变。此后众多学者（Pappas、Sheehan，1998；White et al.，1999；Reiskin et al.，2000）不断丰富其内涵。与之类似的是 Szalavetz（2003）提出的第三产业化（Tertiarization）。

制造业服务化指的是制造业企业突破自身产业边界向服务业延伸和扩展，在价值链上游增加服务要素投入以替代实物要素投入，在下游增加服务要素产出以替代实物要素产出。制造业服务化会引起制造业企业朝以下两个方向发展：一是保留行业属性，提供工业品销售和服务一体化，比如美的就从单一家电转变为全系列家电产品和智能家居系统的提供商、陕鼓集团从压缩机和鼓风机的设备制造商转变为分布式能源领域系统解决方案商和系统服务商。二是制造业企业逐渐变为服务业企业，比如IBM由硬件制造商转为智慧地球服务提供商。

制造业服务化实际上是制造业生产过程的软化，即制造业企业不再是单一的实物产品提供者，而是从以实物产品为中心的制造业向服务产品增值延伸，变成工业品和集成服务提供商。

（二）相关概念辨析

服务型制造，是制造与服务融合发展的新型制造模式和产业形态，是先进制造业和现代服务业深度融合的重要方向。[①]　"服务型制造"一词是基于最初的"面向服务的制造""服务嵌入制造"（Fry et al.，1994）和"制造型企业的服务增强活动"（蔺雷、吴贵生，2007）等发展而来的，它是"基于制造的服务和面向服务的制造"（何哲等，2010）。在服务型制造中，制造业企业不断增加服务要素在投入和产出中的比重，从以加工组装为主向"制造+服务"转型，从单纯出售产品向出售"产品+服务"转变。制造业服务化与服务型制造是同一事情的两种不同提法，本书对这两个概念不加以区分。两者反映的都是制造业与服务业的产业融合，你中有我、我中有你的状态（李江帆，2022）。

此外，与制造业服务化相关的概念还包括生产服务、服务外包、模块化生产、产品服务系统等，其中生产服务本质上是服务型生产资料，即服务形式的生产要素，又称软生产要素或软投入（李江帆，2018）。服务外包指的是生产服务要素由取自内部变为取自外部，或者说生产要素内置变为生产要素外置（陈菲，2005）。模块化生产则强调将生产过程要素"切割"成服务和实物要素的标准模块，在生产中作电脑插板式"拼装"。产品服务系统则是用于满足客户需求的一整套产品和服务的组合（Goedkoop，1999）。它们都属于与服务这一软生产要素密切相关问题的不同表述。

二、制造业服务化的内容及阶段

（一）制造业服务化的内容

从价值链角度来看，制造业企业的生产活动中所需要的服务要素广泛分布于价值链的各环节，制造业服务化包括投入服务化、中间过程服务化和产出服务化。

---

① 工业和信息化部等15部委联合印发的《关于进一步促进服务型制造发展的指导意见》（工信部联政法〔2020〕101号）。

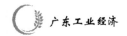

1. 投入服务化

制造业投入服务化是指制造业在生产过程中逐渐增加服务要素的投入来替代实物要素的投入。企业通过加大价值链上游的研发设计、市场调研、融资、外观设计等环节和下游的广告营销、定制服务、整体解决方案、供应链管理优化等环节的投入，显著提高生产效率，并从而提升生产投入的"软化"程度。同时上游环节中外观设计等服务投入，可以增强企业产品的差异化程度。随着制造业投入服务化程度的加深，企业也会逐步向微笑曲线两端的高附加价值环节攀升。

2. 中间过程服务化

这是投入服务化的延伸，也是产出服务化的准备（李江帆，2022）。在微笑曲线的中游环节，制造业企业也投入更多服务要素，比如在引入高效的产品生产线的同时强化先进的技术和经营管理理念，从而提升员工的技术和生产能力。同时企业也需要强化生产过程中所需要的工程技术服务、设备租赁服务等服务要素的投入，以提升生产经营效率。

3. 产出服务化

制造业产出服务化是指制造业由提供"实物型产品"转变为提供"服务型产品"。① 在产出服务化阶段，企业产出中的服务要素比重上升，实物要素比重下降，产出重心移向服务环节。制造业企业通过产出服务化，提供功能性服务或整体服务方案，从而与同业竞争对手区分开来，形成自身特有的竞争力。同时产出所需的品牌推广等服务，有利于企业增强产品和品牌知名度，扩大市场份额。比如，罗尔斯·罗伊斯公司从最初销售生产发动机（航空发动机、船舶发动机以及核动力潜艇的核动力装置等）转型为卖服务，为客户提供融合了航空工程和包含高级数字化分析和物联网技术的云计算领域一体化客户解决方案。

此外，企业的价值活动中还涉及对产品生产过程未起到直接作用的生产服务活动，如为提高员工的素质和凝聚力、宣传企业文化、与客户建立合作关系而涉及的教育培训服务。政府在制造企业生产过程中提供的支持服务在保证企业正常运转方面也起到了重要作用，如废水处理、道路维护、公共安全、消防等服务（见图9-1）。

（二）制造业服务化的阶段

制造业服务化是制造业企业从"服务为附加"转变为"实物产品为附加"的动态演化过程。这一转变过程可以划分为仅提供实物产品、提供实物产品+附加服务、提供实物产品/服务包和提供基于实物产品的服务四个阶段。由图9-2

---

① 相关提法包括"产品服务解决方案""产品服务包""产品整体概念""总体服务组合"等。

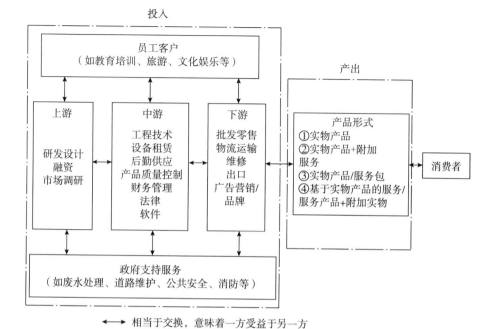

图 9-1　制造业企业生产过程中服务与制造活动的相互作用

资料来源：根据 Quinn 等（1988）、Dicken（1992）和马风华（2011）绘制而成。

可以看出，制造业服务化四个阶段是服务从无到有，从作为实物产品的附加到占据主要地位的过程。

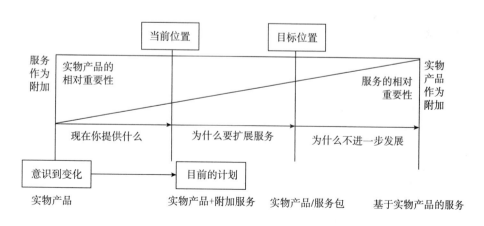

图 9-2　制造业服务化阶段

资料来源：根据 White 等（1999）修改而成。

在制造业服务化的第一阶段，制造业企业仅提供实物产品，其关注点是在实物产品上。随着经济的发展，顾客的需求也在不断提升，要求企业提供与实物产品相关的一些附加服务，比如家电产品的安装服务，从而进入了制造业服务化的第二阶段。在这一阶段中，制造业企业提供物品和附加服务，此时的服务是"伴随着物品的服务"，是作为实物产品的附加物。在第三阶段，消费者（客户）对工业品需求重点从实物产品的功能质量逐渐向产品个性化和定制化、产品品牌形象以及厂商与消费者互动等服务性内容转变。因此制造业企业为满足顾客多样化需求，提供的是"物品/服务包"的完整解决方案。此时的服务已经成为制造业产出的重要组成部分，而实物产品往往只充当服务载体或是后续服务的敲门砖。在第四阶段，制造业企业提供的是"基于物品的服务"，或者说是"服务产品+附加实物"。此时企业把既有实物产品作为工具或平台，向顾客提供与实物产品相关的服务。比如陕鼓集团从卖鼓风机到卖以鼓风机为基础的成套服务（鼓风机成套安装+设备健康管理服务+工程成套运营服务+工程融资服务等）。

三、广东制造业服务化的现状

（一）基于投入产出表的广东制造业服务化水平测算

1. 研究方法和数据来源

（1）研究方法。在测算制造业服务化水平时，可以利用依赖度进行计算。依赖度是指某个行业生产中特定中间产品的投入比例，即该特定中间产品的投入系数占全部中间产品投入系数的比重，也称为直接消耗系数。可以使用以下公式来表示依赖度：

$$a_{ij} = \frac{x_{ij}}{x_j}$$

其中，a_{ij} 表示制造业 j 部门在生产过程中对 i 部门的直接消耗，x_{ij} 表示部门在生产过程中消耗 i 部门的产品数量，x_j 表示 j 部门的总投入。则制造业 j 对服务 k 的依赖度为：

$$d_{kj} = \frac{a_{kj}}{\sum a_{ij}}$$

运用依赖度指标数据可以测量制造业产出对总体服务或是某项细分服务投入的依赖程度，从而考察制造业服务投入的变化规律。

（2）数据来源。本节数据来自于广东省统计局发布的投入产出表。我国统计局每隔五年进行一次全国投入产出调查，编制投入产出基本表。考虑到数据完整、行业划分统一等，本书选择 2002 年、2007 年、2012 年和 2017 年这四个年份的投入产出表进行分析。

由于《国民经济行业分类》国家标准于 2011 年和 2017 年分别进行了第三次和第四次修订。为确保投入产出表中的部门一致性，本书对 2007 年投入产出表中的邮政业和交通运输及仓储业进行了合并，并与 2012 年、2017 年投入产出表中的邮政业及交通运输仓储进行了对应。同时，还将 2007 年和 2017 年投入产出表中的综合技术服务业与研究和试验发展进行了合并，并与 2012 年投入产出表中的科学研究和技术服务相对应。

2. 计算结果及趋势分析

（1）制造业整体服务化水平。利用依赖度计算公式，对广东省 2002 年、2007 年、2012 年和 2017 四个年份的制造业服务化水平进行计算，结果如图 9-3 所示。可以看到，广东省的制造业服务化水平经历了先下降后稳步上升的发展过程。同时注意到从 2002 年到 2007 年，无论是广东省还是全国的制造业服务化水平都出现了大幅下降，这很大可能是由于国民经济行业分类标准的修订所导致的口径问题。2007~2017 年，广东省的制造业服务化水平呈现出稳步上升的发展态势，从 2007 年的 7.26% 上涨到 2017 年的 9.57%，涨幅达到 31.8%。在这一时期，广东省市各级政府积极响应国家政策，出台了一系列政策与意见以促进创新发展。但与全国水平相比，广东省制造业服务化水平仍处于相对落后的水平。这一定程度上反映了广东省制造业发展长期以出口型简单加工生产为主，被俘获在

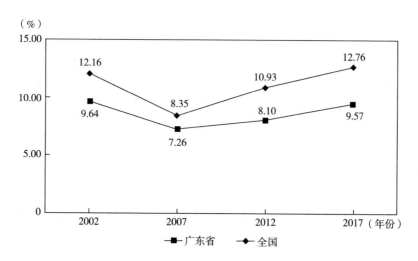

图 9-3　2002 年、2007 年、2012 年和 2017 年广东省和全国制造业服务化水平
资料来源：根据相关年份广东省和全国投入产出表数据计算结果绘制而成。

价值链的低端环节的现状。因此广东在下一阶段需要加速制造业服务化的进程，推动制造业向价值链的高端环节攀升，以提升制造的国际竞争力，真正发挥全国制造业发展排头兵的作用。

（2）制造业细分服务化水平。考虑到生产投入服务要素的异质性，接下来计算 2017 年广东省制造业对服务业细分行业的依赖度。从图 9-4 可以看到，广东省制造业对批发和零售业，交通运输、仓储和邮政业的依赖度很高，而对信息传输、软件和信息技术服务业，科学研究和技术服务业的依赖度较低。这说明现阶段广东制造业服务化仍以传统的服务业为主，对知识和技术密集的服务业要素的使用明显不足，制造业服务化发展处于较低层次。

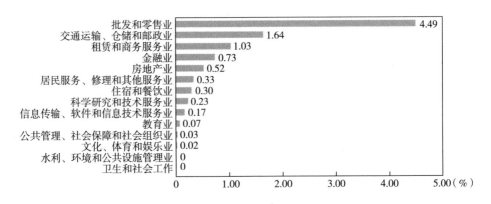

图 9-4   2017 年广东省制造业对细分服务业的依赖度

资料来源：根据 2017 年广东省投入产出表数据计算结果绘制而成。

从细分具体行业来看，2017 年服务业细分行业依赖度排第一的是传统的批发和零售业，依赖度为 4.49%，远超其余服务业。其次是交通运输、仓储和邮政业，依赖度达到 1.64%。这主要是因为广东制造业以出口导向型为主，在制造业产出过程中需要交通运输、仓储和邮政业为其提供大量的物流配送、仓储管理等服务。租赁和商务服务业依赖度排名第三，也超过了 1%。而科学研究和技术服务业，信息传输、软件和信息技术服务业等为制造业提供的中间消耗仅为 0.23% 和 0.17%，排名第八和第九。它们主要提供技术支持、研发和咨询等知识和技术密集型服务，可以有效提升制造业产出的科技和信息含量，对制造业服务化水平的提升具有重要意义。

对比全国同期制造业对细分服务业的依赖度，可以看到广东省与全国在制造业服务化结构类型方面存在高度相似性。制造业对批发和零售业，交通运输、仓储和邮政业等传统服务业的依赖度很高，特别是对批发和零售业，依赖度在 4%

以上。而对信息传输、软件和信息技术服务业，科学研究和技术服务业的依赖度都比较低。同时从差异来看，在交通运输、仓储和邮政业，金融业，信息传输、软件和信息技术服务业，科学研究和技术服务业等细分行业上，全国的依赖度约是广东的两倍（见图9-4、图9-5）。

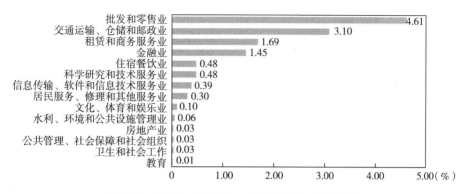

图9-5　2017年全国制造业对细分服务业的依赖度

资料来源：根据2017年全国投入产出表数据计算结果绘制而成。

（二）基于企业层面的广东制造业服务化水平调查分析——以广州黄埔区为例

1. 企业的基本情况

为清晰了解制造业企业服务化的需求和供给情况，我们结合制造业企业服务化的特点设计了针对制造业企业和服务业企业的两类调查问卷，于2022年4月至6月向广州市黄埔区内有关企业发放了问卷，共计回收357份，其中面向制造业企业的《调查问卷Ⅰ》103份。

（1）被调查制造企业行业分布广泛。从行业分布来看，被调查的制造业企业共计103家，细分行业包括其他制造业（23.30%），通用设备制造业（10.68%），化学原料和化学制品制造业（9.71%），专用设备制造业（8.74%），计算机、通信及其他电子设备制造业（7.77%），食品制造业（6.80%）以及橡胶和塑料制品业（5.83%）等。可以看到，调查样本中设备制造业（通用设备制造业，专用设备制造业，计算机、通信及其他电子设备制造业）占比较高，达到27.18%（见图9-6）。

（2）企业规模以中小企业为主。被调查的制造业企业以中小企业为主，符合《统计上大中小微型企业划分办法（2017）》大型企业标准的仅有3家（员工1000人以上，主营业务收入4亿元以上）。企业员工规模在500人以上，营业额在5000万元以上的仅有16家。从营业额来看，2021年营业额在2000万元以

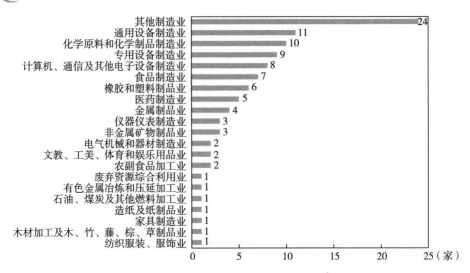

图 9-6 受访企业细分行业分布

资料来源：根据 2022 年向广州黄埔发放回收的《制造业服务化调查问卷Ⅰ》的数据绘制而成。

上的企业有 96 家（占比 93.20%），营业额在 5000 万元以上的企业有 72 家（占比 69.90%），营业额在 2000 万元以下的企业仅有 7 家。而从企业员工规模来看，被调查企业中 67 家在 200 人以下（占比 65.50%），86 家在 500 人以下（占比 83.50%），仅有 17 家在 500 人以上。

（3）企业以内销为主。受访制造业企业中，产品外销占比在 10% 以下的企业最多，占 48.55%，在 10.01%～20% 的占 13.59%，在 20.01%～40% 的占 2.91%，在 40.01%～50% 的占 3.88%，四者累计占 68.93%（见图 9-7），说明区内多数的制造业企业以产品内销为主。

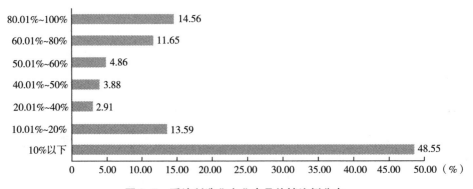

图 9-7 受访制造业企业产品外销比例分布

资料来源：根据 2022 年向广州黄埔发放回收的《制造业服务化调查问卷Ⅰ》数据绘制而成。

2. 企业提供服务的数量

（1）制造业企业对服务特别是生产性服务①的认识提升，服务化转型意愿日渐强烈。作为价值链和产业链的重要环节，随着经济发展水平的提高和产业结构的升级，生产性服务业的地位越来越重要。从问卷调查结果来看，近八成的受访制造业企业认为生产性服务对企业产值和竞争力有重要影响（认为重要和非常重要的合计77.67%）。而从31项细分生产性服务项目来看，被调查制造业企业认为重要及非常重要的五项生产性服务分别是会计、审计及税务服务（80.58%）、货物运输服务（76.70%）、检验检测服务（73.79%）、研究与试验发展服务（73.78%）、设备维修服务（69.90%）和信息技术服务（69.90%）（见表9-1）。

表9-1　细分生产性服务对制造业企业产值和竞争力的影响程度　　单位：%

服务类别	非常不重要	不重要	无意见	重要	非常重要
研究与试验发展服务	0	2.91	23.3	47.57	26.21
工业设计服务	0	1.94	31.07	42.72	24.27
专业设计服务	0	1.94	31.07	43.69	23.3
技术推广服务	0.97	2.91	34.95	43.69	17.48
科技中介服务	0	3.88	39.81	41.75	14.56
创业空间服务	0	4.85	43.69	38.83	12.62
知识产权及相关法律服务	0	2.91	29.13	50.49	17.48
检验检测服务	0	0.97	25.24	56.31	17.48
工程管理服务	0	0.97	33.98	50.49	14.56
货物运输服务	0	1.94	21.36	54.37	22.33
仓储服务	0	1.94	30.1	52.43	15.53
信息传输服务	0	2.91	31.07	49.51	16.5
信息技术服务	0	0.97	29.13	55.34	14.56
电子商务服务（互联网）	0	1.94	35.92	50.49	11.65
信贷等金融服务	0	33.98	52.43	12.62
财产保险服务	0	0.97	33.01	52.43	13.59
节能环保服务	0	0.97	30.1	54.37	14.56

①　根据《生产性服务业统计分类（2019）》（国统字〔2019〕43号），生产性服务业的分类范围包括为生产活动提供的研发设计与其他技术服务，货物运输、通用航空生产、仓储和邮政快递服务，信息服务，金融服务，节能与环保服务，生产性租赁服务，商务服务，人力资源管理与职业教育培训服务，批发与贸易经纪代理服务，生产性支持服务十大类。

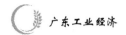

续表

服务类别	非常不重要	不重要	无意见	重要	非常重要
融资租赁服务	0	0.97	43.69	42.72	12.62
设备等实物租赁服务	0	1.94	45.63	41.75	10.68
会计、审计及税务服务	0	1.94	17.48	60.19	20.39
市场调查服务	0	2.91	36.89	47.57	12.62
商务咨询服务	0	1.94	41.75	43.69	12.62
广告服务	0	2.91	39.81	45.63	11.65
会议、展览服务	0	2.91	41.75	43.69	11.65
办公和翻译服务	0	3.88	46.6	37.86	11.65
人力外包服务	0.97	3.88	34.95	48.54	11.65
职业教育和培训服务	0	0.97	34.95	50.49	13.59
产品批发服务	0	2.91	38.83	44.66	13.59
贸易经纪代理服务	0	2.91	44.66	39.81	12.62
设备维修服务	0	0.97	29.13	54.37	15.53
保洁服务	0	1.94	40.78	46.6	10.68

资料来源：根据2022年向广州黄埔发放回收的《制造业服务化调查问卷Ⅰ》数据整理而成。

而在问及将来是否有意愿承接国内外企业产前产中产后服务时，有57.28%的被调查企业选择了愿意，说明近六成的受访制造业企业不仅看到了服务化的趋势，而且有把握趋势、抓住机会的意愿。

（2）企业生产过程中服务投入不足。被调查企业中，生产过程消耗的生产资料中服务所占比重在10%的企业占59.22%，在10.01%~20%的占16.50%，在20.01%~40%的占12.62%，在40.01%~50%的占2.91%；四者累计占91.25%，说明绝大多数的企业生产资料中服务所占比重偏小，实物产品占比较高。生产资料中服务占比在50.00%以上的仅占被调查企业的8.75%，其中，服务占比在50.01%~60%的企业占1.94%，服务占比在60.01%~80%的占4.85%，服务占比在80.01%~100%的占1.94%。

此外，被调查企业中，70.87%设有研发或设计部门，接近三成的企业仍被俘获于价值链的低端环节，主要从事简单的加工制造部分。在设有研发或设计部门的被调查企业中，87.67%不对外提供研发或设计服务，且仅有38.36%的研发或设计部门是独立核算机构，可以看出企业拥有研发或设计部门主要是为了满足自身的研发和设计需求，较少对外提供服务，比如黄埔区内的安利（中国）研发中心有限公司。

（3）企业服务种类多但对知识密集型服务的重视程度较低。在被调查企业能够提供的服务技能类型方面，研发与设计服务占比最高，为53.40%（见图9-8），这与国际发展趋势一致。Neely（2007）对23个国家和地区制造业企业的分析结果显示，在所有制造业提供的服务类型中，设计和研发服务占比排名第一。

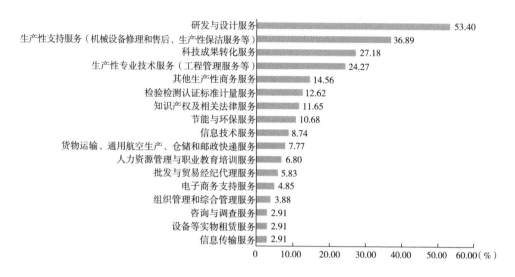

图9-8　企业可以提供的服务情况

资料来源：根据2022年向广州黄埔发放回收的《制造业服务化调查问卷Ⅰ》数据绘制而成。

从图9-8来看，生产性支持服务（机械设备修理和售后、生产性保洁服务等）占比36.89%，排名第二；科技成果转化服务以27.18%的占比排名第三；生产性专业技术服务（工程管理服务等）的占比也超过了20%，达到24.27%。而检验检测认证标准计量服务、信息技术服务等占比较低，其中信息技术服务占比仅为8.74%，说明被调查的制造业企业注重传统的研发设计服务、售后等生产性支持服务，而对知识和技术密集型的服务重视程度较低，这与广东制造业发展所处的阶段有关。对比Neely（2007）的研究结果，在发达国家制造业企业提供的服务中，系统解决方案等知识和技术密集型服务占比较高，传统的低技术简单服务占比较低。

（4）企业服务化受政府影响的情况。被调查企业在服务化或者推进服务型制造转型的过程中，有47.57%的企业表示会受到产业政策的影响；有40.78%的企业表示会受到政府补贴的影响；有34.95%的企业表示不会受到政府行为的影响；有26.21%的企业表示会受到法律法规的影响。此外，表示会受到课题立项、示范试点的影响的企业均占14.85%。

值得注意的是，仅有 7.77% 的企业表示政府的惩罚措施会影响其服务化（见图 9-9），因此对政府而言，不能过于依赖惩罚措施，而应采取积极的鼓励措施，有效促进制造业企业服务化，加速向工业品和集成服务提供商的转变，从而增强企业竞争力。

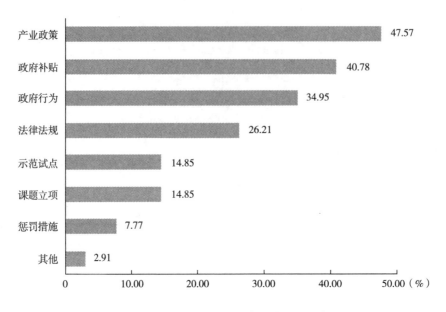

图 9-9　企业服务化受政府何种行为影响

资料来源：根据 2022 年向广州黄埔发放回收的《制造业服务化调查问卷Ⅰ》数据绘制而成。

第二节　制造业服务化典型模式及案例

一、基于服务内容的模式分类

Baines、Lightfoot（2013）基于制造企业提供服务要素的内容及制造企业与客户合作的程度，将服务型制造划分为基础服务、中级服务和高级服务。客户在购买制造企业产品的过程中，一些客户只重视制造业企业提供的设备、备件和耗材；部分客户会自己进行一些维护，如定期为汽车更换机油等；而有些客户只想操作设备，希望制造企业解决产品使用过程中的各种故障等。

Baines 和 Lightfoot 将客户主要是想获得设备，企业只提供产品配送及安装等服务,称之为"基本服务"。当客户要求设备得到适当维护,制造企业提供常规保养、服务台、维修、检修、操作培训等服务,称之为"中间服务"。如果顾客关注重点不再是设备本身,而是产品表现出来的性能或能力,此时制造企业须扩大其活动范围,需要完成曾经属于客户内部的"活动",Baines 和 Lightfoot 将其称之为"高级服务"(见图9-10)。

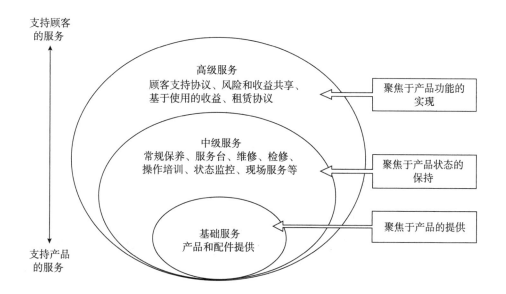

图9-10 Baines、Lightfoot(2013)提出的基础、中级及高级三种模式

资料来源:根据 Baines、Lightfoot(2013)绘制而成。

典型案例

广电运通:高科技循序渐进,打造服务化产业链

广州广电运通金融电子股份有限公司(以下简称广电运通)成立于1999年7月8日,是集自主研发、生产、销售及服务全产业链于一体的现代化高科技上市企业。广电运通聚焦从金融安全到城市大安全的战略布局,致力于成为全球领先的行业人工智能解决方案提供商,业务涵盖智能金融、智慧政务、智能交通与平安城市等领域。在新一轮信息革命浪潮中,广电运通将持续打造基于公共安全的人工智能技术与服务的优势,以智能金融业务平台为主体,向高端服务和人工智能创新产业延伸。

服务化路径和方向

广电运通围绕金融自助设备一体化综合服务设备的全生命周期管理开展服务，解决生产与服务的脱节现象，搭建全国性的"金融自助设备公共服务平台"，提高我国金融自助设备的总体服务能力及服务水平，以促进生产性服务业的快速发展。

（1）路径方向一。在保留原有的生产制造基础上，提供基于产品的增值服务，从总体上提升客户的产品使用体验，走"产品服务化路线"。

（2）路径方向二。从聚集产品生产的阶段出发向前端拓展，走"知识技术密集型的高端服务路线"。在保留公司原有的生产制造业务的同时，企业面向专业化市场或新的业务领域，基于拥有的核心技术、研发设计资源能力优势，向咨询策划、试验检测、标准制定和自主产权技术知识支持服务拓展，为客户提供知识密集型、技术密集型的高端服务。

（3）路径方向三。从聚焦核心制造业务环节出发同时向两端拓展，走"产品服务一体化路线"，提供给用户一整套的解决方案。

服务化历程

（1）发展初期。广电运通在全国建立服务站，提供 ATM 销售后的安装、调试、维修和保养服务，初步建立了服务网络。此阶段，广电运通专注于 ATM 的制造和研发，服务仅作为配套服务。

（2）发展中期。2006 年，广电运通成立广电银通，开始对高端服务深耕细作。通过在全国建立服务中心，并开始探索全外包运营项目。加上在 2008 年取得了奥运"服务站"0 故障的成绩单，服务在这个阶段开始体现出一定的差异性，也为广电运通产品提升了附加价值。

（3）成熟期。在 ATM、AFC 等智能设备发展成熟后，广电运通进一步提出"高端制造+高端服务"，以及"同心组合"的战略，相继成立广州穗通突破金融外包服务领域，成立中智融通提供清分流水线系统解决方案，并在全国范围内收购武装押运企业布局全产业链战略等。有了这些业务延伸基础，加上过硬的产品核心技术和质量，广电运通近年来推出了国产 ATM 系统、VTM 远程视频银行、轨道交通互联网售票设备等解决方案，服务化进程向提供高质量金融外包及综合性解决方案演进，且高端服务作为新动力推动公司成长，成为广电运通新的利润增长点。

服务化表现

广电运通母公司广州无线电集团在 2008 年就积极提出了"高端高科技制造业、高端现代服务业"的战略定位，并通过掌握核心关键技术，实现制造业的高端升级，为制造业向服务业转型发展提供源源不断的助力。

（1）夯实传统制造业务传统基础优势。广电运通始终坚持"全球视野·本土运作"的发展战略。在现金清分方面，广电运通全资子公司中智融通开发出系列业界领先的现金物联网解决方案与智能现金处理产品。在智能交通方面，广电运通旗下运通智能在国内自动售票类设备市场占有率位居榜首，核心模块方面占据70%以上的市场份额，设备及核心模块在中国超过60多条地铁线与30多条高速铁路客运专线得到广泛应用。基于移动互联网技术，广电运通率先研发了互联网售检票设备，在广州、深圳等6个城市地铁实现上线运营，极大推动了中国轨道交通的智能化进程。

（2）以服务为纽带建立协同共赢产业链。广电运通构建顺应技术发展趋势的"互联网+"自助设备服务平台，充分发挥在金融自助设备外包服务领域龙头企业的产业优势。依托广电运通坚实的技术基础和强大的技术创新研发以及服务能力，围绕银行客户对自助设备运维服务快速响应的需求，创新性地将互联网技术应用于自助设备服务领域，打造自助设备服务生态圈。截至目前，广电运通旗下已有广电银通、广州穗通、广电汇通、汇通金融等专业化的金融服务外包企业，用现代化科技运营手段承接和整合银行传统业务，帮助银行实现现代化转型升级。

（3）引导企业围绕核心技术优势加速创新转型。①在非现金领域，广电运通目前研制的STM（超级柜台）、指静脉售货机、云购票机等智能化设备支持受理非接触、生物识别、二维码扫描等一种或多种支付方式，未来还将不断推出智能时代市场所需的创新产品。②在金融科技创新拓展领域，广电运通设立Fin-Tech研究中心针对区块链、金融智能、大数据等金融科技技术进行立项研发。③在金融武装押运领域，广电运通旗下广电安保已在全国并购、建立约40家武装押运及金融外包、安防服务企业，以"技术+安防"模式打造中国金融科技智慧服务平台。

资料来源：笔者根据广电运通官网材料整理得到。

二、基于服务目标的模式分类

Tukker（2004）基于制造企业提供服务要素的目标，将服务型制造划分为产品导向、使用导向和结果导向三种模式（见图9-11）。第一类为产品导向模式，企业提供一些附加服务，但目标是推动产品的销售。该模式下，Tukker进一步将其划分为两个细分类型：

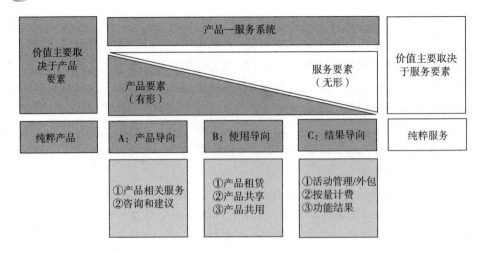

图 9-11　Tukker（2004）提出的服务型制造三种模式

资料来源：根据 Tukker（2004）绘制而成。

（1）产品相关服务。供应商不仅销售产品，还提供产品使用阶段所需的服务，包括维护保养、融资服务或耗材供应、产品回收等。

（2）咨询和建议。除销售产品外，供应商会为产品的使用提供咨询服务或建议。比如与产品相对应的合理的组织结构设计等。

第二类为使用导向模式，传统产品仍然发挥着核心作用，但产品所有权归制造企业所有，其商业模式并不再是销售产品。该模式可进一步划分为三种细分类型：

（1）产品租赁。制造企业拥有所有权，并且通常负责维护、维修等。承租人定期支付产品使用费，该情况下，客户通常具有对租赁产品的无限制或专有使用权。

（2）产品共享。产品通常由制造企业所有，制造商负责产品维护、维修和控制等。用户付费使用产品，但不具有无限和专享使用权，同一产品被不同的用户按顺序使用。

（3）产品共用。与产品租赁或共享相似，但客户同时使用同一产品（如多个用户共同租赁同一数据存储设备）。

第三类为结果导向的模式。客户和制造企业就产品所提供的功能或实现的性能达成一致，且一般没有预先确定的产品，制造企业须向顾客提供定制服务。该模式可进一步划分为三种细分类型：

（1）活动管理/外包。企业生产或经营活动的一部分被外包给第三方，一般提前制定绩效考核指标。如餐饮和办公室清洁的外包等。

（2）按服务单位付费。用户不再购买产品，只根据产品的产量使用水平付费。如复印机生产商采用的按次付费模式，生产商提供纸张和墨盒、维修和更换复印机服务等。

（3）功能结果。制造商与客户就服务结果达成一致，但制造商自由决定如何实现该结果。如化工企业向农民提供减少收成损失的综合解决方案，而不是出售杀虫剂。

典型案例

尚品宅配——定制家居行业上市品牌

尚品宅配集团成立于2004年，于2017年上市，是国内率先提出"全屋定制"概念的家居品牌，为消费者提供一站式家居定制服务。集团旗下包含尚品宅配、圆方软件、新居网、维尚家具、维意定制五大核心品牌。截至2022年3月31日，尚品宅配集团在全国拥有88家直营店，2202家加盟店、并在佛山、无锡、成都三地布局生产基地。尚品宅配模式也被引进至世界多个国家，海外市场延伸至欧洲、东南亚等地区。

尚品宅配是行业内最早提出C2B+O2O创新模式的企业。随着新中产成为主力消费人群，消费者更愿意为技术、设计、非标、服务和体验买单。

2019年，尚品宅配提出第二代全屋定制创新模式，推动了家居行业商业模式的第二次革新。2020年，尚品宅配提出"科技大基建"战略，通过数据采集、数据分析、数据运用，来帮助精准匹配更多样化的家居风格设计方案。

极智服务：消费互联网和工业互联网无缝连接，新零售和新制造融合。

通过消费互联网，汇集用户数据，根据大量用户的消费习惯、消费喜好，以用户为中心，以用户数据驱动产品的研发、推广。从顾客需求、销售服务、订单管理到工厂产品制造和供应链整合，信息化系统连接，实现新零售和新制造的融合。

智能家居：应用物联网技术，为顾客定制智能家居解决方案。

AI云设计：大数据、AI智能云设计，百万设计方案在云端。为了给消费者提供满意的设计方案，尚品宅配学习了2600万套方案，打造出家居设计界的AlphaGo，一分钟输出3套专业级别的效果图，并且可以规避很多设计师的不足。

O2O店网一体化：线上通过电商、微信公众号、短视频平台、社交媒体进行社群营销、粉丝互动、免费预约量尺、在线设计预览；线下通过尚品宅配SM (shopping mall) 店使巨大客流量转化为品牌广告价值，尚品宅配O（Office）店锁定白领消费群体，尚品宅配超集（collection）店利用多重业态的集合经营，将吃、喝、玩、乐的多元生活融于一体，诠释"家居、时尚、艺术、社交"共为一体的慢生活体验店。

通过"平台+IP+内容+渠道"的模式，以优质的内容运营为核心，在新媒体平台上与广大的年轻消费群体进行互动。2020年，尚品宅配自媒体矩阵粉丝突破1.6亿，并利用自行培育2年多并成功孵化的短视频直播超级IP，开创家居行业的直播带货热潮。同时，领先推出"线上门店""线上量尺""线上设计"等创新互动及服务模式，让消费者足不出户就可以享受到免费的家居设计服务。

2021年，旗下新居网MCN打造内容电商开放平台，优化家居领域直播带货模式，年度GMV达到2.3亿，成为家居行业直播带货头部MCN。2021年11月，新居网MCN也开始探索私域团购模式，单月突破200万销售额。新居网MCN从内容圈粉、到开放合作品牌超300家、到直播带货GMV2.3亿，意味着已正式成为一个有生命力的内容电商开放平台，并荣获2021家居行业最佳MCN机构荣誉。

资料来源：根据尚品宅配官网资料等整理而得。

三、广东省制造业服务化典型企业

为推动制造业由生产型制造向服务型制造转变，工业和信息化部自2017年起先后公布了5批次制造业服务化示范企业（项目、平台）名单，广东省被列为示范性企业的有（见表9-2）：

表9-2 广东省制造业服务化示范性企业名单

序号	企业名称	批次
1	广州广电运通金融电子股份有限公司	第一批次
2	研祥智能科技股份有限公司	第二批次
3	广州广日电梯工业有限公司	第三批次
4	广州达意隆包装机械股份有限公司	
5	欧派家居集团股份有限公司	
6	索菲亚家居股份有限公司	
7	TCL实业控股股份有限公司	

续表

序号	企业名称	批次
8	广东佳纳能源科技有限公司	第四批次
9	东莞怡合达自动化股份有限公司	
10	广州兴森快捷电路科技有限公司	
11	广州禾信仪器股份有限公司	
12	茂佳科技（广东）有限公司	
13	广州毅昌科技股份有限公司	
14	广东佳纳能源科技有限公司	第五批次
15	东莞怡合达自动化股份有限公司	
16	广州兴森快捷电路科技有限公司	
17	广州禾信仪器股份有限公司	
18	茂佳科技（广东）有限公司	
19	广州毅昌科技股份有限公司	

资料来源：根据国家工业和信息化部网站（https：//www.miit.gov.cn/）发布的服务型制造示范企业名单整理得到。

此外，浪尖工业设计平台、怡亚通综合供应链服务平台、佛山维尚家具制造有限公司"基于'C2B+O2O'的家具定制一站式服务平台"、尚品宅配面向定制家具和家居解决方案的服务平台等先后被列为制造业服务化示范性平台或项目；广州市、深圳市、东莞市、佛山市先后被列为制造业服务化示范性城市。

第三节　制造业服务化发展政策

一、国家促进服务型制造发展的相关政策

制造业服务化对促进经济发展具有重要意义，国家相关部门多次出台相关政策及文件，提出要推动服务型制造的发展，同时制定了相关规范性文件。

2009年5月，国务院办公厅发布了《装备制造业调整和振兴规划》，提出要发展现代制造服务业，围绕产业转型升级，支持装备制造骨干企业在工程承包、系统集成、设备租赁、提供解决方案、再制造等方面开展增值服务，逐步实现由生产型制造向服务型制造转变。鼓励有条件的企业，延伸扩展研发、设计、信息化服务等业务，为其他企业提供社会化服务。

2012 年 1 月，《国务院关于印发工业转型升级规划（2011—2015 年）的通知》提出，要坚持把推进"两化"深度融合作为转型升级的重要支撑，充分发挥信息化在转型升级中的支撑和牵引作用，深化信息技术集成应用，促进"生产型制造"向"服务型制造"转变，加快推动制造业向数字化、网络化、智能化、服务化转变。

2013 年 1 月，《国务院关于印发"十二五"国家自主创新能力建设规划的通知》提出，要推动工业化和信息化深度融合，实施制造业信息化科技工程，根据行业技术发展要求，培育和发展网络制造等现代制造模式，促进"生产型制造"向"服务型制造"转变。

2014 年 7 月，《国务院关于加快发展生产性服务业促进产业结构调整升级的指导意见》提出，要以产业转型升级需求为导向，进一步加快生产性服务业发展，引导企业进一步打破"大而全""小而全"的格局，分离和外包非核心业务，向价值链高端延伸，促进我国产业逐步由生产制造型向生产服务型转变。

2015 年 7 月，《国务院关于积极推进"互联网+"行动的指导意见》提出，要提升制造业数字化、网络化、智能化水平，加强产业链协作，发展基于互联网的协同制造新模式。在重点领域推进智能制造、大规模个性化定制、网络化协同制造和服务型制造，打造一批网络化协同制造公共服务平台，加快形成制造业网络化产业生态体系。

2016 年 7 月，《工业和信息化部　国家发展和改革委员会　中国工程院关于印发〈发展服务型制造专项行动指南〉的通知》提出，要打造有利于服务型制造发展的政策体系，落实支持制造业企业进入生产性服务业领域的财政、税收、金融、土地、价格等政策。鼓励社会资本参与制造业企业服务创新，健全完善市场化收益共享和风险共担机制。深化理论研究，逐步完善统计调查体系，探索开展服务型制造概念术语、参考标准和评价体系的研究制订和应用推广。

2017 年 2 月，《国务院办公厅关于促进开发区改革和创新发展的若干意见》提出，要促进生产型制造向服务型制造转变，大力发展研发设计、科技咨询、第三方物流、知识产权服务、检验检测认证、融资租赁、人力资源服务等生产性服务业。

2019 年 8 月，《国务院办公厅关于促进平台经济规范健康发展的指导意见》提出，要大力发展"互联网+生产"，推动互联网平台与工业、农业生产深度融合，提升生产技术，提高创新服务能力，在实体经济中大力推广应用物联网、大数据，促进数字经济和数字产业发展，深入推进智能制造和服务型制造。

2020 年 7 月，《十五部门关于进一步促进服务型制造发展的指导意见》提出，到 2022 年，新遴选培育 200 家服务型制造示范企业、100 家示范平台（包括应用服务提供商）、100 个示范项目、20 个示范城市，示范企业服务收入占营业收入的比重达到 30% 以上。到 2025 年，形成一批服务型制造跨国领先企业和产业集群，制造业在全球产业分工和价值链中的地位明显提升，服务型制造成为制造强国建设的有力支撑。

2021 年 3 月，国家发展和改革委员会等部门联合印发的《关于加快推动制造服务业高质量发展的意见》提出，要深入推进先进制造业和现代服务业融合发展试点，培育服务衍生制造、供应链管理、总集成总承包等新业态新模式，探索原材料、消费品、装备制造等重点行业领域与服务业融合发展新路径。遴选培育一批服务型制造示范企业、平台、项目和城市，推动服务型制造理念得到普遍认可、服务型制造主要模式深入发展。

2023 年 10 月，工业和信息化部公布《服务型制造标准体系建设指南（2023版）》（征求意见稿）（以下简称《指南》），提出服务型制造是制造业企业通过创新优化生产组织形式、运营管理方式和商业发展模式，不断增加服务要素在投入和产出中的比重，从以加工组装为主向"制造+服务"转型，从单纯出售产品向出售"产品+服务"转变，有利于延伸和提升价值链，提高全要素生产率、产品附加值和市场占有率。

《指南》指出服务型制造的核心特征包括四个方面：一是服务型制造是以客户对产品功能需求和体验需求为出发点和落脚点，对基于产品的服务进行系统化的设计、生产、交付、运维、升级，实现各利益相关方的价值增值。二是服务型制造是生产经营全过程的系统性变革，制造企业需要从产品主导思维向客户主导思维转变，对企业战略决策、组织架构、业务流程、生产制造、人力资源、评价核算等进行全方位、系统性的优化和改变。三是服务型制造的核心产出是具备高附加值的"产品服务组合"，是在制造能力的基础上，以信息化、数字化等技术为支撑，融通产品、人、设备、数据、服务等要素资源，创造新价值。四是服务型制造强调以制造业为根基，通过制造与服务的融合，提升服务能力从而进一步强化制造技术与实力，推动制造业高质量发展。

《指南》提出服务型制造常见的业务类型包括：

（1）工业设计服务：规范服务型制造企业开展的工业设计服务，围绕需求多样化、能力平台化、技术共享化等特点，重点规范工业设计服务需求分析、共性技术等。

（2）定制化服务：规范服务型制造企业开展的大规模个性化定制服务，围绕客户类型多、体量大、用户参与度深等特点，重点规范客户需求挖掘方法、个性化产品和服务的设计方法、定制化服务实现流程等。

（3）供应链管理：规范服务型制造企业开展的供应链管理服务，围绕协同化、绿色化等特点，重点规范供应商选择、供应商准入、供应商评价、采购流程与合同管理等。

（4）共享制造：规范服务型制造企业开展的共享制造服务，围绕弹性化、动态化等特点，重点规范制造资源共享、共享制造需求分析、共享制造平台建设等。

（5）检验检测认证服务：规范服务型制造企业开展的检验检测认证服务，重点规范检验检测服务提供商准入、检验检测方法、检验检测质量管理、检验检测程序、认证服务提供、相关公共服务平台建设等。

（6）全生命周期管理：规范服务型制造企业开展的从研发设计、生产制造、安装调试、交付使用到状态预警、故障诊断、维护检修、回收利用等全链条服务，围绕产品服务全生命周期状态的监测数据，重点规范产品健康管理、产品远程运维，以及系统回收、升级等。

（7）总集成总承包：规范服务型制造企业开展的资源整合和系统集成服务，围绕"硬件+软件+平台+服务"的一体化系统解决方案，重点规范集成系统运营服务、集成商服务提供、工程总承包服务，以及相关战略和管理咨询服务等。

（8）节能环保服务：规范服务型制造企业开展的节能环保服务，重点规范节能环保评定、节能环保监测、合同能源管理、再制造再利用服务、专业节能服务等。

（9）生产性金融服务：规范服务型制造企业开展的生产性金融服务，重点规范为生产制造提供的配套金融服务、风险评估与控制、资本运营和生产性金融服务流程等。

（10）其他创新服务：规范服务型制造企业开展的其他"制造+服务"的创新模式。

2023 年 12 月，《工业和信息化部等八部门关于加快传统制造业转型升级的指导意见》提出，要发展服务型制造，促进传统制造业与现代服务业深度融合。推动工业设计与传统制造业深度融合，促进设计优化和提升，创建一批国家级工业设计中心、工业设计研究院和行业性、专业性创意设计园区，培育创新生产性金融服务，提升对传统制造业转型升级支撑水平。

二、广东省促进服务型制造发展的相关政策

为了配合国家发展服务型制造相关策略的实施，促进广东省制造业高质量、快速发展，广东省相关政府部门也发布了系列文件及政策。

2015 年 7 月，广东省人民政府关于印发《广东省智能制造发展规划（2015—2025 年）》的通知，提出促进服务型制造发展，鼓励制造企业积极发展精准化

定制服务、全生命周期运维和在线支持服务，提供整体解决方案、个性化设计、多元化融资、便捷化电子商务等服务形式。

2015 年 12 月，《广东省经济和信息化委关于印发广东省机器人产业发展专项行动计划（2015—2017 年）的通知》提出，要支持有条件的机器人制造企业向服务型制造发展，延长企业价值链，为用户提供整体解决方案，促进机器人产品的市场应用。鼓励和支持"工作母机"制造企业发展"工作母机+工业机器人"一体化解决方案，直接为客户提供数字化智能化加工中心或无人生产线。

2016 年 10 月，《广东省人民政府关于深化制造业与互联网融合发展的实施意见》提出，要培育制造业与互联网融合新模式，培育发展互联网制造。大力发展网络协同制造、个性化制造、服务型制造等新模式。推动个性化定制软件研发和柔性制造平台建设，发展设计定制、生产定制、方案定制、服务定制等个性化定制新模式。推动服务型制造发展，在汽车、家电、装备等制造行业，发展实时监测、故障预警、主动运维、质量诊断等增值服务。

2018 年 1 月，广东省经济和信息化委印发《广东省工业企业技术改造三年行动计划（2018—2020 年）的通知》，提出要强化生产性服务业对制造业的支撑作用。支持培育 100 家以上制造效能高、服务能力强的省级服务型制造和生产性服务业示范企业，促进生产型制造向服务型制造转变；支持建设 10 个服务水平高、带动作用强的服务型制造和生产性服务业示范平台，提升生产性服务业对制造业转型升级的支撑能力。建设 20 家省级生产性服务业示范功能区，力争形成与制造强省相适应的服务型制造和生产性服务业发展格局。

2019 年 7 月，广东省委、省政府印发《关于贯彻落实〈粤港澳大湾区发展规划纲要〉的实施意见》，提出要大力发展服务型制造，鼓励制造企业发展精准化定制服务等服务型制造新模式，培育一批服务型制造示范企业和项目，建设一批生产性服务业公共服务平台。

2021 年 5 月，《广东省人民政府关于加快数字化发展的意见》提出，要在汽车、家居、智能终端等行业推广网络化协同制造、个性化定制和柔性生产，发展服务型制造；支持发展"5G+工业互联网"，支持企业利用互联网平台提升品牌影响力。

2023 年 6 月，《中共广东省委　广东省人民政府关于高质量建设制造强省的意见》提出，要实施生产性服务业十年倍增计划，大力发展研发设计服务、现代物流与供应链管理、数字贸易、软件与信息技术服务等，谋划打造 100 个生产性服务业集聚示范区、200 家生产性服务业示范平台和 2000 家生产性服务业示范企业，推动生产性服务业向专业化和价值链高端延伸。实施工业设计赋能广东专项行动，打造不少于 200 个工业设计中心、10 家省级工业设计研究院。积极推动服务型制造发展，培育 200 家省级服务型制造示范单位。支持深圳前海等地建设现代服务业与先进制造业融合发展示范区。定期监测生产性服务业统计数据。

2023 年 9 月，《广东省人民政府办公厅关于印发广东省扩大内需战略实施方案的通知》提出，要大力发展服务型制造，深入推进现代服务业和先进制造业融合发展，支持创建服务型制造示范城市。支持平台型企业、龙头骨干企业等开展工业设计、系统集成、全生命周期管理、供应链管理等专业化服务，培育一批服务型制造示范企业和平台。拓展大规模个性化定制、网络化协同制造、共享生产平台等模式，推进制造业全链条数字化智能化转型升级。

2024 年 1 月，广东省人民代表大会常务委员会审议通过了《广东省制造业高质量发展促进条例》，提出县级以上人民政府应当结合实际推动现代服务业与先进制造业融合发展，促进现代物流、电子商务、现代金融、研发设计、检验检测、知识产权交易等生产性服务业发展，推动生产性服务业平台建设，支持服务型制造等新型产业形态发展。

课后思考题

1. 制造业服务化的含义及其与相关概念的辨析。
2. 简要论述制造业服务化的阶段。
3. 简要论述服务型制造的模式，并分析广电运通及尚品宅配集团主要采用了哪种模式？

第十章 广东制造业的数字化转型与发展

随着新一代信息技术的变革和全球产业发展格局的演变，以数据要素为核心资源、以大数据等新兴信息技术为重要支撑、以数字产业化和产业数字化协同发展为主要特征的数字经济正在迅速发展。当前，数字经济发展已成为中国经济增长的新动能。在2022全球数字经济大会新闻发布会上，工业和信息化部的统计测算数据显示，2012~2021年，中国数字经济规模从11万亿元增长到超45万亿元，数字经济占国内生产总值的比重由21.60%提升至39.80%，年均增速高达15.90%。① 目前全国多个省份的数字经济增加值已破万亿元大关。根据中国信通院发布的《中国数字经济发展白皮书（2022年）》，截至2021年，国内有16个省份数字经济规模突破万亿元，分别是广东、江苏、山东、浙江、上海、北京、福建、湖北、四川、河南、河北、湖南、安徽、重庆、江西、辽宁，其中广东位居第一。广东作为改革开放的先锋，在数字经济创新发展和制造业数字化转型方面取得了引人注目的成绩。

第一节 制造业数字化转型的相关理论

随着科技的飞速发展和数字经济的崛起，制造业正面临着一场前所未有的变革。这场变革的核心，正是数字化转型。数字化转型不仅改变了制造业的生产方式和服务模式，更是推动了整个行业的创新与升级。然而，数字化转型并非易事。尽管热度持续高涨，但失败率依然居高不下。因此，深入探讨制造业数字化转型发展的基本理论，为企业实施数字化战略提供有力的指导，具有重要的现实意义和理论价值。

---

① 曹政. 规模超45万亿元! 我国数字经济占GDP比重达39.8% ［EB/OL］.（2022-07-15）. https：//news.bjd.com.cn/2022/07/15/10118150.shtml.

一、数字化转型概述

学者们从不同视角对数字化转型的概念进行了阐述，现有研究对数字化转型（Digital Transformation）的定义略有差异，李载驰、吕铁（2021）述评数字化转型的文献发现，现有的研究主要从主体、技术范畴、转型领域和转型效果四个方面数字化转型的概念界定，不同见解的排列组合使得数字化转型的概念呈现出多样化的特征，如表10-1所示。

表 10-1　数字化转型典型概念梳理

方面	视角分类	概念
主体	以企业为主体	数字化转型是一种战略蓝图，支撑企业管理因集成数字技术而发生的转型以及转型之后的运营
	以国家、市场为主体	数字化转型是指通过信息、计算、通信和连接技术的组合使用而引发实体属性的重大变化，并以此改善实体的过程
技术范畴	以信息化技术为主要范畴	数字化转型凸显信息技术对组织结构、文化、信息流的适应能力
	以新一代数字技术为主要范畴	数字化转型涉及利用数字技术实现重大业务改进，如增强客户体验或创造新的商业模式
转型领域	企业的业务领域	数字化转型指使用新的数字技术以实现重大业务改进的过程
	涉及整个组织	数字化转型是指在信息技术和信息科学驱动下发生的组织变革
转型效果	微观视角（企业业务模式重构、绩效提高）	数字化转型关注数字技术为企业的商业模式带来的产品创新、组织结构变革和流程自动化
	宏观视角（涉及社会生活质量、产业发展）	数字化转型在降低成本的同时提高质量，尽管这具有重大的挑战

资料来源：笔者根据相关文献整理而得。

二、数字化转型的影响

数字化转型离不开数字技术，数字技术是数字化转型的核心。一部分学者认为数字化转型是企业进行转型的重要机遇，也有部分学者认为其对企业的生存造成了严重的威胁。李载驰、吕铁（2021）分宏观、中观和微观三个方面归纳总结了数字化冲击的影响。Vial（2019）将数字化冲击分为消费者的行为和期望、竞争格局以及数据的可用性三个方面进行阐述。结合相关的文献与广东省的工业发展情况，可以从企业、产业两个层面简要理解数字化转型所带来的影响。

（一）对企业层面的影响

第一，提升生产效率。制造业面临着日益激烈的市场竞争，而数字化技术的引入可以加速生产流程、优化资源配置，从而实现更高水平的产出效益。通过自动化、智能化的生产手段，企业能够更灵活地应对市场需求的变化，提高生产的敏捷性。

第二，促使数据成为企业重要的生产要素。在制造业数字化转型中，数据起着关键的作用，成为推动企业进步、优化运营和增强竞争力的核心要素。表现在以下几个方面：一是数据的实时收集与监控：数字化转型使企业能够实时收集各个环节产生的大量数据。传感器、物联网设备、生产设备等的广泛应用，使得企业能够对生产过程进行全面监控。这些实时数据不仅反映了生产线的状态，还包括了供应链、产品质量等多个方面的信息。二是数据驱动的决策制定：数字化转型使企业能够更加精准地基于数据做出决策。通过对大数据的分析，企业管理层能够更深入地了解市场需求、生产效率、产品质量等方面的情况。这样的数据驱动决策能够降低决策的风险，提高决策的准确性。三是个性化生产与市场营销：通过对客户数据的分析，企业可以更好地了解客户需求和行为。这使得企业能够实现生产的个性化，根据客户需求定制产品。同时，在市场营销方面，数据的使用也使得企业能够更有针对性地开展广告、促销等活动，提高市场营销的效果。四是产品生命周期管理：数字化转型使得企业能够更好地管理产品的整个生命周期。通过对产品从设计、制造到维护的全程数字化跟踪，企业可以更好地掌握产品的市场表现，及时进行调整和改进，延长产品寿命周期，提高产品的竞争力。

第三，要求企业不断增强动态发展能力。数字化转型通过平台、大数据和智能分析紧密连接企业与消费者，实现个性化服务和市场洞察，提升品牌价值与竞争力。在数字时代，企业实现了与消费者直接对话，这对企业动态能力的要求更高。如何提前并准确预测消费者的期望和行为，而不是简单回应消费者期望的变化，已经成为数字时代企业的战略要务。如字节跳动公司洞察消费者市场，推出抖音短视频平台，依靠强大的算法、数据分析能力，对消费者的行为数据进行分析，提前把握了商业机会，走在了竞争对手的前列。

（二）对产业层面的影响

第一，推进商业模式的变革。数字技术与传统产业的融合，催生了新的竞争格局、新的商业模式甚至是新的运营模式。这种融合不仅仅是产品和服务的数字化，更是对整个产业生态系统的重新构建。在数字化转型之前，许多企业的商业模式依赖于传统的实体销售和生产模式，依靠实体店铺或经销商网络来销售产品，生产则通常在本地或特定的地区进行。这种模式的运营和管理通常较为复杂，需要大量的物流和库存管理。此外，由于信息流通的限制，企业难以实时了解消费者需求，导致生产和销售的效率较低。然而，数字化转型彻底改变了这种商业模式。通过利用现代技术，如互联网、大数据、云计算和人工智能等，企业可以更快速地响应市场变化，通过在线销售和定制化服务来满足消费者的个性化需求。同时，数字化转型也使得企业能够实现全球范围内的生产和销售，提高了运营效率和盈利能力。

第二，促进新兴产业崛起。数字化转型不仅推动了企业内部的变革，更催生了大量的新兴产业。这些新兴产业基于数字技术的创新，为企业带来了新的增长点和竞争优势。一方面，数字化转型改变了传统产业的业务模式和运营方式，使得电子商务、在线教育、远程医疗等新兴产业在数字化转型的推动下迅速崛起。这些新兴产业充分利用数字技术的优势，为消费者提供更便捷、高效的服务。同时，这些产业的兴起也催生了大量的新职业和新岗位，为社会创造了更多的就业机会。另一方面，数字化转型促进了企业间的合作与生态系统的构建。在数字化转型过程中，企业需要与其他企业合作，共同构建生态系统以实现互利共赢。这种合作模式推动了产业间的融合和创新，进一步加速了新兴产业的崛起。

第三，推进产业链数字化与协同。随着企业数字化转型的深入，产业链的各个环节也逐步实现了数字化升级，从而提高了整体效率和竞争力。首先，通过数字化技术，企业能够实时获取各个环节的数据信息，从而更好地了解整个产业链的运行状态。这有助于企业发现潜在的问题和优化空间，进而采取针对性的改进措施，提高了产业链的透明度。其次，通过数字化平台和工具，企业能够实现与上下游合作伙伴的高效沟通和协作，从而更好地整合资源、优化配置。这不仅能够降低成本、提高效率，还能够增强整个产业链的抗风险能力，推动了产业链的协同。此外，数字技术为产业链带来了新的机会和可能性，激发了各环节的创新活力。例如，智能制造、个性化定制等新模式在数字化转型的推动下逐渐成为主流，为产业链带来了新的增长点，促进了产业链的创新与发展。

三、企业开展数字化转型的路径选择

面对数字化转型发出的巨大挑战，企业在寻求一种新的商业模式以抵抗外界众多不确定因素的干扰。结合现有文献，下面将从组织架构变革、组织文化变革、组织参与者的技能和角色定位变革这三个方面去对企业如何更好地进行数字化转型进行阐述。

（一）组织架构变革

在传统的工业经济时代，企业为了保障运作效率，大多采用分级管理的组织结构，呈现出封闭性和边界性强的特点。在数字化时代，传统的金字塔式组织结构已不再适用，企业需要对组织结构进行创新，重新评估和协调管理架构。其中涉及的原因主要包括以下两大方面：一是企业内部跨职能沟通的需要；二是企业增强柔性的需要。

首先，在数字化转型过程中，企业需要具备强大的跨职能协作能力。为了实现跨职能的沟通，实践中形成了两种组织与信息系统战略的组合方式：一是创建独立于其他部门的独立单位，以增强其决策和行为的可靠性和灵活性。例如，企业可以创建前端和后端产品和服务部门以及强大的决策协调战略中心，以缓解产品和服务部门之间的紧张关系。这种独立部门有助于企业在保持现有资源利用的同时，获得有利于创新的相对灵活性。二是创建跨职能团队，由不同部门的成员组成并保留在现有组织内。例如，企业可以创建业务创新有限公司（ABI），由销售和营销团队组成跨职能团队，利用数字化技术为客户创造新的解决方案。这种跨职能团队成为 AUDI 利用大数据分析的服务举措的核心。

其次，数字技术的使用降低了信息孤岛的形成，提高了数据的可得性和使用价值，从而赋予了组织更强的柔性。数字技术有助于企业快速适应环境条件的变化，促进组织呈现扁平化、边界模糊的特征。组织的敏捷性和灵活性有助于企业提升发现创新机会并抓住这些机会的能力。这类组织既具有传统工业组织的稳定性，也具有现代网络型组织的灵活性。数字技术使得商业环境趋向于竞争性和动态性，促进了企业形成适应数字化转型所需的柔性以及敏捷性。这提升了企业对市场变化的响应速度和对潜在商机的感知能力，对于适应急速发展的数字经济时代至关重要。

（二）企业文化变革

组织文化对组织的认知和行为方式具有重要影响。根据 Saarikko 等（2020）的研究，企业文化在企业进行数字化转型的过程中扮演着重要角色，其中支持性文化是企业数字化转型成功的重要因素。由数字化转型导致的组织变化也要求组织的文化改变。在传统的观念中，组织的 IT 和业务部门之间的职能分工通常是分离的，这种观念成为组织价值观的一部分。然而，数字化转型要求 IT 部门与业务部门紧密合作，因而需要组织文化做出改变。例如在报业领域的研究中，Karimi、Walter（2015）发现数字化转型成功的前提需要建立在各种变量的组合上，其中就包括价值观（创新文化、语言和数字思维等）。

然而，尽管学者们普遍认为组织文化对数字化转型具有重要意义，但是并没有实证方法从整体上分析哪些组织价值观支持数字化转型。Hartl、Hess（2017）

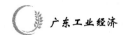

通过德尔菲研究①，选取了 19 个学术参与者和 34 名实践参与者，对数字化转型成功的关键文化价值根据其重要性进行了识别、巩固和排名。具体价值观分类如表 10-2 所示。

表 10-2　企业文化价值观分类

分类	具体因素
涉及外部导向的文化取向	以客户为中心、创新、企业家精神
涉及一种对灵活性和适应性的文化取向	敏捷性、对变化的开放程度
涉及内部导向的文化取向	学习意愿、信任、风险承受能力、失败的容忍度、参与意愿、沟通、合作

资料来源：Hartl E，Hess T. The role of cultural values for digital transformation：Insights from a delphi study[C]. Boston：Proceedings of the 23rd Americas Conference on Information Systems，2017.

（三）组织参与者的技能及角色定位变革

数字化转型对参与者角色定位带来了深远的影响。传统的组织结构和思维模式已不再适应数字化时代的要求，企业需要培养数字化认知能力和思维能力，以应对数字化转型的挑战。首先，管理层的认知思维和领导力在数字化转型中起关键作用。领导者需要理解数字化转型的重要性和趋势，并积极引导组织进行变革。他们需要具备数字化思维，成为变革的积极设计者，发现数字化转型的机遇和威胁。同时，新领导角色的创建也是促进数字化技术与组织目标一致性的重要手段，例如设立首席数字官（CDO）来负责制定数字化战略并协调资源。其次，员工的角色定位和技能需求也发生了变化。在数字化转型过程中，员工需要承担超出传统职能的角色和任务，积极参与技术密集型项目。非 IT 职能部门的员工在项目中发挥主导作用，而 IT 职能部门的成员则需成为实现这些项目的积极参与者。为了应对这一挑战，组织和人力资源部门需要重新评估员工的技能需求，并提供相应的培训和发展机会，以促进员工的技能更新换代。此外，数字化技术的应用对价值创造路径和决策过程产生了影响，对员工的分析能力提出了更高的要求。这要求员工运用更强的分析能力来解决日益复杂的业务问题，为组织的创新和发展提供支持。

---

① 德尔菲研究是通过有控制的迭代问卷的结构化过程获得对特定问题的共识，通过反复的反馈来修正有限的沟通，适用于从专家的集体经验中获得共识。

第二节　广东制造业数字化转型发展的可行性

一、广东制造业数字化转型的基础不断完善

（一）高科技制造业发展迅速

广东的制造业正在经历数字化和智能化的变革，逐渐向高科技制造业转型。这一转型不仅提升了广东制造业的国际竞争力，也推动了技术创新和产业升级，为未来数字化制造提供了有力支持。

广东地处南海航运枢纽，临近港澳，先天禀赋出众。改革开放为广东经济腾飞插上了双翅，自1989年以来，广东省连续35年稳坐全国GDP的头把交椅，实至"一省敌一国"。作为"制造强省"，广东省是我国工业发展的领头羊，自2015年以来，制造业增加值持续占据工业的90%以上。广东统计局数据显示，2022年广东规模以上工业增加值达到37260.57亿元，同比增长1.6%（见图10-1），占全省生产总值的31%。尤其值得一提的是，"十四五"以来，广东省加快了制造业的发展，先进制造业和高技术制造业的投资明显提速，2022年先进制造业

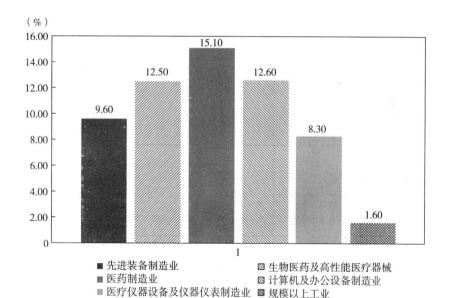

图10-1　广东省先进制造业和高技术制造业增速

资料来源：广东省统计局、亿翰智库。

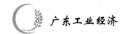

和高技术制造业的增加值分别占规模以上工业增加值的比重为 55.1% 和 29.9%，增速远高于规模以上工业增加值的同比增速。①

（二）互联网金融的迅猛发展

作为数字经济大省，广东省近年来全面推进数字经济强省建设，把数字经济作为引领经济高质量发展的新动能和新引擎。广东金融监管部门也在积极引导辖内金融机构加大对数字金融的投入，用数字技术弥合金融与实体经济的鸿沟，因而互联网金融取得了快速发展，为制造业的数字化转型提供了坚实的基础。通过运用大数据、云计算、人工智能等先进技术，互联网金融实现了金融服务的去中介化、普惠化和智能化，打破了传统金融业的诸多限制，为制造业的融资、支付、风险管理等方面提供了全新的解决方案。

在融资方面，互联网金融平台利用大数据风控和智能算法，为制造业企业提供了更加便捷和个性化的融资服务。通过深入挖掘企业信用信息和经营数据，平台能够快速评估企业的偿债能力和风险状况，从而为企业提供更加精准的贷款服务。这不仅缓解了中小型制造业企业的融资难题，还为其技术创新和产能升级提供了强有力的资金支持。

在支付和结算方面，互联网金融的发展推动了制造业企业的数字化转型。通过与互联网金融平台的合作，企业可以实现线上线下的高度融合，优化自身的现金流管理和资金使用效率。同时，平台提供的供应链金融、商业保理等服务，能够进一步帮助企业优化产业链条，降低经营成本，提升整体竞争力。

通过与互联网金融平台的深度合作，企业可以更好地把握市场动态，优化产品设计、生产流程和营销策略，提高生产效率和产品质量。总之，互联网金融的发展为广东制造业的数字化转型提供了坚实的支撑。通过提供灵活、便捷的金融服务，互联网金融正在助力广东制造业实现转型升级，推动经济高质量发展。未来，随着技术的不断进步和政策的逐步完善，互联网金融在制造业数字化转型中的作用将更加凸显。

（三）数字技术的应用不断普及

在当今数字化时代，数字技术已成为推动经济社会发展的关键因素。对于广东制造业而言，数字技术的应用发展更是其数字化转型的核心驱动力。

首先，数字技术为广东制造业提供了全新的生产方式。传统的制造业生产模式往往依赖于大量的人工操作和物理设备，而数字技术的应用使得智能制造成为可能。通过引入先进的工业互联网、物联网等技术，制造业企业可以实现生产流

---

① 亿翰智库．数据视角看制造强省广东，先进制造业分布几何？ ［EB/OL］．（2023 - 08 - 23）．https：//new．qq．com/rain/a/20230823A078U300．

程的自动化、智能化，大幅提高生产效率和产品质量。

其次，数字技术促进了广东制造业的定制化生产。在市场需求多样化、个性化的背景下，数字技术能够帮助企业快速获取消费者需求，实现精准的定制化生产。通过数字化平台和数据分析，企业可以更好地理解消费者需求，优化产品设计，提供更加符合市场需求的产品和服务。

最后，数字技术为广东制造业的营销和服务创新提供了支持。借助大数据、人工智能等技术，企业可以实现精准的营销推广和客户管理，从而提高客户满意度和忠诚度。同时，数字化服务创新还能为企业提供更加高效和便捷的售后服务，提升用户体验和企业竞争力。

值得一提的是，数字技术还为广东制造业的供应链管理带来了变革。通过数字化手段，企业可以实现供应链的透明化、可视化管理，优化库存管理和物流配送。这不仅能够降低企业的运营成本，还能提高整个供应链的协同效率和响应速度。

（四）文化创意与数字娱乐等数字化应用场景不断增加

随着数字技术的飞速发展，文化创意与数字娱乐等数字化应用场景在广东制造业中不断涌现，成为推动其数字化转型的重要力量。

传统的制造业往往关注于产品本身的制造，而忽视了品牌文化和创意的价值。然而，在数字化时代，消费者对于产品体验的需求日益增长，文化创意成为提升产品附加值的关键因素。广东制造业企业通过引入文化创意元素（例如，与知名文化 IP 合作），打造独特的品牌形象和产品故事，以此提升产品的市场吸引力和竞争力。文化创意为广东制造业提供了新的增长点。

数字娱乐为广东制造业提供了新的营销渠道和用户互动方式。利用数字技术和互联网平台，企业可以更加精准地定位目标受众，并通过有趣的数字娱乐内容吸引消费者的关注。通过与消费者的互动，企业可以更好地了解市场需求和消费者反馈，优化产品设计和服务体验。同时，数字娱乐也为企业提供了更多的营销手段，如虚拟现实（VR）、增强现实（AR）等，使产品展示和营销活动更具吸引力和参与性。

数字化应用场景的增加促进了广东制造业的跨界合作和创新。传统的制造业往往局限于单一的产品或服务领域，而数字化应用场景的拓展使得企业能够与其他产业领域进行深度融合和创新。制造业企业通过与文化创意产业、数字娱乐产业等领域进行合作，共同开发具有创新性的产品和服务，开拓新的市场空间，例如，3D 看房等新服务的创新研发，节约了客户实地看房的时间和成本。

综上所述，高科技制造的引领、互联网金融的支持、数字技术的广泛应用以及文化创意与数字娱乐等数字化应用场景的不断拓展等因素共同推动了广东制造业的转型升级，为其持续发展注入了新的活力。未来，随着技术的不断进步和应用场景的不断拓展，数字技术将在制造业数字化转型中发挥更加重要的作用，引领广东乃至全国的制造业迈向新的发展阶段。

二、企业数字化转型的需求日益迫切

随着信息技术的快速发展和市场竞争的加剧，广东制造业企业面临着数字化转型的迫切需求。数字化转型已经成为企业提升竞争力、适应市场变化和实现可持续发展的必经之路。通过数字化转型，企业可以突破传统制造模式的限制，开拓新的市场空间和商业模式，实现创新发展。此外，数字化转型能够激发企业的创新活力，推动企业不断探索新的产品和服务，创造新的增长点。

随着国家对双碳目标的重视和推进，以及社会对可持续发展和环保要求的提高，企业也面临新的挑战，需要更加注重环保和可持续发展。而数字化转型成为企业履行社会责任和环保意识的体现。数字化转型可以帮助企业实现资源优化配置和高效利用，降低能耗和减少排放，符合可持续发展的要求。同时，数字化技术还可以帮助企业提高生产安全和员工福利，促进企业与社会的和谐发展。总之，数字化转型在推动企业实现绿色制造、智能制造，以及为社会和环境做出积极贡献等方面发挥着关键作用。

但实现这样的转型并不容易。制造业企业需要面对诸多困难和挑战。首先，企业需要大量投资以引入先进的数字化技术和设备，这对于许多企业来说是一项巨大的经济压力。其次，随着制造业转型升级的加速，企业对数字化人才的需求不断增加。然而，目前市场上具备数字化技能的人才供给不足，企业需要加强人才培养和引进工作，应对人才流失和技能短缺问题。为了应对这些挑战，企业需要制定全面的数字化转型战略，明确转型的目标、路径和实施方案。同时，企业还需要加强与政府、高校和研究机构的合作，共同推动数字化技术的研发和应用。

三、广东制造业的持续发展客观上要求推进数字化转型

新一轮科技和产业变革加速创新融合，为制造业转型升级带来了新市场和新机遇。当前工业化和信息化融合正向更大范围、更深层次、更高水平拓展，催生出了更多新技术、新产业、新业态、新模式。这有利于广东省发挥制造业门类齐全、市场空间广阔、应用场景丰富、生产能力强大的优势，在加速补齐短板、重构产业链供应链等方面获得新机遇，推动制造业开放合作迈上新台阶。当前，广东省的制造业发展既面临来自国际和国内两方面的挑战，也拥有更广阔的发展

机遇。

（一）复杂多变的国际环境增加了广东工业发展的不确定性

国际环境日趋复杂，不稳定性、不确定性明显增加。首先，国际贸易政策的变化直接影响着广东的出口业务。因贸易摩擦、关税政策以及贸易协定的签署与否，广东的企业，尤其是那些紧密依赖国际贸易的行业，例如电子产品、服装和家具制造，都承受着直接的经济影响。其次，全球经济形势对广东制造业发展有深远影响。如果国际经济环境不稳定导致了全球消费者需求下降，那么广东的出口业务将会受到挫折。此外，广东的制造业高度依赖于国际市场需求，而国际市场需求的变化会对其产生直接影响。这包括全球市场趋势、消费者偏好的变化以及新兴市场的需求。另外，广东的制造企业需要应对来自全球范围内的激烈竞争。因此企业必须不断提高产品质量、创新能力和成本效益，以在国际市场中保持竞争力，应对这个竞争激烈的环境。这些因素共同塑造了广东制造业在国际舞台上的竞争地位，促使其不断适应和创新，以继续在全球市场中取得成功。

（二）机遇与挑战并存的国内市场要求不断增强广东工业发展的适应性

广东制造业近年来在国内面临着一系列前所未有的困难与挑战。一是劳动力方面，广东曾以其相对廉价的劳动力成本吸引了大量制造业企业。然而，近年来，随着劳动力成本的逐渐上升，制造企业面临着成本压力。这导致一些企业考虑在其他地区甚至国家寻找更具竞争力的生产基地。二是供应链的全球化使广东制造业更加依赖全球供应链，更强调供应链的弹性和可持续性。三是随着消费者个性化定制需求的上升，国内和国际市场需求趋势发生了巨大变化，对广东制造业产生了重大影响。消费者趋向于寻求更高品质、个性化和定制化的产品，这需要制造业不断适应市场需求的变化。

（三）宏观经济政策引导直接推进了广东制造业数字化转型进程

面对制造业发展面临的挑战，广东制造业也在积极寻找新的发展路径。大量相关文件的出台加快推动了数字经济与实体经济的融合步伐，促进了制造业高质量发展。

一方面，中央政府出台了一系列宏观经济政策，旨在推动数字经济与实体经济的深度融合，为制造业的高质量发展提供政策支持。比如，《"十四五"数字经济发展规划》提出了到 2025 年数字经济核心产业增加值占 GDP 的比重达到10%的目标。[①] 党的二十大报告也强调了发展现代产业体系的重要性，并呼吁加

---

① 经济日报.2025 年核心产业增加值占 GDP 比重将达 10%——加快释放数字经济强劲动能［EB/OL］.（2023-01-20）.https：//www.gov.cn/xinwen/2022-01/20/content_5669415.htm.

快数字经济的发展，促进数字经济与传统经济的融合。

另一方面，广东省政府也积极响应中央文件精神，发布了一系列文件以促进制造业的数字化转型。例如，《广东省制造业数字化转型实施方案（2021—2025年）》《关于高质量建设制造强省的意见》《广东省数字政府改革建设 2023 年工作要点》等系列文件。特别地，2024 年初，广东发文公开征求意见，拟立法进一步促进制造业高质量发展。规划中强调产业发展与平台建设、增强产业链韧性安全、促进大湾区协同发展、推动数字化转型、绿色化转型、发展智能制造、生产性服务业发展、园区建设及管理等多方面工作。除了省级层面的政策支持外，地方政府也积极响应并出台了相关政策以支持制造业的数字化转型。例如，《广州市推进制造业数字化转型若干政策措施》《湛江市制造业数字化转型行动计划（2023—2025 年）》等文件的出台，为广东制造业的数字化转型提供了具体的政策指导和支持。

一系列的政策有助于广东制造业应对挑战，抓住机遇，实现可持续发展，进一步巩固其作为国内制造业中心的地位。同时，也成为制造企业开展数字化转型的直接推动力。通过推动数字技术与实体经济的深度融合，这些政策将有助于提升制造业的竞争力和创新能力，从而促进广东制造业的转型升级。

第三节　广东制造业数字化转型实践与创新发展

一、广东制造业数字化转型发展的实践

（一）智能车间

智能车间是一种高度自动化的环境，指的是制造类企业在车间中应用传感识别、人机智能交互、智能控制等技术和智能装备，促进车间计划排产、加工装配、检验检测等各生产环节的智能协作与联动，实现制造过程各环节动态优化。在广东，许多企业已经开始了智能车间的建设和改造。它们采用先进的工艺和智能装备，实现设备的远程控制和数据采集。通过建立智能仓储和配送系统，实现物料的高效配送，实时监控生产过程信息，并自动生成和调度作业计划。智能车间的模式不仅提高了生产效率，降低了成本，而且提高了产品质量和企业的竞争力。

在广东，佛山市是智能车间发展的重要地区之一。近年来，佛山市工信局大力推动数字化智能化示范车间的建设，鼓励企业进行数字化转型。2021 年，佛山市共有 64 家车间入选数字化智能化示范车间计划；2022 年，数字化智能化示

范车间入选数量为 82 家，涵盖了装备、玻璃、纺织、医药、家电、建材、模具等多个领域。这些成功案例为广东乃至全国的智能制造发展提供了有益的借鉴和参考。

随着技术的不断进步和广泛应用，更多的企业将加入数字化转型的行列中。广东的智能车间将进一步拓展其应用范围和深度。这将为广东制造业的高质量发展提供有力支撑，推动广东制造业在全球竞争中保持领先地位。

（二）智能工厂

智能工厂是一种高度信息化、自动化、柔性化和绿色化的制造模式。通过集成先进的信息技术、自动化技术、制造技术和工业互联网技术，智能工厂实现了生产过程的智能化、柔性化、高效化和绿色化。智能工厂具有设备与设备、设备与人、人与人之间的信息互联互通，能够实时采集和处理生产过程中的各种数据，为生产决策提供有力支持。同时，智能工厂采用了自动化设备、机器人等高科技手段，提高了生产效率和产品质量。智能工厂较高的生产柔性使其能快速适应市场需求的变化，实现个性化定制和小批量生产。此外，智能工厂注重环保和可持续发展，通过采用节能技术和绿色生产方式，降低能耗和减少排放，实现了绿色制造。

在广东，智能工厂的发展已经取得了令人瞩目的成果。以美的集团为例，其在佛山顺德区建立的智能工厂已经成为全球的佼佼者。美的工厂内，机器人技术、自动化设备和传感器得到了广泛应用，实现了生产数据的实时采集和监控。通过工业互联网平台和大数据分析技术，美的集团能实时洞察市场动态和生产状况，进而优化流程和提高产品质量。与传统生产线相比，智能工厂在多个方面展现出显著的优势，相较于改造之前，其产品研发周期缩短了 20.7%，生产效率提升了 34.8%，产品不良品率降低了 27.4%，碳排放减少了 21.2%。[①]

此外，深圳的荣耀智能机器有限公司在手机行业独树一帜，成为唯一获得"智能制造示范工厂"称号的企业。在荣耀的智能制造产业园中，75% 的工序由自动化设备完成，生产线实现了关键设备数控化率 100% 和关键设备联网率 95%。[②]

（三）智慧园区

智慧园区作为产业园区发展的新阶段，融合了先进的信息技术、物联网、大

①　王政，刘志强．智能制造，澎湃产业新动能［EB/OL］．（2023-03-22）．http：//finance．people．com．cn/n1/2023/0322/c1004-32648917．html．

②　中国经济网．智能制造看荣耀！摘得手机行业首个国家级"智能制造示范工厂"［EB/OL］．（2022-04-21）．https：//new．qq．com/rain/a/20220421A06KI100．

数据等手段，实现了园区的数字化、智能化和绿色化。智慧园区以高效、便捷、智能为目标，为企业提供了一个全新的发展环境。

广东作为中国经济发展的前沿地带，其智慧园区的发展也走在了前列。这些园区不仅在基础设施建设上展现了高水准，更在数字化转型、企业服务、产业协同等方面取得了显著成果。广州琶洲人工智能与数字经济试验区便是广东智慧园区的典范。这里聚集了众多新兴产业巨头，包括互联网、大数据和人工智能等领域的领先企业，共同构建了一个数字化的产业生态集群。园区的智能办公环境、高效的数据处理中心以及高速通信网络为企业提供了坚实支撑。通过大数据分析工具，园区管理者能够实时了解企业需求，进一步优化资源配置，并显著提升服务效率。

不仅如此，广东智慧园区在技术研发与产业孵化方面也取得了突出成果。以广州琶洲人工智能与数字经济试验区为例，该园区已在全国率先开展数据经纪人试点工作，成功吸引了众多龙头企业等进驻。目前，园区已建成超过 1000 个 5G 基站，并拥有琶洲实验室和广州人工智能公共算力中心两大核心科研机构。同时，统信及麒麟两大软件操作系统的通用软硬件适配测试中心也成功落户于此。

二、广东制造业数字化转型发展的经验总结

制造业是国民经济命脉所系，是立国之本、强国之基，也是推进数字经济与实体经济深度融合发展的主战场。广东作为制造业大省，拥有门类较为齐全、配套相对完善的现代产业体系，同时也面临大而不强的问题，多数产业处于全球制造业价值链中低端。党的十八大以来，广东积极拥抱数字产业化、产业数字化浪潮，聚焦战略性支柱产业集群和战略性新兴产业集群，以深化新一代信息技术与制造业融合发展为主线，以工业互联网创新应用为着力点，深入推进制造业数字化转型和高质量发展，带动制造业核心竞争力稳步提升，不断向全球价值链中高端攀升。制造业数字化转型不仅是技术升级，更是企业战略、组织架构、运营模式等多个维度的全面变革。广东在这一转型过程中，展现出了其前瞻性、创新性和实践性。

第一，广东注重政策供给，将数字化转型视为企业长期发展战略的核心组成部分。十年来，广东坚持制造业立省不动摇，在推进数字化转型方面大胆探索、积极作为。在全国率先出台支持制造业数字化转型的政策措施，支持广州、深圳、佛山、东莞等地打造制造业数字化转型示范城市，支持中小型制造企业"上云上平台"数字化转型；在全国首创建设制造业数字化转型产业生态供给资源

池，引进培育543家优秀数字化服务商；① 深入推进"广东强芯"工程、核心软件攻关工程、显示制造装备璀璨行动计划，加快打造中国集成电路第三极，不断提升产业链供应链自主可控能力。

第二，对于广东制造业来说，改革开放依然是其发展的关键支柱。制造业的进步与高质量发展，与开放合作的态势紧密相连。正是由于境内外资本的"双轮驱动"，即境内资本的稳健增长和境外资本的流入，才为广东制造业的发展注入了强大的动力。这种发展不仅推动了广东经济的持续增长，还进一步提升了珠江三角洲的城市化水平。珠三角地区在制造业领域的蓬勃发展，实际上也凸显了对外开放、引进国际先进技术的重要性。通过与全球各地的交流与合作，广东制造业得以吸收世界级的科技与管理经验，进而提升自身的竞争力与创新能力。这种对外开放的态度和做法，确保了广东制造业在全球市场中的领先地位，并为未来的高质量发展铺平了道路。

第三，广东注重数字经济与实体经济的融合。从珠三角到粤东西北，从传统产业到新兴产业，从车间到实验室……中国制造业大省广东坚持实体经济为本、制造业当家，把实现新型工业化作为现代化建设的关键任务，不断提高制造业的发展水平，培育出了很多新兴产业，如智能制造、新能源、生物科技等。在这个过程中，广东省工业和信息化厅发挥了重要作用，不仅为企业提供政策指导和技术支持，还积极搭建平台，促进企业间的交流与合作。通过构建以企业为主体、以产业需求为引领的制造业协同创新体系，广东成功打造了一个充满活力的产业生态圈。

第四，人才培训和教育被视为广东制造业数字化转型的一项至关重要的任务。为了应对数字化时代的挑战，不仅需要关注技术的引进和应用，更应该注重人才的培育和发展。一方面，广东企业与高校之间通过产学研一体化的模式，共同制定人才培养方案，确保所培养的人才能够满足数字化时代的需求。这种合作模式不仅为学生提供了实践机会，也为企业输送了具备高度专业知识和技能的优秀人才。另一方面，广东制造业还开展了各种培训项目，涵盖了从基础知识到高级应用的全方位内容，确保员工能够全面掌握数字化技术的核心知识和技能。通过内部培训、外部研讨会、在线课程等多种形式，员工得以不断提升自己的能力，更好地适应数字化转型的要求。重视人才培训和教育不仅能够提升广东制造业的整体水平，也为企业的可持续发展奠定了坚实的基础。通过人才培训和教育，广东制造业在数字化转型中取得了显著成果，为未来的市场

---

① 南方日报. 打造制造业数字化转型"广东样本"［EB/OL］.（2022-09-27）. https：//sqzc. gd. gov. cn/rdzt/zxx/al/content/post_ 4020728. html.

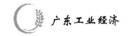

竞争中赢得了优势。

三、进一步推进广东制造业数字化转型发展的思考

在全球化和信息化的背景下，制造业的数字化转型已成为不可逆转的趋势。广东作为中国的制造业大省，面临着一系列新的挑战和机遇。为了在新一轮的科技革命中占据有利地位，广东必须深入推进制造业的数字化转型，以提升其国际竞争力。总体而言，须注重以下五个方面以进一步推动制造的发展：

（1）政策支持与引导。政府在推动制造业数字化转型中发挥着重要的角色。应进一步根据发展实际，出台相关政策，鼓励和支持制造业进行数字化转型，提供资金、技术、税收等方面的支持。同时，要加强政策引导，推广数字化转型的成功经验，引导企业正确认识和积极参与数字化转型。此外，政府还应加强对数字化转型的监管，规范市场秩序，维护公平竞争。

（2）需求驱动与问题导向。不同行业、不同规模的企业在数字化转型中面临的困难和需求是不同的。因此，应从实际出发，结合企业的具体情况，制定个性化的数字化转型方案，是企业解决实际问题的重要途径。

（3）技术引领与创新驱动。数字化转型的核心是技术创新。企业与政府应关注新兴技术的发展趋势，如人工智能、物联网、大数据等，并将这些技术应用到实际生产中。通过技术创新，推动制造业向智能化、自动化、柔性化方向发展，提高生产效率和产品质量。同时，要注重技术的自主研发和知识产权保护，提升广东制造业的核心竞争力。

（4）数据驱动与智能决策。数据是企业数字化转型的基础。应加强数据收集、整理和分析，挖掘数据背后的价值，为企业的决策提供有力支持。通过数据驱动的智能决策，可以提高企业的反应速度和决策准确性，优化资源配置，提升运营效率。同时，要注重数据安全和隐私保护，确保数据使用的合法性和规范性。

（5）人才培养与引进。数字化转型需要具备数字化技能的人才支撑。应加大对人才培养的投入，通过高校、培训机构等途径培养具备数字化技能的专业人才。同时，要积极引进外部优秀人才，提升企业和行业的数字化水平。此外，应加强人才交流与合作，推动人才资源的优化配置。

数字化转型不仅需要企业积极投入，更需要政府、研究机构等多方参与，共同构建有利于制造业数字化转型的生态系统。政府应发挥引导作用，制定相关政策法规和标准体系；企业应积极探索和实践数字化转型的路径和模式；研究机构应加强数字化技术的研究和创新。同时，要促进产业协同发展，加强产业链上下游企业之间的合作与交流，实现资源共享和优势互补。通过生态合作与协同发展，可以降低数字化转型的成本和风险，提高整体竞争力。

课后思考题

1. 广东推进制造业数字化转型发展的基础有哪些?
2. 思考广东制造业数字化转型发展的未来方向。

参考文献

［1］本刊讯．泛珠三角区域合作与发展进程回顾［J］．新经济，2016（33）：1-3.

［2］卞瀚鑫，李彬．我国产业结构与就业结构的关联性研究［J］．北华大学学报（社会科学版），2011（4）：46-49.

［3］曹建云．广东省战略性新兴产业核心竞争力评价及培育研究［M］．北京：经济科学出版社，2021.

［4］陈佳贵，黄群慧．对我国工业化进程的基本认识［J］．中国党政干部论坛，2008（2）：35-37.

［5］陈朋亲，毛艳华．横琴粤澳深度合作区与国外典型跨境合作区治理比较研究［J］．华南师范大学学报（社会科学版），2023（2）：26-38+205.

［6］方秀文．广东技术引进消化吸收再创新的现状及发展思路研究［J］．科技管理研究，2009，29（11）：95-98+102.

［7］郭克莎．中国工业化的进程、问题与出路［J］．中国社会科学，2000（3）：60-71+204.

［8］郭跃文，向晓梅，万陆．中国经济特区工业化深化的机理与路径［J］．广东社会科学，2020（6）：5-18+257.

［9］何哲，孙林岩，朱春燕．服务型制造的概念、问题和前瞻［J］．科学学研究，2010（1）：53-60.

［10］胡军，陶锋．广东产业发展研究报告（2021-2022）［M］．广州：暨南大学出版社，2023.

［11］黄静波，付建．FDI与广东技术进步关系的实证分析［J］．管理世界，2004（9）：81-86.

［12］吉正敏，王鑫惠，张雪青．我国第三产业结构与就业结构协调发展研究［J］．经济研究导刊，2023（10）：1-5.

［13］李海东．基于社会网络分析方法的产业集群网络结构特征研究——以广东佛山陶瓷产业集群为例［J］．中国经济问题，2010（6）：25-33.

［14］李江帆．第三产业经济学（修订版）［M］．北京：经济科学出版社，2022.

［15］李江帆．加快发展我国生产性服务业研究［M］．北京：经济科学出版社，2018.

［16］李青，胡仁杰，李文玉．全球价值链下广东LED产业：产业链治理与国际竞争力［M］．北京：经济科学出版社，2017.

［17］李载驰，吕铁．数字化转型：文献述评与研究展望［J］．学习与探索，2021（12）：130-138.

［18］蔺雷，吴贵生．我国制造企业服务增强差异化机制的实证研究［J］．管理世界，2007（6）：103-113.

［19］刘璟．构建粤港澳大湾区产业国际竞争优势研究［M］．北京：经济科学出版社，2020.

［20］陆大道．我国新区新城发展及区域创新体系构建问题［J］．河北经贸大学学报，2018，39（1）：1-3.

［21］吕政，黄群慧，吕铁，等．中国工业化、城市化的进程与问题——"十五"时期的状况与"十一五"时期的建议［J］．中国工业经济，2005（12）：5-13.

［22］罗勇．粤港澳区域合作与合作规划的耦合演进分析［J］．城市发展研究，2014，21（6）：39-45.

［23］马风华．第二产业生产服务研究［M］．北京：经济科学出版社，2011.

［24］马丽，龚忠杰，许堞．粤港澳大湾区产业创新与产业优势融合的时空演化格局［J］．地理科学进展，2022，41（9）：1579-1591.

［25］马林静．基于高质量发展标准的外贸增长质量评价体系的构建与测度［J］．经济问题探索，2020（8）：33-43.

［26］马学广，张钊，蒋策．基于先进制造业投资的中国城市网络空间联系与结构研究［J］．人文地理，2023（3）：108-117+154.

［27］南方日报社．数字新动能：广东产业转型数字力量［M］．广州：南方日报出版社，2020.

［28］倪君，刘瑶，陈耀．"两链融合"与粤港澳大湾区创新系统优化［J］．区域经济评论，2021（1）：97-104.

［29］邵洁笙．主导产业的选择与区域产业结构优化——"十五"期间广东九市主导产业发展评析［J］．珠江经济，2004（10）：2-10.

［30］申明浩，杨永聪．国际湾区实践对粤港澳大湾区建设的启示［J］．发展改革理论与实践，2017（7）：9-13.

［31］孙早，侯玉琳．工业智能化如何重塑劳动力就业结构［J］．中国工业

经济，2019（5）：61-79.

[32] 汪灵犀，金晨. 粤港澳大湾区建设"成绩单"亮眼 [N]. 人民日报海外版，2022-07-07（010）.

[33] 王光振，谢衡晓. 论广东主导产业的选择 [J]. 岭南学刊，1998（2）：69-71.

[34] 王欢芳，李佳英，傅贻忙，等. 数字经济如何影响先进制造业与生产性服务业融合？[J]. 科学决策，2023（5）：79-93.

[35] 王云峰. 粤港澳大湾区区域协同治理路径研究 [J]. 学术探索，2020（8）：136-141.

[36] 夏杰长. 我国劳动就业结构与产业结构的偏差 [J]. 中国工业经济，2000（1）：36-40.

[37] 向晓梅，李宗洋，姚逸禧. 粤港澳大湾区产业结构与就业结构的协调性研究 [J]. 亚太经济，2023（4）：130-139.

[38] 杨德才. 区域合作与振兴粤东西北 [J]. 中国发展，2016，16（6）：61-67.

[39] 杨亚平. FDI 技术行业内溢出还是行业间溢出——基于广东工业面板数据的经验分析 [J]. 中国工业经济，2007（11）：73-79.

[40] 杨亚琴，张鹏飞. 双向飞地模式：科技创新和产业联动跨区域合作的探索 [J]. 发展研究，2022，39（5）：46-52.

[41] 余泳泽，张少辉，杜运苏. 地方经济增长目标约束与制造业出口技术复杂度 [J]. 世界经济，2019，42（10）：120-142.

[42] 喻桂华，张春煜. 中国的产业结构与就业问题 [J]. 当代经济科学，2004（5）：9-13.

[43] 朱卫平，陈林. 产业升级的内涵与模式研究——以广东产业升级为例 [J]. 经济学家，2011（2）：60-66.

[44] Acemoglu D, Autor D. Skills, tasks and technologies: Implications for employment and earnings [J]. Handbook of Labor Economics, 2011, 4, 1043-1171.

[45] Agarwal R, Gao G, Desroches C, et al. The digital transformation of healthcare: Current status and the road ahead [J]. Information Systems Research, 2010, 21: 796-809.

[46] Baines T, Lightfoot H. Made to serve: How manufacturers can compete through servitization and product service systems [M]. Chichester: John Wiley and Sons, 2013.

[47] Dicken P. International production in a volatile regulatory environment: The

influence of national regulatory policies on the spatial strategies of transnational corporations [J]. Geoforum, 1992, 23 (3): 303-316.

[48] Fitzgerald M, Kruschwitz N, Bonnet D, et al. Embracing digital technology: A new strategic imperative [J]. Mit Sloan Management Review, 2014, 55 (2): 1.

[49] Fry T D, Steele D C, Saladin B A. A service-oriented manufacturing strategy [J]. International Journal of Operations and Production Management, 1994, 14 (10): 17-29.

[50] Goedkoop M J, Van Halen C J G, Te Riele H, et al. Product service systems, ecological and economic basics [R]. Economic Affairs, 1999.

[51] Hartl E, Hess T. The role of cultural values for digital transformation: Insights from a Delphi study [C]. Boston: Proceedings of the 23rd Americas Conference on Information Systems, 2017.

[52] Hausmann R, Hwang J, Rodrik D. What you export matters [J]. Journal of Economic Growth, 2007, 12 (1): 1-25.

[53] Hausmann R, Rodrik D. Economic development and self-discovery [J]. Journal of Development Economics, 2003, 72 (2): 603-633.

[54] Heilig L, Schwarze S, Voss S. An analysis of digital transformation in the history and future of modern ports [C]. Hawaii: Proceedings of the 50th Hawaii International Conference on System Sciences, 2017.

[55] Hess T, Matt C, Benlian A, et al. Options for formulating a digital transformation strategy [J]. MIS Quarterly Executive: A Research Journal Dedicated to Improving Prattice, 2016 (2): 1-2.

[56] Karimi J, Walter Z. The role of dynamic capabilities in responding to digital disruption: A factor-based study of the newspaper industry [J]. Journal of Management Information Systems, 2015, 32 (1): 39-81.

[57] Kuznets S. Economic growth of nations [M]. Cambridge: Harvard University Press, 1971.

[58] Kuznets S. Modern economic growth: Findings and reflections [J]. The American Economic Review, 1973, 63 (3): 247-258.

[59] Li L, Su F, Zhang W, et al. Digital transformation by SME entrepreneurs: A capability perspective [J]. Information Systems Journal, 2018, 28 (6): 1129-1157.

[60] Matt C, Hess T, Benlian A. Digital transformation strategies [J]. Business

and Information Systems Engineering, 2015, 57 (5): 339-343.

[61] Pappas N, Sheehan P. The new manufacturing: Linkage between production and service activities//Sheehan P, Tegart G. Working for the future melbourne [M]. Wellington: Victoria University Press, 1998.

[62] Piccinini E, Hanelt A, Gregory R, et al. Transforming industrial business: The impact of digital transformation on automotive organizations [R]. 2015.

[63] Quinn J B, Baruch J J, Paquette P C. Exploiting the manufacturing-services interface [J]. Sloan Management Review, 1988, 29 (4): 45-56.

[64] Reiskin E D, White A L, Kauffman J J, et al. Servitizing the chemical supply chain [J]. Journal of Industrail Ecology, 2000 (3): 19-31.

[65] Rodrik D. What's so special about China's exports? [J]. China and World Economy, 2006, 14 (5): 1-19.

[66] Saarikko T, Westergren U, Blomquist T. Digital transformation: Five recommendations for the digitally conscious firm [J]. Business Horizons, 2020, 63: 825-839.

[67] Szalavetz A. "Tertiarization" of manufacturing industry in the new economy [R]. Budapest: Hungarian Academy of Sciences Working Paper, 2003.

[68] Tukker A, Welford R. Eight types of product-service system: Eight ways to sustainability? Experiences from SusProNet [J]. Business Strategy and the Environment, 2004, 13 (4): 246-260.

[69] Vandermerwe S, Rada J. Servitization of business: Adding value by adding services [J]. European Management Journal, 1988, 6 (4): 314-324.

[70] Vial G. Understanding digital transformation: A review and a research agenda [J]. The Journal of Strategic Information Systems, 2019, 28 (2): 118-144.

[71] White A L, Stoughton M, Feng L. Servicizing: The quiet transition to extended product responsibility [M]. Boston: Tellus Institute, 1999.

[72] Zeira J. Workers, machines, and economic growth [J]. The Quarterly Journal of Economics, 1998, 113 (4): 1091-1117.